本书由集美大学美国加州校友会资助出版

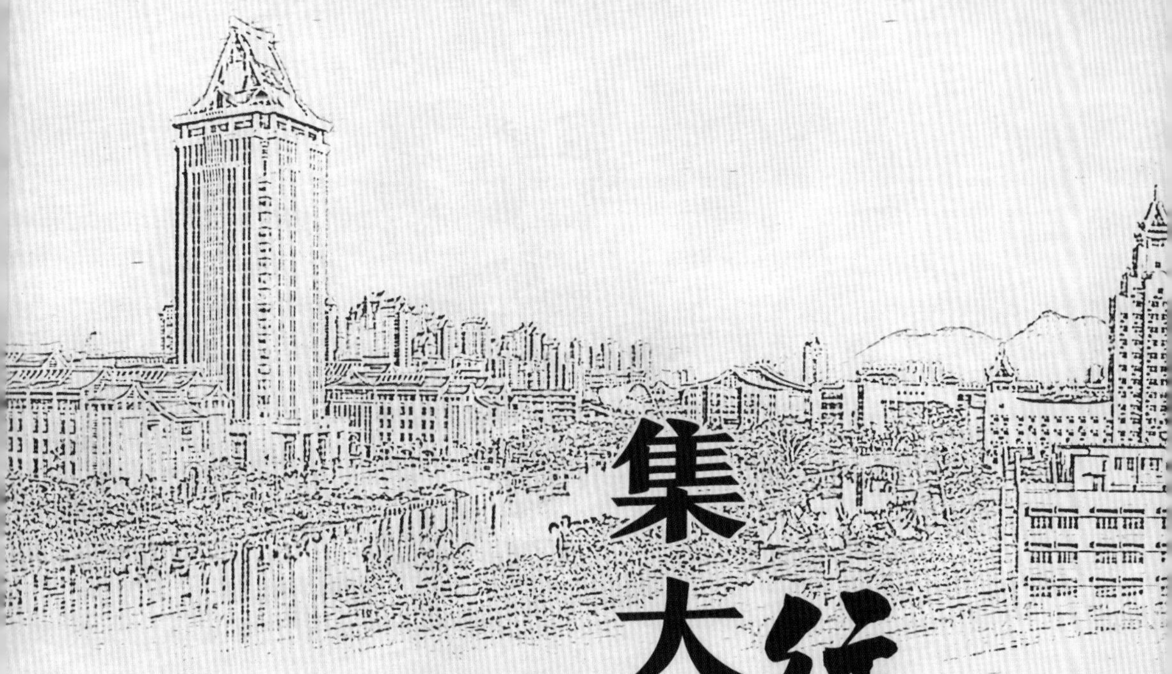

集大往事

JIDA WANGSHI

集美大学校友会 编
辜建德 主 编
潘晓华 副主编

国家一级出版社
全国百佳图书出版单位

图书在版编目(CIP)数据

集大往事/辜建德主编. —厦门:厦门大学出版社,2019.6
ISBN 978-7-5615-7312-9

Ⅰ.①集… Ⅱ.①辜… Ⅲ.①集美大学—校史 Ⅳ.①G649.285.73

中国版本图书馆 CIP 数据核字(2019)第 105509 号

出 版 人 郑文礼
责任编辑 王鹭鹏
装帧设计 拙 君
技术编辑 朱 楷

出版发行 厦门大学出版社
社 址 厦门市软件园二期望海路 39 号
邮政编码 361008
总 编 办 0592-2182177 0592-2181406(传真)
营销中心 0592-2184458 0592-2181365
网 址 http://www.xmupress.com
邮 箱 xmup@xmupress.com
印 刷 厦门集大印刷厂

开本 720 mm×1 000 mm 1/16
印张 22
插页 2
字数 348 千字
版次 2019 年 6 月第 1 版
印次 2019 年 6 月第 1 次印刷
定价 80.00 元

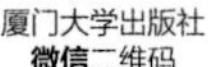

厦门大学出版社
微博二维码

前言

集大往事 ——讲述那过去的故事

再过100天，2018年10月20日，就是集美大学百年校庆，距集美大学实质性合并也近二十年。从今天开始，我们将陆续发表文章，记录集美大学挂牌成立以后的一些往事，希望通过这些往事的美好回忆，能使大家共同感受集美大学的发展历程。

集美大学校友会
2018年7月12日

1918-2018
集美大学百年校庆
JIMEI UNIVERSITY CENTENARY CELEBRATION

集大往事

目　录

CONTENTS

01. 历史的足迹	吕　娴	1
02. 嘉庚图书馆的建设资金	黄海宏	3
03. 集美大学首届校董会成立	吕　娴	5
04. 王光美视察集美大学	梁振坤	8
05. 新校区第一座学生公寓	黄海宏	9
06. 胸怀与包容	王仁敬	11
07. 集美大学联办四方联席会议	梁振坤	13
08. 部长报告会	梁振坤	15
09. 集美大学实现实质性合并	梁振坤	17
10. 集美大学校园网正式开通	李斌奇	20
11. 学生中的网络精英	李斌奇	23
12. 李氏基金捐建综合训练馆	黄海宏	26
13. 风雨无情人有情	蔡伟清	28
14. 正式通过本科教学工作合格评价	蔡伟清	31
15. 活跃在校园的留学回国人员	陈扼西	34
16. 库克项目诞生记	叶光煌	37

17. 难忘2005年海上荡桨大比武 翁跃宗 42
18. 一场盛会的经历与感触 郑为民 44
19. 深切缅怀李尚大先生 辜建德 47
20. 拜谒李尚大陵园 辜建德 50
21. 王汉章和基础学科建设基金 陈经华 52
22. 从“大屿山”轮到“育德”轮 尹自斌 56
23. 集美大学诚毅学院创办纪实 叶光煌 59
24. 忆水产峥嵘岁月 创未来亮丽篇章 陈志良 63
25. 深情的怀念 张雅芝 66
26. 大榕树下忆师恩 洪 力 70
27. 第一个正式挂牌成立的二级学院 庄鸿棉 73
28. 紫荆花开献黄老 辜建德 76
29. 质量体系亲历记 叶跃前 79
30. 大陆唯一的台湾船员培训机构 洪志强 82
31. 国际航标管理培训走向“一带一路” 苏文土 吴小阳 85
32. 集美大学第一次党代会胜利召开 陈洪林 87
33. 实现研究生教育“零”的突破 郑文发 89
34. 银校合作，助飞集大 王仁敬 92

35. 菲华培训那些事 叶光煌 94

36. 宝岛台湾，我们来了 林琛琛 99

37. 我们身边的“老外” 黄 敏 102

38. 一道亮丽的风景线 卢其乐 106

39. 钱老永远活在我们心中 辜建德 110

40. 以人为本，加强师资队伍建设 陈福昌 113

41. 青春·活力·金奖 张 鸿 117

42. 举全校之力创建省级文明学校 陈洪林 120

43. 厦门市工业学校并入集美大学 陈 娟 124

44. 让更多的考生爱上集大 王益丁 128

45. 集美大学第二次党代会 陈洪林 131

46. 激情燃烧的岁月 郑旭旭 134

47. 集美大学与人民政协的不解之缘 罗 钫 138

48. 成为教育部“卓越计划”实施高校 杨淑林 141

49. 沉痛悼念陈嘉庚之孙陈君宝先生 辜建德 143

50. 勇夺中国海员技能大比武金牌 吴连星 147

51. “育德”轮——集大航海人的骄傲 周学智 151

52. 审核评估·内涵建设·特色发展 蔡伟清 155

53. 教学成果特等奖花落集大 尹自斌 158
54. 科研经费突破亿元大关 陈福昌 162
55. 新型智库助力地方经济腾飞 陈福昌 165
56. 国家级科技成果奖取得零的突破 何宏舟 168
57. 国家级科研平台建设 何宏舟 172
58. 校董发力为申博育苗 陈福昌 176
59. 胜利开启集美大学申博之路 郑文发 179
60. 抢占集美大学申博之路制高点 郑文发 183
61. 学生最喜爱的优秀教师 洪妍妮 185
62. 夺取申博攻坚战最后胜利 郑文发 190
63. 汉语教育 走出国门 吴建平 195
64. 劳模风采·走进蔚蓝的海洋 林海峰 200
65. 刘延东视察集美大学 梁振坤 203
66. 王永庆参观考察集美大学 王高尧 206
67. 弘扬嘉庚精神 为体育强省而努力 高楚兰 209
68. 夕阳伴随着青春成长 雷芗生 211
69. 劳模风采·三尺讲台尽显风采 林海峰 216
70. 福建省教学名师——高楚兰 潘淑云 219

71. 新校区建设债务得到根本性化解 邱吉福 222

72. 引育并举大力实施人才强校战略 陈　萌 225

73. 劳模风采·潜心科研 逐梦未来 林海峰 230

74. 集美大学辉煌发展中的一朵浪花 朱光钛　蔡　苗 233

75. 福建省教学名师——刘菊东 潘淑云 238

76. 集美大学第三次党代会 黄　煜 242

77. 文明创建 永远在路上 义家波 245

78. 护航亚丁湾 集大人有作为 苏文土 249

79. 师范教育 百年传承 王　娟 252

80. 弘扬嘉庚精神编 织财经人才摇篮 陈志鸿 256

81. 安得广厦千万间 朱光钛　方泽宏 260

82. 集大新校区嘉庚建筑名扬全国 黄海宏 264

83. 勿忘亭·感恩亭 陈茂才 267

84. 百项经典精品工程——尚大楼 王　建 271

85. 百项经典精品工程——陆大楼 辜建德 274

86. 百项经典精品工程陈延奎图书馆 刘葵波 278

87. 百项经典精品工程光前体育馆 郑旭旭 282

88. 李氏基金心系集美大学恩重如山 辜建德 286

89. 乒乓世界冠军到集大备战世锦赛 李晓飞 290

90. 百项经典精品工程——吕振万楼 辜建德 293

91. 百项经典精品工程——景祺楼 叶光煌 296

92. 劳模风采·孜孜以求 默默奉献 李海川 林海峰 300

93. 百项经典精品工程——陈章辉楼 余顺年 304

94. 劳模风采·追求卓越，砥砺前行 叶自鼎 308

95. 集大国宝 方泽宏 311

96. 劳模风采·人生的常态，应是步履不停 罗旻敏 314

97. 浓浓爱校情 拳拳校友心 潘晓华 318

98. 大爱无言 洪妍妮 323

99. 开拓校友工作 传承嘉庚校园文化 王小军 328

100. 难忘集美大学九十周年校庆盛况空前 辜建德 333

后 记 今天是您的生日，亲爱的母校 336

附 录 百年集大，梦想家园 337

2018 年 7 月 12 日
距离
2018 年 10 月 20 日
集美大学百年校庆
还有 100 天

集大往事 JIDA WANGSHI

历史的足迹

——“村牧楼”和“重文楼”留给我们的难忘记忆

作者：吕娴，校董会办公室综合科科长

集美大学实质性合并初期，建设资金十分困难，全校没有一个可供国际学术交流活动的场所，要建设一个可供召开国内外学术会议的报告厅、会议室并兼有专家住宿、餐饮功能的宾馆，不仅筹措资金困难，甚至连立项都有困难。

经过多方努力，校董会副主席李尚大先生和常务校董庄绍绥先生同意将他们分别捐资四百万港币建设的“村牧楼”和“重文楼”组合在一起，建成集美大学国际学术交流中心。这座大楼的建设不仅是由两位德高望重的校董捐赠建成，而且大楼的奠基和落成也都与校董会息息相关。

▲ 庄绍绥先生一行视察重文楼工程

▲ 中国交通教育研究会会长办公扩大会

1997年9月7日下午，集美大学首届校董会第一次常务校董会议隆重召开。贺国强同志时任福建省省长，担任集美大学校董会主席，他和与会的所有校董、嘉宾冒雨为“村牧楼”“重文楼”奠基。

2000年11月12日上午，集美大学第二届校董会第一次全体会议如期召开。习近平同志时任福建省省长，担任集美大学校董会主席。他和当年参加会议的各位校董、嘉宾为“村牧楼”和“重文楼”的落成剪彩并在楼前植树留念。

近二十年来，集美大学国际学术交流中心召开了数以百计的国内外重大学术交流会议，在本科教学评估、硕士点和博士点立项建设以及召开校董会议、集美大学九十周年校庆大会等众多活动中起着重要的作用，留下了难忘的历史足迹。

2018 年 7 月 13 日
距离
2018 年 10 月 20 日
集美大学百年校庆
还有 99 天

集大往事 JIDA WANGSHI

嘉庚图书馆的建设资金

作者：黄海宏，基建处处长

一所高校办得好不好，除了要有一支优秀的教师队伍，要有大师以外，还要有一个好的图书馆。集美大学实质性合并初期，学校就急需这样的图书馆。可是在当时，学校各项建设都急需资金，没有钱。也只能千方百计来筹措图书馆的建设资金。

嘉庚图书馆是我校第一座以嘉庚先生名字命名的建筑物，建筑面积为19 093平方米，总投资3 490万元。由于征地和资金筹措困难，分为两期进行，一期工程14 300平方米，二期4 793平方米。于2001年6月11日正式开工，2003年10月21日举行落成典礼。

▲ 嘉庚图书馆落成典礼现场

嘉庚图书馆的建设资金来自六个方面。由于图书馆是以嘉庚先生名字命名，我们争取到嘉庚先生外孙李成义先生李氏基金600万元的资助，争取到集美校委会600万元的资助。此外，嘉庚图书馆的建设还得到省政府预算内资金支持1100万元，中央国债专项资金支持250万元，中央财政支持合并高校基建投资500万元，学校自筹440万元。嘉庚图书馆建成后急需的数字化建设经费600万元，是由时任集美大学校董会主席、福建省省长的习近平同志，在省长现场办公会上定下来的。所以说，嘉庚图书馆的建成和投入使用，承载了许多人的关爱和支持。而所有这一切都与陈嘉庚这个光辉的名字分不开。

▲ 嘉庚图书馆全貌

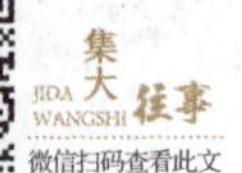

微信扫码查看此文

2018 年 7 月 14 日
距离
2018 年 10 月 20 日
集美大学百年校庆
还有 98 天

集美大学首届校董会成立

作者：吕娴，校董会办公室综合科科长

1996年9月9日，集美大学首届校董会成立。

来自海内外的一百多位校董和有关代表参加了这一盛会。贾庆林同志时任福建省省委书记，担任校董会名誉主席。陈明义同志时任福建省省长，担任校董会主席。交通部副部长洪善祥，农业部副部长洪绂曾，李尚大先生，福建省委副书记何少川，副省长王良溥，厦门市市长洪永世和福建省教育厅厅长郭荣辉等任校董会副主席。

▲ 时任福建省省长、校董会主席陈明义为集美大学首任校长黄金陵颁发校董会秘书长聘书

陈明义主席在致辞中指出：创办集美大学是著名爱国侨领陈嘉庚先生的

夙愿，也是海内外集美校友和广大关心集美学村发展的各界人士的迫切愿望。党和国家领导人十分重视集美大学的建设。江泽民总书记亲自为集美大学题写校名，李鹏总理、乔石委员长题词，李岚清副总理也十分重视和关心集美大学，多次听取汇报、召集座谈会，对建设好集美大学作了一系列重要指示，最近又专门批示要求集美大学加大实质性改革和合并的步伐，提高教育质量和办学效益。

陈明义主席还指出，集美大学的成立，在我省乃至全国高等教育改革和发展中具有重要意义和深远影响，它是中央部委属院校、省属院校、市属院校之间，不同管理体制、不同种类、不同经费来源渠道高校之间实行联合办学的有益尝试，对于促进集美学村内各院校资源共享、优势互补、不断提高办学水平和办学效益，对于促进福建省的经济建设和社会发展，对于促进海峡两岸交往、推进祖国统一大业将起到积极的作用。

▲ 左二集美大学首任校长黄金陵、左三首任党委书记王建立、右三全国政协常委张楚琨

黄金陵校长向大会汇报了集美大学成立近两年来的工作，指出要弘扬嘉庚精神，实现历史跨越。当前学校的主要任务是加大改革力度，加快实质性合并步伐，要围绕教学工作评价，加强教学基本建设。同时，学校要着手研究制定集美大学的发展规划，进一步明确跨世纪发展目标。

首届校董会成立后，收到李尚大先生捐赠村牧楼400万港币和工商管理学院100万港币；庄绍绥先生捐赠重文楼400万港币；李引桐先生捐赠400万人民币，陈松基先生捐赠100万港币，饶耀武先生捐赠100万港币，集美校委会捐赠100万人民币，用于电子文献中心建设。这些捐赠为集美大学的历史跨越奠定了坚实的基础。

▲ 首届校董会植树纪念

2018年7月15日
距离
2018年10月20日
集美大学百年校庆
还有 97 天

王光美视察集美大学

作者：梁振坤，发展规划处处长

1996年6月6日，印尼著名华社领袖、集美校友李尚大先生及夫人吴灿英女士，陪同已故中华人民共和国主席刘少奇的夫人王光美到集美大学视察参观。王光美时任全国政协常委。

▲ 左五为王光美女士，左四为李尚大先生，左七为李尚大夫人吴灿英女士，左三为集美大学首任党委书记王建立，左六为集美大学首任校长黄金陵

嘉宾们参观了航海、水产、师范等学院的校园和新校区，详细听取了集美大学首任校长黄金陵教授对“集美大学新校区建设规划模型”的介绍说明，来宾对陈嘉庚先生倾资办学的事迹十分敬仰，对集美学村各高校合并组建集美大学的未来发展充满信心和希望。

2018年7月16日
距离
2018年10月20日
集美大学百年校庆
还有 96 天

新校区第一座学生公寓

作者：黄海宏，基建处处长

“引桐楼”是我校第一座以捐赠者命名的大楼，是集美大学组建成立后新校区第一座学生公寓，建筑总面积为5 037.78平方米，总投资582.5万元。

▲ 引桐楼

旅居泰国著名企业家李引桐先生是集美大学校董会顾问，曾荣获国家一级和平勋章，荣获人民共和国功臣荣誉称号。集美大学组建成立后，李引桐先生曾在泰国亲切接见黄金陵校长一行。

李引桐先生为集美大学引桐楼学生公寓捐赠400万人民币，经常关心过问学生公寓的建设，多次请德美行厦门办事处经理杨强先生、梅山基金管委会主任李成发先生关心施工情况。

▲ 左一：集美大学首任书记王建立，
左二：李引桐先生，
左三：集美大学首任校长黄金陵

引桐楼学生公寓于1997年3月11日奠基，1998年8月26日举行落成典礼，1998年9月近千名学生入住新公寓，其建成进一步改善了我校的办学条件。引桐楼建成后，请全国人大副委员长、集美大学校董会顾问卢嘉锡先生题写楼名。李引桐先生2002年11月12日于厦门市病逝，享年90岁。

▲ 左一：李引桐先生，左二：全国政协常委、集美大学常务校董张楚琨

微信扫码查看此文

2018 年 7 月 17 日
距离
2018 年 10 月 20 日
集美大学百年校庆
还有 95 天

胸怀与包容

作者：王仁敬，原财务处处长

集美大学的实质性合并是很不容易的。除了要做到资源共享和优势互补以外，在实现实质性合并的过程中，财务的真正统一也很重要。可是，在各学院的财务统一过程中，最重要的不是对各学院“杀富济贫”，而是要提高学校整体的收入水平，同时要有宽阔的胸怀和充满善意的包容。

▲ 财经学院尚忠楼

合并前的几所学校中，省属、市属院校学生住宿条件较好，但物价局定的收费标准较低；部属院校学生住宿条件相对较差，交通部、农业部制定的收费标准较高。合并前各学院都按照各自的收费标准收费。合并后学生就不干了，都是集美大学学生，讲究一校意识，凭什么住得好而收费标准低，住得不好反而收费

▲ 航海学院 7 号楼

标准高？问题反映到学校领导那里后，为了实现实质性合并的大局，学校决定：学生住宿费收费标准一律按最低的收费标准收。这样学生就皆大欢喜了。

同时，各学院教职工的福利发放标准就不能就低不就高了。当时水院和体院的教师福利待遇较差，航院和财院福利待遇较高。学校决定，学校全校教职员工的福利待遇一律按各学院中最高标准发放，而且还要做到逐年有所增加。

学校有这样的胸怀和包容，才能推动实质性合并工作的进展。

2018 年 7 月 18 日
距离
2018 年 10 月 20 日
集美大学百年校庆
还有 94 天

集大往事 JIDA WANGSHI

集美大学联办四方联席会议

作者：梁振坤，发展规划处处长

从1994年10月20日集美大学揭牌成立到1999年1月1日实现实质性合并，这近五年以来，是一个由松散型联合办学转为紧密型联合办学的过渡期。在这段时间内，交通部、农业部、福建省人民政府和厦门市人民政府经过协商，就集美大学办学问题达成协议：集美大学由交通部、农业部、福建省人民政府、厦门市人民政府联合办学，实行福建省人民政府、交通部、农业部、厦门市人民政府共同管理，以福建省人民政府为主的领导管理体制。同时设立集美大学办学联席会议制度，由联办四方委派司、局级干部参加，审议和听取校长工作报告，研究、协调、解决联合办学中的重大事宜。

▲ 集美大学四方联办第一次联席会议

1995年5月4日，集美大学联办四方第一次联席会议在厦门召开，会议同意设立集美大学教育发展基金会。会议期间，还举行集美大学航海学院、水产学院、体育学院、财经学院、师范学院授牌仪式。

▲ 集美大学联办四方第三次联席会议，右六为时任国家教委副主任周远清

1996年4月26日，集美大学联办四方第二次联席会议在厦门召开。会议同意集美大学抓住高校教学工作评价的契机，以评促建，重在建设。同意学校集中财力，重点建设计算中心、电教中心、语言中心、图书文献中心和计算机网络中心，设立校内信息网且和中国教育与科研计算机网络联网。会议审议同意了集美大学第一届校董会组成人员名单。

1997年12月27日，集美大学联办四方第三次联席会议在厦门召开。国家教委副主任周远清同志会见了参加会议的四方代表并视察了集美大学新校区。会议同意加快集美大学体制改革的步伐，争取在1998年实现学校的紧密型合并，基本完成建立学校管理体制的任务，提高办学水平和办学效益，把一个崭新的集美大学带入21世纪。

2018年 7 月 19日
距离
2018年 10 月 20 日
集美大学百年校庆
还有 93 天

部长报告会

作者：梁振坤，发展规划处处长

20年前的今天，1998年7月19日，教育部副部长周远清应邀专程到集美大学作题为“高等教育改革与发展”的报告，这是周副部长第四次到集美大学。潘心城副省长出席报告会并讲话。

▲ 高等教育改革与发展报告会

周远清副部长在报告一开始就指出：集美大学的改革发展是国家高教改革发展的重要部分，在海内外影响很大。李岚清副总理和教育部对此一直十分关注。最近，集美大学实质性合并走出了重要一步，我们要统一认识，抓紧落实，进一步推动集美大学的改革与发展，把集美大学办得更好。

周副部长在报告中回顾总结了近几年我国高等教育改革取得的成绩，而后强调，今后高教改革要坚持提高规模效益，加快结构调整，走内涵发展的路子；要加快教育体制改革，特别是管理体制改革的步伐；招生就业改革和教学改革要有所突破；教育思想观念要继续深化，不断提高质量意识，加强素质教育，为国家培养合格的人才。周副部长的报告对于帮助全校干部、教师转变观念、统一思想，努力做好实质性合并工作起了很大的推动作用。

潘心城副省长在讲话中说，集美大学的实质性合并是时代的要求，是高等教育改革发展的必然趋势，是培养21世纪高素质人才的需要，是海内外人士和广大师生的共同愿望。它得到中央领导同志、教育部和国家有关部门、省委省政府的高度重视、关心和支持，也得到海内外人士和集大广大师生的热心支持。希望大家树立整体观念，进一步统一思想，努力工作，促进集美大学实质性合并早日实现。

▲ 教育部副部长周远清（前排左四）、福建省副省长潘心城（前排左五）以及省、市有关部门领导陈俊杰、林辉、朱永康、王豫生、江曙霞、邓渊源等出席了报告会

2018年7月20日
距离
2018年10月20日
集美大学百年校庆
还有 92 天

集大往事 JIDA WANGSHI

集美大学实现实质性合并

作者：梁振坤，发展规划处处长

1998年7月6日，在教育部周远清副部长主持下，交通部、农业部和福建省政府在北京签订了集美航海学院、集美大学水产学院划转福建省管理的协议。

▲ 集美航海学院和集美大学水产学院划转福建省管理协议书签字仪式

随后，8月31日，教育部以教发〔1998〕6号文件批复：同意自1998年7月6日起集美航海学院、集美大学水产学院划转福建省管理，同时撤销集美航海学院的建制。厦门水产学院和福建体育学院、集美财经高等专科学校、集美师范高等专科学校等四院校的建制，于1994年10月8日国家教委教计〔1994〕

205号文件《关于同意将集美学村五所高等学校合并组建为集美大学的通知》中，已宣布撤销。这是加快集美大学实质性合并步伐的重大举措，标志着集美大学的改革迈上新的台阶。

20年前的今天，1998年7月20日，时任福建省省长贺国强和副省长潘心城率省、市和有关厅、局领导莅临我校现场办公，对我校实质性合并的有关问题提出明确的要求。会议明确指出，集美大学实行"以福建省人民政府管理为主，由福建省和厦门市共同建设"的领导体制。

随后省委省政府派出省委宣传部、省教委、省计委、省编办、省财政厅、省人事厅等有关部门领导组成的工作组进驻学校开展集美大学体制改革的大量调查研究工作，经过调查工作组各有关部门的通力工作，制定了《关于集美大学实行实质性合并的若干意见》。

1998年8月，省委常委会进一步学习李岚清副总理关于办好集美大学的重要讲话精神，认真研究集美大学的改革方案。会议认为集美大学经过两三年的实践、探索，已初步具备由松散型联合办学转为紧密型联合办学的条件，应该进行实质性合并。

▲ 集美大学财经学院与师范学院办学协议书签订仪式

紧接着，1998年11月23日，福建省教委分别与福建省财政厅、厦门市政府签订集美大学财经学院、集美大学师范学院办学问题的协议书，正式将这两所学院划为集美大学统一领导和管理。1998年11月25日，福建省教委下文将集美大学体育学院划归集美大学。至此，集美大学所属各学院全部完成划转工作，基本理顺管理体制。

1998年11月，经省委省政府同意，省委办公厅、省政府办公厅联合批转了闽委办《关于集美大学实行实质性合并的若干意见》〔(1998)57号文〕，根据这一文件精神，集美大学从1999年1月1日起，实现实质性合并，即“五个统一”——统一的学校主体、统一的机构和领导、统一的管理制度、统一的发展规划、统一的学科建设。

▲ 参加划转管理协议书签字仪式全体代表合影

2018 年 7 月 21 日
距离
2018 年 10 月 20 日
集美大学百年校庆
还有 91 天

集美大学校园网正式开通

作者：李斌奇，网络中心主任

集美大学校园网于1997年10月13日举行开通仪式。

建设集美大学校园网是1996年4月26日在集美大学联办四方第二次联席会议上由交通部、农业部、福建省和厦门市的领导共同决定的一项重要工程。这项工程连同计算中心、电教中心、语言中心、图书文献中心和计算机网络中心等五个中心的建设被国家教委计划建设司司长纪宝成同志誉为“集美大学增强凝聚力的希望工程”。

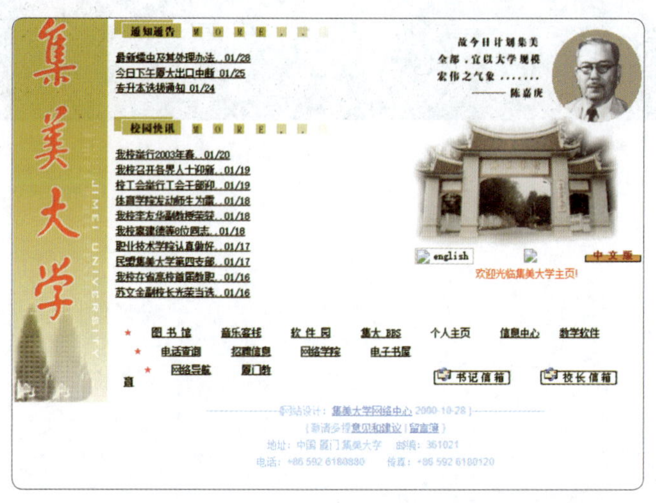

▲ 2001 年校园网主页

我校校园网建设于1996年6月开始启动，在林熙教授带领下，几个年轻人向陌生的极具挑战性的计算机网络“宣战”。学校请来三位顾问：国家

CERNET专家委员会副主任、华南理工大学的张凌教授，清华大学的李学农教授和福州大学的吴文钰教授，经过两个多月的努力，1996年8月30日成功举行“集美大学校园网建设方案论证会”。

国家教委科技司领导和来自全国各地的网络专家以及IBM、DEC、华教、华胜、自动系统公司、大世界等六家公司代表参加了论证会，为我校校园网建设方案提出宝贵的论证意见。国防科技大学著名的计算机专家，我国巨型计算机银河Ⅰ、Ⅱ、Ⅲ的主要研制者和指挥员陈福接将军是集美校友，他除了特别指派专家参加我校校园网的论证外，还亲自参加集美大学校园网开通仪式，使我们深受感动。

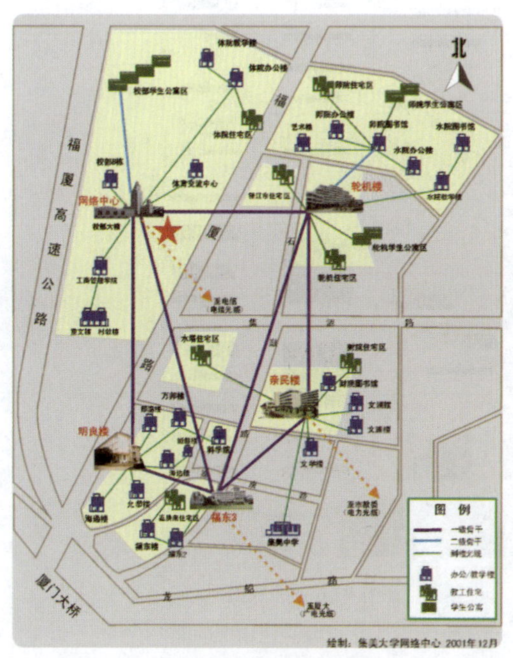

▲ 集美大学校园网光缆分布图

论证会结束后，经过日夜奋斗，我校已于1996年年底正式接入互联网，提供主页浏览、电子邮件接收等基本服务，用户可以拨号上网。紧接着，作为校园网基础工程的光缆管网工程和楼内综合布线系统(PDS)紧锣密鼓地展开，在厦门邮电局的无私援助下，全校铺设了15公里长的管道光缆。1997年8月，光缆管网工程和各学院共22栋主要教学楼、图书馆、办公楼的楼内综合布线系统(PDS)建设完成，在当时刚刚落成的校部综合大楼(集诚楼A)建设校园网主机房。至此，拥有48C公有IP地址、155M ATM主干+100M以太网到楼的集美大学第一代校园网正式建成开通。用户变拨号上网为直接上网，不仅加快运行速度，而且大大改善用户上网和运行的质量，同时实现多媒体音频点播。

1998年10月底建成首期教工住宅网，到2002年2月为止，先后三期，全校有条件建网的教工住宅全部入网。

2000年7月，包括校本部第五社区4栋楼的首期学生公寓网建成。2002年9月，学生宿舍全部入网。此后所有新建学生公寓均配套接入网络，学生每人配置一个网络端口。

校园网从无到有、从“窄”到“宽”不断发展。2001年升级到千兆主干的第二代网络。2004年千兆光缆接入CERNET2和CNGI，成为全国最早的一百个IPV6驻地网之一。2006年升级到双核心加十个汇聚节点组成的万兆跨校区双链路的第三代网络，千兆光纤通达全校所有大楼，实现“高速、稳定、安全、可控、可管”的目标。

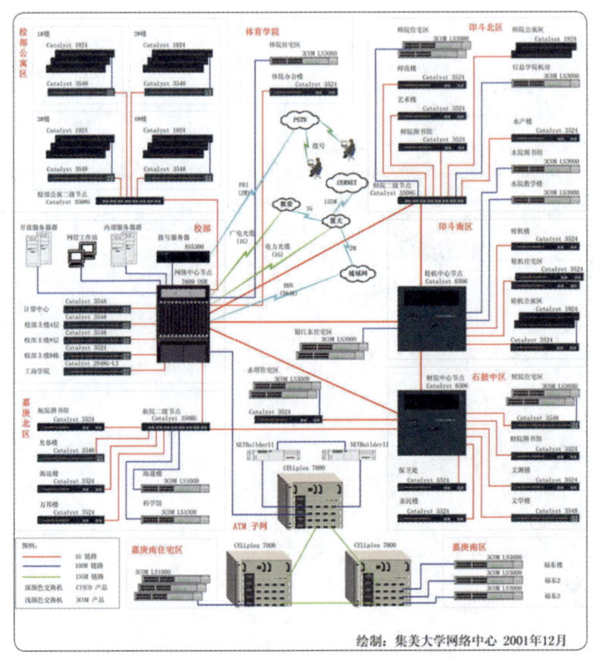

▲ 集美大学校园网逻辑结构图

2018 年 7 月 22 日
距离
2018 年 10 月 20 日
集美大学百年校庆
还有 90 天

学生中的网络精英

作者：李斌奇，网络中心主任

校园网的发展历程，是一届接着一届学生参与的历程。互联网因其开放性给予学生无限的参与空间，吸引着每一届学生。我校校园网不仅建设得早，而且在张凌、李学农、吴文钰等三位顾问指导下，在厦门市邮电局、厦门大学网络中心、上海交通大学网络中心等单位无私帮助下，建成较早且较为先进的校园网络，为全校学生提供了优越的条件，建设过程中出现一大批掌握网络知识和技术的学生。

▲ 早期的学生机房

在此介绍一下开创初期同学们的精彩表现：

航海学院航海系驾9351班陈伟同学，自1997年6月就参加学校的主页制作，经过一年锻炼，在主页制作和编程方面都做得很好，对于超文本标记语言、JAVA语言等比较熟悉。在互联网应用方面积累了丰富的经验，对Windows相当精通，对Windows NT网络和Novell网络也有丰富的经验。

财经学院98届毕业生冯智灵同学，从1997年9月就开始参加学校英文主页和网络中心主页的制作。她勤奋认真，表现出较好的英语水平和计算机应用水平，制作的英文主页布局合理、美观大方，在互联网上增强了我校的对外影响。她所制作的个人主页(也是我校第一个个人主页)在1998年福建省数据通信局举办的福建热线个人主页大赛中荣获三等奖。

财经学院会计961班的陈荣辉同学，负责我校软件园(FTP)的主页制作和站点维护，在计算机网络和Windows NT等方面打下深厚的基础。在微软公司的MCSE国际认证考试(全英文)中以两科满分1000分，平均893分的成绩一次性通过全部六门考试，取得比尔·盖茨签发的系统工程师证书。2000年3月顺利进入DELL计算机公司实习，负责Windows2000的测试工作，表现出色。他就是BBS里的007！

▲ 基于网络状态下的英语自主学习中心

工商管理学院963班的邱建辉同学，负责我校音乐客栈(Music，音乐点播)网站的网页制作、数据库开发与维护工作，还开发个人主页(Home)的数据库管理软件。优越的条件和勤奋的努力造就了他。在毕业就业时，技压群雄，到了厦门信息港建设发展有限公司担任系统管理员，在实习期间就已经被聘为工程师。对了，他就是wing！

财经学院会计963毕业生吴建斌同学，在BBS上也是个出名的人物，帐号cooldog，凭借我校计算中心和校园网的有利条件，在计算机和网络方面取得不少进步，被聘到百讯电脑公司，在就业会上还接受了《厦门晚报》的采访报道。

国航973班钟晓乐同学，学习和工作起来异常勤奋，持之以恒，对"音乐客栈"的音乐资源建设和数据库建设做出很大贡献，在网络方面掌握了许多知识，他甚至掌握了独立完成BBS系统的建站技术，还完成了当时即将来我中心讲学的美籍教授郭博士寄来的Oracle讲稿的部分翻译工作。

百年校庆即将到来，集大校园网开通也有20多年，当年的网络精英还有很多，你们在哪里？在网络世界里你们又有什么样的成长经历？我和同事洪联系、任勤生、陈世晞、李传目、曹煦晖、万春、陈伟斌等老师们想念你们。请互相转告，母校在呼唤你们。

李氏基金捐建综合训练馆

作者：黄海宏，基建处处长

2000年7月17日，第五届全国大学生羽毛球赛，在刚落成的集美大学综合训练馆举行。

▲ 中间为新加坡著名武术家、李氏基金代表陈玉和

集美大学综合训练馆，总建筑面积3358.42平方米，总投资637.82万元。省财政只拨款270万元，建设经费不足。1999年8月间，时任集美大学校长辜建德和外办主任叶光煌，第一次出访新加坡，在著名武术家陈玉和老人家引荐下，拜会了陈嘉庚先生外孙、李氏基金主席李成义先生。听取了辜校长对集美大学学科建设和师资队伍建设情况汇报后，李成义先生立刻慷慨表示捐赠

400万港元，帮助我校体育学院建设综合训练馆和网球场。综合训练馆建成后，大大改善了我校体育学院的教学和训练条件。

▲ 左三为原中国地质大学校长赵鹏大，右一为原中国大学生体育协会副主席王钢

有了梧桐树，不愁引不来金凤凰。2001年7月7日，我们就在这新建不久的集美大学综合训练馆，荣幸地接待陈忠和主教练率领的黄金一代国家女排，在这里举行了一场高水平的表演赛。

▲ 前排左六为国家女排主教练陈忠和

集大往事
JIDA WANGSHI
微信扫码查看此文

2018 年 7 月 24 日
距离
2018 年 10 月 20 日
集美大学百年校庆
还有 88 天

风雨无情人有情

作者：蔡伟清，教务处副处长

1999 年 10 月 9 日上午，14 号台风正面袭击厦门，狂风裹挟着暴雨，整个鹭岛天昏地暗，而这一天原来是教育部本科教学工作合格评价考察组一行十二人进校考察的日子，校园环境、教室、教学设备、实验室、训练馆、道路、绿化带都受到很大的损失，学校的精心准备被天气破坏了。

为了保证评估工作的正常进行，全校师生员工紧急动员起来，奋力抗击 14 号强台风，清扫道路，收拾倒塌的树木，修理损坏的门窗和设备，只用一天多的时间，学校就恢复了正常教学秩序。

▲ 时任福建省副省长潘心城台风后视察我校、看望专家组

10 月 10—15 日，教育部考察组对我校进行了为期一周的现场考察。福建省副省长潘心城、省人民政府副秘书长林辉、省教育厅厅长朱永康、省教育

厅副厅长王豫生到校看望了专家组并慰问抗击台风的全校师生。

考察组肯定我校实质性合并工作的成果和学校改革建设的基本思路，客观指出本科教学工作中存在的问题，提出十分中肯的意见和建议。专家们的意见十分尖锐、十分严厉，在我校引起很大的反响，震动很大。这一次教学合格评价，我校未能一次通过。学校经过认真总结经验，深刻反省，决定主动要求教育部推迟对我校教学评估下结论，请求再给一两年的时间进行整改，然后欢迎进行复评。我们认为，这样做的目的只有一个，立足长远，自我施压，卧薪尝胆，苦练内功，切切实实提高办学水平和质量。

▲ 教育部本科教学工作合格评价专家组摄于集美大学，1999 年 10 月 11 日

教育部经过研究同意了我们的意见，2000年3月26日教育部在《关于集美大学继续进行本科教学评建工作的通知》(教高司〔2000〕5号)中指出："集美大学对本科教学工作合格评估十分重视，评建工作成绩显著。几年来，学校坚持'以评促改，以评促建，评建结合，重在建设'原则，党政领导和全体师生员工共同努力，教学基本建设和教学改革取得很大进展。特别是1999年1月实质性合并以来，学校以合格评估为契机，在资源共享、优势互补、加强管理等方面取得显著成效，学校面貌发生较大变化，为学校进一步发展奠定了基础。同时，专家组也指出，学校在严格执行教学管理规章制度、教学内容和课程体系改革、毕业论文和毕业设计、师资队伍建设等方面还存在一些亟待解决的问题。根据专家组考察意见和普通高等学校本科教学工作评估专家委员会审议意见，经研究决定，集美大学继续开展本科教学工作的评建工作，教育部将在适当的时候，

根据评建实际情况，组织专家组进行复评。希望学校及其主管部门认真研究专家组的评估意见，团结合作，开拓进取，针对学校教学工作的薄弱环节，进一步加强教学工作的各项基本建设，努力提高教育质量。”

▲ 专家考察实验室

2018 年 7 月 25 日
距离
2018 年 10 月 20 日
集美大学百年校庆
还有 87 天

正式通过本科教学工作合格评价

作者：蔡伟清，教务处副处长

在高等学校开展教学工作评价，是原国家教委加强教学工作宏观管理、提高教育质量和办学效益的重要措施。经集美大学联办四方第二次联席会议，我校同意于 1996 年 5 月开始开展教学工作评价。经过三年建设，二年整改，深刻体会到，开展本科教学工作评价是一件具有里程碑意义的大事。

▲ 前排左五为教育部专家组组长王义遒
左六为时任福建省副省长汪毅夫

2001 年 11 月 13—15 日，以原北京大学常务副校长王义遒教授为组长的教育部专家组对集美大学进行本科教学工作合格评价复查的现场考察。

福建省副省长汪毅夫、省人民政府副秘书长林辉、省教育厅厅长朱之文、厦门市人民政府副市长江曙霞、省教育厅助理巡视员郑祖宪看望了教育部专家组并参加了我校本科教学工作合格评价复查汇报会。省教育厅厅长朱之文主持汇报会开幕式。

开幕式上，汪毅夫副省长和江曙霞副市长分别代表省、市人民政府对教育部专家表示热烈欢迎，同时表示省、市人民政府都会继续重视和支持集美大学的建设和发展工作。

开幕式后，教育部听取了学校关于本科教学工作评价三年建设、两年整改的情况汇报。

▲ 专家组考察航海模拟器

专家组在校期间考察了与本科教学有关的全部 11 个学院的教学基本设施，对 287 名学生进行了问卷调查，对 10 个学院和部门进行深入的考察和座谈，召开了 4 个专题座谈会，抽查了部分毕业设计、毕业论文和学校提供的有关整改工作的背景材料，参观本科教学工作评价成果展览，观看了校艺术团在新建成的音乐厅举办的音乐晚会。

专家组认为，学校在前三年评建的基础上，在两年整改过程中做了大量卓有成效的工作，对学校整改后的成绩给予了充分的肯定。2002年9月13日教育部下文正式公布我校通过本科教学工作合格评价的结论。

本科教学评价是国家级权威性、综合性评价，通过这次评价，意味着我校本科教育质量和综合办学实力得到国家级权威性认可，这是提高我校教学质量的大工程，是引导全校师生更新教育观念、转变教育思想的一次大讨论，是对全校教学管理的一次大加强，也是一次凝聚全校师生员工人心、团结一致、众志成城的大工程。

▲ 专家组实验室现场考察

我校正式通过本科教学工作合格评价，这就意味着我校获得申报新增为硕士学位授予单位的必要条件，标志着集美大学开始了改革发展的新征程。

2018 年 7 月 26 日
距离
2018 年 10 月 20 日
集美大学百年校庆
还有 86 天

活跃在校园的留学回国人员

作者：陈扼西，原留学生同学会副会长兼秘书长

集美大学组建成立以后，有一段松散型的办学经历，集美大学所属各学院作为办学实体仍然存在，为了实现集美大学的实质性合并，需要充分发挥方方面面的积极性，协调各种错综复杂的关系，当然最重要的是增强师生员工的凝聚力，增强一校意识。就在这时，学校注意到教师队伍中的一支特殊的力量——留学回国人员。这支活跃在各个学院中的队伍是当时各学院教学科研的中坚力量，而且这批回国留学人员具备较好的外语能力，有着较为先进的教育理念，见多识广，对于通过“资源共享、优势互补”的方式提高集美大学的办学效益和综合办学能力具有较高的认同。学校希望将这支队伍组织起来，增强凝聚力，给留学回国人员以更多的活动空间和归属感，使大家更高效地发挥自己的作用。

▲ 热烈祝贺集美大学留学生同学会成立

1996 年 4 月 19 日，集美大学留学生同学会成立。成立时会员只有 23 名，黄金陵校长任名誉会长，辜建德担任会长，副会长李连亭、张建一，秘书长黄贤容，副秘书长邱奕福、叶跃前、陈扼西，秘书庄丽榕。

留学生同学会成立后，除了开会、通报学校工作、交流经验以外，还开展形式多样、活泼生动的联谊活动，记得组织过大家去漳州爬山，到鼓浪屿游泳，还利用节假日组织别有风味的郊游。通过这些活动，大家增进了解，加深了友谊，学校的一些任务，也通过这个渠道争取留学生同学的支持和帮助。不久，这些同学们当中涌现出一大批骨干，充实到校、院、系的领导岗位上。

▲ 留学生活动

1999年，留学生同学会换届，第二届会长苏文金，副会长张建一、叶光煌，秘书长陈扼西，会员扩大至50名。2005年再换届，第三届会长关瑞章，副会长陈扼西、纪荣兴，秘书长陈扼西(兼)，副秘书长王飞舟，会员总数扩大为79名。2013年12月换届，叶光煌任第四届会长，副会长邹卫东、杨光松，秘书长杨光松(兼)，穆若郡任副秘书长。

时至今日，随着集美大学办学规模的扩大，对外交流活动的增加，全校已有数百名留学回国人员，大家不仅定期参加校内的联谊活动，还参加省、市留学生同学会组织的各项活动，在各自的教学、科研和校院领导的工作岗位上继续发挥重要的作用。

▲ 留学生活动留影一

▲ 留学生活动留影二

2018年7月27日
距离
2018年10月20日
集美大学百年校庆
还有 85 天

库克项目诞生记

作者：叶光煌，诚毅学院院长

岁月如风，往事如烟，但在生命的长河中，总有一些东西，让人刻骨铭心，难以忘怀。作为集美大学实质性合并以来的见证者和亲历者，我深深感到，学校发展到今天，一路走来，筚路蓝缕，实属不易。

集美大学今天的辉煌凝聚着各级领导的关心与指导，凝聚着社会各界的支持与厚爱，也凝聚着广大师生员工的拼搏与奉献。这期间发生过许许多多事件，有一件深深镌刻在我的脑海里，那就是我们的中外合作办学项目——集美大学库克项目。

作为福建省首例中外合作办学学位项目，其立项的艰辛历程，不是所有人都了解的。2002年7月4日，当我们从时任工商管理学院副书记陈延童处得知美国阿姆斯壮大学校长兼库克大学副校长黄天中和库克大学学术副校长邦威廉到访中国，学校当即决定与他们接洽。

陈延童是黄天中的老朋友，他们于90年代初，黄天中代表台湾淡江大学来集美航海学院定制郑和宝船模型时，就结下深厚的友情。我和陈延童飞赴广州，在花园酒店与两位校长见面。会谈在十分友好的气氛中进行，我们谈了整整一个下午，晚饭后又接着谈。返校后，学校常委会听取了我的汇报。会议决定同意集美大学与库克大学建立合作伙伴关系，同时决定，暑假期间由我陪同辜建德校长出访美国。

黄校长热情好客，亲自到机场迎接。上车后，黄校长问我们是否要先去游览或找个地方喝喝咖啡，都被辜校长否决了。我们径直去位于湾区东北部的奥克兰阿姆斯壮大学黄校长办公室，一谈就是八个小时，中途只歇下来吃碗面。第二天，我和辜校长也没顾得上游玩美丽的旧金山，又赶赴美国东部。

飞机于傍晚时分降落在罗切斯特机场，邦威廉副校长亲自驾车到机场接我们。路上，这位可爱的副校长问辜校长饿不饿，辜校长说不饿，没想到，由于中美文化差异而带来的后果就是，既然不饿，晚饭就没得吃了。邦威廉副校长直接送我们到一家小小的速 8 汽车旅馆。该旅馆坐落在荒郊野外，前不着村后不靠店。办完入住手续已是晚上九点多，两人肌肠辘辘，可旅馆又不设餐厅，也没有小卖部。我们只好摸黑步行了约两公里，到一家小超市买了一条切片面包和两盒牛奶。这就是我们当天的晚餐和次日的早餐。

第二天一大早，邦威廉副校长接我们去库克大学。到了学校，我们见过博克校长，短暂寒暄后，在校长陪同下参观了校园。

▲ 库克大学校园一角

库克大学是一所私立大学，创办于 1890 年，坐落在纽约州北部著名的五指湖之一的库克湖畔，远离喧嚣，植被茂盛，风景秀丽，是做学问的好地方。我们顾不得多欣赏美景，抓紧时间与校长交谈。

▲ 库克湖

这次库克之行，基本敲定合作的专业和模式，只是库克方面对集美大学还不太了解，需要实地考察后再作最后决定。在辜校长的诚挚邀请下，库克大学领导同意尽快安排时间回访。

11月21日，在博克校长率领下，库克大学一行三人终于来到集美大学。短短一天的考察和座谈，美国客人对我们的办学实力和合作诚意给予高度的评价。由于双方高度互信，这一次来访，就在集美大学签订合作协议，同意其他细节待日后再进一步沟通。

▲ 库克项目签约仪式

2003年3月初，一切工作准备就绪，为了赶在当年招生，我们又赶赴省城，带着申报材料直奔教育厅，见了时任高教处处长郑祖宪和厅长朱之文，得到他

们的大力支持。当时正值“两会”前夕，分管教育的汪毅夫副省长要赴京开会，同意我们一起去北京。

3月10日，在汪省长和教育厅领导的带队下，我们直闯位于教育部后院的小楼——国务院学位办。听了我们的简要汇报后，学位办审核我们的申报材料，发现两个严重问题，一是申报学位的事应该由福建省学位办对国务院学位办提出，不能由福建省教育厅出文件；二是外方承担的课程不足三分之一，不能批。因此，文件还得拿回来重新做，库克那边也还得再商谈。正好黄天中校长那几天在重庆参加一个会议，我们就赶紧改签机票，当天晚上直飞重庆再与黄校长协商。

这一番折腾，又耗费掉不少时日。更令人意想不到的是，新的文件做出来后，“非典”大面积爆发，为了减少与外界接触，国务院学位办具体经办人不同意我们再亲自送文件，我们只好通过邮寄，再不时地用电话联系。经过三个月煎熬人的漫长等待，库克项目工商管理和国际会计两个专业终于获批，但已错过当年物价局按中外合作办学标准收取学费的审批，要办双学位，学校就要减少收入。为了表示我们的诚意并兑现我们的承诺，诚毅学院两个专业所招收的共436位“双学位”新生，其学费仍按原公布的单学位标准收取。同时，经批准，学校由海外教育学院以计划外的形式招收学生，第一届就招了103人。

▲ 库克项目2018届毕业生

从 2003 年第一届招生到 2017 年，15 届共招收 5589 人，现已毕业 3959 人。经过 15 年的办学实践，虽然后来招生以计划外为主，但库克项目已赢得社会以及广大学生和家长的高度认可。该项目的学生遍布祖国各地，毕业后有的继续到国内外名校深造，比如，有就读美国哥伦比亚大学和库克大学研究生的，有攻读北京大学和北京师范大学博士的，有的考上公务员，有的在企事业单位任职，也有的已成为家族企业的大管家或大老板。

库克项目的成功举办，不仅在省内乃至在全国的中外合作办学项目中经常当作典型案例被推崇。中央电视台、《人民日报》、《中国教育报》等媒体曾先后报道过集美大学库克项目的办学成就。想想当初的辛劳没有白费，看着一届届毕业生走上社会，服务社会，逐渐成为各行业的精英，我感到无比的欣慰和自豪。库克项目的诞生历程是艰辛的，却又是美丽的，它也是学校砥砺前行、稳步发展的缩影。在集美大学百年华诞之际，回首往日点滴斑驳，心中充满愉悦与温暖，更充满深情与祝福……

2018 年 7 月 28 日
距离
2018 年 10 月 20 日
集美大学百年校庆
还有 84 天

难忘 2005 年海上荡桨大比武

作者：翁跃宗，原航海学院院长

2005 年 7 月 16 日，大连星海湾广场阳光明媚、岸边人潮涌动，4000 米海上荡桨大比武在这里拉开大幕，各参赛荡桨队挥桨斩浪，奋力争先。这是交通部和教育部联合主办的“纪念郑和下西洋六百周年暨全国航海院校首届航海技能大比武活动”的焦点项目。

▲ 获奖金牌和荡桨照片

当集美大学荡桨队以拉开第二名百多米距离的绝对优势冲过终点时，多少在场的集大人及关心集美大学的领导和同行都为之欢呼，为之动情，时任校长辜建德还亲临赛场迎接凯旋的荡桨队员。这是一块分量很重的金牌，集美大学实质性合并六年后的集大航海人很想得到她。我们做到了！在场的交通部领导及兄弟院校一片赞许，集美大学仍然高举着航海大旗，展示“航海家摇篮”

的鲜明特色。

海上荡桨是海员的基本技能，比拼的是技能、体能和毅力。我们深知，集美大学航海教育以专业技能和动手能力强而扬名，我们没有理由不在这个全国航海技能大比武的平台上取得佳绩。

接到参加比赛通知离开赛仅有一个月的时间，全校上下高度重视、齐心协力。学院制订出详细的参赛人员选拔方案、体能训练方案和荡桨强化训练方案；学生热情高涨、积极报名，为队员选拔提供充分的资源；参训学生及指导老师不怕苦、不怕累，顶着烈日严格训练，为创造好成绩打下坚实的基础。

▲ 荡桨队队员合照

这是一支由航海技术专业 2002、2003 和 2004 级同学组成的 13 人荡桨队创造的佳绩，他们是：真增健、孟雪松、陈武、倪跃、娄友明、陈祖寿、谢志勇、蔡翼枫、刘峰、冯德银、陈文明、王彬和佘浩（照片中从左至右）。我们常常忆起这一共同拼搏的日子，它展示着集美大学独特的精神气质；我们也期待在集大百年校庆之际再见荡桨队同学的英姿，再叙往事、同襄盛举。

集大往事
JIDA WANGSHI
微信扫码查看此文

2018 年 7 月 29 日
距离
2018 年 10 月 20 日
集美大学百年校庆
还有 83 天

一场盛会的经历与感触

——纪念郑和下西洋六百周年

作者：郑为民，原航海学院党委书记

集美大学建校百年纪念日近，盛大庆典的筹备如火如荼，吾已退休，力不能及，谨忆过往片段聊表关注和参与。

2001 年 4 月，中央政府作出决定，设立郑和下西洋六百周年纪念活动筹备领导小组，以纪念这位伟大的航海家。

纪念活动以“热爱祖国、睦邻友好、科学航海”为主题，具体安排如下：（一）2005 年 7 月，在北京举办郑和下西洋六百周年纪念大会。（二）2005 年 7 月，在北京中国历史博物馆举办郑和下西洋六百周年纪念展览。（三）中央电视台拍摄一部介绍郑和下西洋的电视专题片，于 2005 年六七月间播放。（四）2005 年 7 月，在上海举办“郑和航海暨国际海洋博览会”。（五）2003—2005 年每年举办不同主题的航海暨海洋知识竞赛、讲座、夏令营活动。（六）2003—2005 年，分别由上海市、福建省和江苏省举办纪念郑和下西洋六百周年学术交流活动。此举不仅彰显出国家对航海先贤的敬重，而且表达了对当今航海事业的重视。这预示着，2005 年 7 月在北京举办纪念大会，将是我国航海史上空前的高规格盛会。

六百年前，伟大的航海家郑和率领庞大船队七下西洋，遍访亚非三十多个国家和地区，促进了中外经济文化交流，增进了友谊，体现了热爱祖国、睦邻友好、开放交流、探索创新、不畏艰险的伟大精神，创造了世界航海史上的奇迹，铸就了中国古代航运业的辉煌。它在我国航海事业的史册上写下光彩夺目的巨幅篇章。

2005年7月11日，郑和下西洋六百周年纪念大会在北京人民大会堂举行，中共中央政治局常委、国务院副总理黄菊，中共中央政治局常委李长春等出席大会。

黄菊在纪念大会上高度评价郑和下西洋的光辉业绩和重大历史意义。他说，郑和下西洋传播了中华文明，促进了经济文化交流和经贸往来，扩大了中外友好关系，为世界航海事业和人类文明进步做出巨大贡献；既是中国人民的光荣，也是全人类的自豪。今天纪念郑和，就是要大力继承和发扬郑和敬业献身、忠心报国、敢为人先、科学探索、百折不挠、奋勇拼搏的伟大精神，弘扬爱国主义，增强中华文明的认同感和自豪感，凝聚海内外全体中华儿女的力量，为中华民族更加辉煌灿烂的未来而努力奋斗；就是要继续发扬崇尚和平的伟大精神，巩固扩大与世界各国人民的友好合作，为世界持久和平与繁荣发展做出新的贡献。

黄菊指出，中国既是陆上大国，也是海洋大国。大力发展海洋事业，对于保障国家安全，维护主权权益，保护资源环境，促进经济社会发展都具有十分重要的战略意义。国家已决定把每年的7月11日定为中国“航海日”。要宣传普及航海及海洋知识，增强全民族的航海意识、海洋意识和海防意识，增强建设航海强国和海洋强国的责任感和使命感，促进我国航海及海洋事业更大的发展。

纪念大会由国务委员兼国务院秘书长华建敏主持。

中共中央政治局委员、中央书记处书记、中宣部部长刘云山，全国人大常委会副委员长成思危，国务委员唐家璇，全国政协副主席张思卿等参加了纪念大会。

交通部、外交部、江苏省省政府负责人也在纪念大会上发言。

参加纪念大会的还有郑和下西洋六百周年纪念活动筹备领导小组成员单位和联络员单位的负责人，有关部门、省市的负责人，港澳台代表，有关国家的驻华使节和国际组织代表，郑和后裔代表，社会知名人士、专家学者，航海、海洋、造船、港口、渔业等各界代表和国内外有关人士七百多人。

郑和下西洋六百周年纪念大会召开之前，集美大学接到参加会议的邀请。这是一份珍贵的邀请函，承载着国家对校主陈嘉庚先生在集美所开创的航海教

育事业及历届航海校友杰出业绩的高度认可，也代表着对当时在校师生继续弘扬校主精神办好航海教育的鼓励和鞭策。

▲ 集美大学航海学院航海技能训练

▲ 集美大学航海学院航海技能训练

经学校研究决定，我荣幸地成为集美大学的与会代表。置身于人民大会堂的会议厅里，会场那庄严而又热烈的氛围令人深受感动。屏息聆听国务院副总理黄菊、交通部部长张春贤和外交部副部长张业遂等领导的讲话，深受激励与鼓舞，深感使命光荣任重道远，唯恐才疏学浅耽误国家大事，以致此后职业生涯更加兢兢业业，不敢有丝毫懈怠。在所有工作中，一定要以有利于学院党政班子团结协作、有利于学院建设发展和师生个人进步为基本准则努力拼搏，去争取更大的胜利。

1973 年我第一次路过厦门，集美学村独特的办学渊源与其建筑群落秀丽的景观在我的脑海里留下深刻的印象。恢复高考之初的超志愿录取，把我划入航运之列；毕业时我主动选择集美航专，从此与校主创办的航海教育结下不解之缘。我在集美大学工作了三十三载。虽已赋闲多年，却始终不敢忘记校主的恩泽及历届领导的培养与同事们的关心帮助。值此建校百年之际，衷心祝愿母校的百年庆典圆满成功！衷心祝愿母校继续创建更多的辉煌！衷心祝愿校友们事业成功、家庭幸福、身体健康！

2018年7月30日
距离
2018年10月20日
集美大学百年校庆
还有 82 天

深切缅怀李尚大先生

作者：辜建德，原集美大学校长、诚毅学院院长

学校筹备百年校庆，最主要的一点就是总结学校百年办学的好经验好传统，同时要感恩校主，感恩在学校百年办学中为学校努力做过贡献的校董、社会贤达、老师、众多校友以及所有帮助过学校的人。这其中最令人难忘的就是李尚大先生及其家族传人。李尚大先生是印尼著名华社领袖，集美大学校董会副主席。

▲ 左一为李尚大先生，右一为时任集美大学党委书记、诚毅学院董事长张向中

今年是李尚大先生逝世十周年。2008年11月2日，当我惊悉李尚大先生不幸逝世的消息时，真不敢相信这是真的。悲痛的泪水长流不止，内心的难过和悲伤，无法用语言来描述。

李尚大先生一生忠贞爱国，爱乡，热爱集美母校、热爱集美大学，他为家乡的文化教育事业发展，为集美大学的发展做出了极其重大的贡献。李尚大先生的逝世，对集美大学来说是重大的无可挽回的损失，可以这么说，没有尚大先生的关心，就没有集美大学今天的进步和成绩；没有尚大先生的支持和帮助，就没有集美大学和诚毅学院今天的发展和兴旺。他老人家无限敬仰陈嘉庚先生，他不只一次告诉我，“陈嘉庚”三个字就是办好集美大学的无价之宝。我们永远也不会忘记嘉庚精神、尚大情怀。李尚大先生是践行嘉庚精神的最好典范。是李尚大先生以他那宽广的胸怀、深邃的目光和睿智的思想，指引着集美大学，是尚大先生对母校集美大学无微不至的关怀、无私的奉献和深深的挚爱，帮助、支持了集美大学，使集美大学顺利组建成功，顺利实现实质性合并，顺利争取到方方面面对学校的捐赠和支持。

在集美大学发展的各个阶段，李尚大先生都起到别人不可替代的作用。我们不会忘记尚大先生1993年为了推动集美大学的诞生，曾经在厦门宾馆彻夜守候，等候省领导的接见。我们不会忘记，尚大先生在各种场合和校董会上大声疾呼，集美大学必须实现实质性合并，才能真正提高综合办学实力，提高办学水平。尚大先生还坚定地提出，集友银行派发给集美学校红利和利息必须主要用于集美学校和集美大学，这一意见得到省政府的采纳，集美大学才得以每年收到2000万的集友银行红利。

我们不会忘记李尚大先生带头捐资办学，他除了捐出集美大学工商管理学院开办费外，还为集美大学捐建村牧楼、尚大楼和灿英楼。李尚大先生得知集美大学要进行本科教学评估时，又和王景祺先生共同捐资购买计算机等设备，帮助学校改善实验条件。我们更不会忘记，尚大先生率先出资筹办集美大学诚毅学院，亲自为学院挂牌，并且担任诚毅学院监事长。如今，经他老人家亲自审定过的诚毅学院建设规划，已经由蓝图变成现实，28万平方米的新校区可以容纳1.5万学子在诚毅学院就读。诚毅学院毕业生就业率从当年开始每年都超过90%，受到社会各界的广泛欢迎。我们永远也不会忘记，当尚大先生知道集美大学要建设新校区、迎接九十周年校庆时，他老人家又多方动员海内外人士关心支持新校区建设。

尚大先生经常说，我回到中国不是来赚钱的，我是来办教育的，尚大先生把他所有的爱，所有的心血，都献给了家乡和人民，都献给了教育事业。尚大先生的爱是那么的真挚，那么的珍贵。这么多年来，尚大先生为集美大学付出太多太多，而从来不求回报。这些年来，集美大学的每一个困难，每一件事情都挂在他老人家的心上。所以他老人家最欣慰的事就是看到学校的发展和进步。

尚大先生给后人留下的是一笔笔宝贵的精神财富和人们对他无尽的思念。

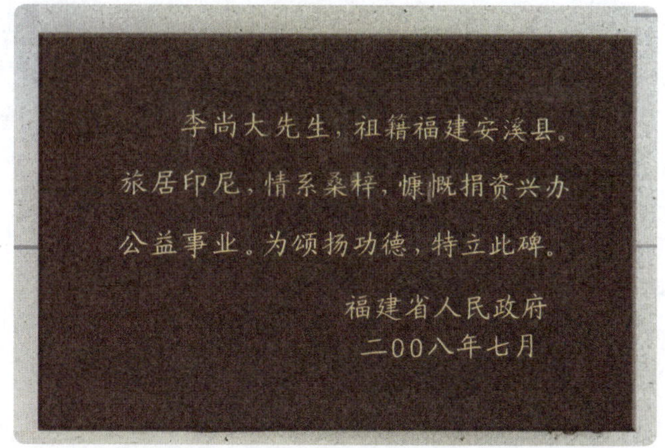

▲ 纪念李尚大先生，在尚大楼一楼大厅立碑留念

他老人家的音容笑貌仍然呈现在我们的眼前，他老人家语重心长的教导还时常在我的耳边回响。我们将牢记“嘉庚精神”和“尚大情怀”，以更加出色的办学成就，告慰他老人家的在天之灵。

尚大先生虽然离开我们，但他的名字，他不朽的业绩，他人格的伟大力量，以及他老人家伟大的爱国情怀，将永远留在人间，与世长存，与日月同辉。

李尚大先生永垂不朽！

2018 年 7 月 31 日
距离
2018 年 10 月 20 日
集美大学百年校庆
还有 81 天

集大往事 JIDA WANGSHI

拜谒李尚大陵园

作者：辜建德，原集美大学校长、诚毅学院院长

我会永远记住在 2010 年的最后一天，我怀着无比崇敬的心情来到位于印尼雅加达郊区的陵园，祭拜李尚大先生和夫人吴灿英女士。当我站在尚大先生和夫人的墓前，无限的思念和悲痛涌上心头，泪水伴着天上的雨水，不由自主地流淌。

我永远不会忘记，尚大先生对集美大学的组建和成长所做出的卓越贡献，集美大学的每一点进步都饱含尚大先生的心血，尚大先生对集美大学发展各个阶段所做出的贡献都是不可替代的。尚大先生是践行“嘉庚精神”的最好典范，“嘉庚精神”和“尚大情怀”，都是集美大学的无价之宝，尚大先生永远活在我们每一位集大师生的心中。

▲ 清明时节，师生悼念李尚大先生

我在尚大先生和夫人安息的陵园里，久久不愿离去，这里青松翠柏，庄严肃穆，千年的木化石和盛开的鲜花，诉说着亲人们对尚大先生和夫人的无限哀思。纪念馆里陈列着许许多多的奖牌、奖章、聘书和荣誉证书，都是各级人民政府、学校、家乡人民送给尚大先生的，这些宝贵的文物资料是对尚大先生热爱祖国、热爱家乡、热爱教育、热爱人民的最好历史见证，纪念馆里还保存了许多尚大先生的纪念文集，记载着尚大先生的家史，从中我们可以了解尚大先生创业的艰辛，高尚的情操，伟大的情怀，人格的魅力。尤其是在家训厅和感恩厅里，我们看到尚大先生“慈毅行道，立家之本”的家训和许多发人深省的名言，这是尚大先生留给后人最宝贵的精神财富。当我即将离开陵园前，站在刻有贾庆林主席题词“尚公不朽，大爱无疆”的石碑前，默默与尚大先生和夫人告别，这时天上又下起了大雨，这连绵不断的雨水，不仅仅象征着我们悼念尚大先生和夫人悲痛的泪水长流不止，也似乎在挽留着我们，表达了我们希望在先生安息的地方多停留一会，久久不愿离去的不舍心情。我们在这里深切感受到了这种精神的力量。

我满载着对尚大先生无限敬仰的心情和对他老人家深切怀念的依依不舍告别了陵园。

敬爱的尚大先生，来年春暖花开时，我们还会再来祭拜您！

微信扫码查看此文

2018年8月1日
距离
2018年10月20日
集美大学百年校庆
还有 80 天

王汉章和基础学科建设基金

作者：陈经华，原外语教学部主任

1996年3月13日，我在新加坡国立大学作学术访问的期限将届，新加坡惠安公会的青年同乡在欧南园的一家餐馆为我饯行。

我和新加坡惠安公会的青年同乡结缘，要感谢集美大学首任校长黄金陵教授。在我到新加坡后半个月，他代表集美大学应邀参加新加坡怡和轩俱乐部成立一百周年庆典。在异国他乡遇见母校的领导，我感到十分的荣幸。黄校长给了我许多有益的教诲，还介绍我和新加坡惠安公会的要人认识，并要我利用业余时间采访新加坡杰出的惠安乡亲。新加坡惠安公会的乡亲们当即表示要提供帮助。

我利用业余时间，完成黄校长交给我的采访任务，写成书稿，这就是后来正式出版的《新加坡的惠安人》。书中有一篇我根据资料写成的有关惠安先贤王水九的文章。王水九先生已去世，他的二公子王汉章先生是惠安公会的得力骨干。我很想采访他，但始终不得见。餐会的主持人告诉我王先生答应出席当晚的饯别酒会。我特别期待他的光临。

王汉章先生终于在我们久等之后到来了。他，身材魁梧，四方脸，头过早地谢顶，显得天庭超常的饱满。他在我的左侧就坐。因为挨得近，说话方便，互致问候、寒暄之后，我们便海阔天空地谈了起来。

我们谈到新加坡的过去和现在，谈到陈嘉庚和李光前，谈到李氏基金的掌门人李成义。他说他和李成义很熟，自告奋勇要为我向他募捐。我向他道谢，并说我没有这方面的任务。他反问我不搞一点英语活动经费什么的。我想起自己曾在国内筹款作英语活动经费，但功败垂成，胎死腹中。我说出自己的想法。

“想法很好，如果需要，我帮你募捐。”王汉章先生说：“要多少钱？”

王汉章先生当场答应为集美大学捐资人民币 10 万元作为英语活动基金。第二天，我把草拟的协议书传真给他，还加了一万元，作为第一年的启动金。

一个星期后，3 月 20 日，王先生请我到中华游泳总会的楼外楼吃午饭。他说，光靠 10 万元的利息恐怕不够，如需要，他还可以逐年增加。经商议，我们一致同意把基金叫“集美大学王水九英语活动基金”，并确定英语译名为“OCK English Activities Fund, Jimei University”。

三天后，我们再次见面，他交给我一张他签署的捐赠承诺书。

回国后，我向黄金陵校长作了汇报。黄校长很高兴，同意按照王汉章先生的意见成立机构，欣然接受了基金主席的职位。4 月 23 日，设立王水九英语活动基金协议在集美大学签订，时任集美大学党委书记的王建立同志和王汉章先生出席仪式并签字。

▲ 1996 年 4 月 23 日，王汉章（左七）、王建立（左六）、陈经华（左五）等参加集美大学王水九英语活动基金协议书签字仪式

这是集美大学第一个学科建设专项基金，也是福建省高校第一个英语活动基金。基金建立后，集美大学的各项英语课外活动、学术活动空前活跃，英语教学水平有了显著的提高。

1998 年，王汉章先生又提议增设王水九英语活动基金特别奖，重奖集大

在各类英语比赛中出类拔萃的学生。获得全国第一名奖金2万，获得省第一名奖金1万；前几名均有重奖。此后，集大连续多年有学生摘取全省英语比赛第一、二、三名的桂冠。

以后，由于利率下降，王汉章先生改变原先增加基金的设想，每年直接用现金追加金额，每年的实际费用都在2万元以上，甚至超过4万元。

基金的首任主席黄金陵校长和继任的主席辜建德校长、苏文金校长和现任的李清彪校长，都高度赞扬王汉章先生的精神。黄校长和辜校长都曾经出席过王水九先生花数千万巨资创立、王汉章先生继任董事长的惠安开成职业中专学校校庆活动，发表了热情洋溢的讲话。辜校长说：王汉章先生捐资创立的集美大学王水九英语活动基金，每年出资的数额超过一百万、两百万基金的利息。王汉章先生，一个生于新加坡，长于新加坡，留学美国的海外乡亲，如此关心家乡的建设和教育，他的精神鼓舞我们把英语教学搞好，把教育办好。

二十二年来，王汉章先生和集美大学结下不解之缘——他是集美大学常务校董；王水九、王汉章成了集大学生有口皆碑的名字；王水九英语活动基金成为福建外语界人人关注的话题。

▲ 2005年11月，王汉章（左一）、集美大学校长、王水九英语活动基金第二任主席辜建德参加惠安开成职业中专二十周年校庆

在王汉章先生的努力下，多位新加坡乡亲在集美大学设立学科建设基金。到目前为止，已有白连发先生捐资设立白连发计算机活动基金、白朝福先生捐资设立白成勤数理学科活动基金和胡东南先生捐资设立胡添富信息工程学科活动基金。这些基金涵盖了集美大学所有的基础学科，为学科的发展发挥独特的作用。

▲ 2017 年 8 月，王汉章先生会见集美大学校长、王水九英语活动基金第四任主席李清彪（右一）

2018年8月2日
距离
2018年10月20日
集美大学百年校庆
还有 79 天

从“大屿山”轮到“育德”轮

作者：尹自斌，教务处副处长

集美大学航海教育是著名华侨领袖陈嘉庚先生于1920年创办的，是我国航海类人才培养发祥地之一，在国内以及东南亚地区颇具影响，享有“航海家摇篮”的美誉。近百年来，集美大学航海校友遍布世界各地，特别是港、澳、台地区和东南亚地区，他们在各自的岗位上为祖国和世界的各项事业，特别是航运事业发展做出积极贡献，其中不乏杰出人物，正可谓英才辈出，桃李芬芳。

▲ 原集美航海学院院长滕元良（前排右五）、原集美航海学院党委书记陈泰灿（前排右四）等参加航海教育八十五周年纪念活动

作为航海教育的生命线，我校历来重视学生的航海实习问题。从1994年到现在，我校在中远海运散货运输有限公司(包括其前身广州海运集团公司、广州海运集团有限公司、中海发展股份有限公司货轮公司、广州海运、中海货运、

中海发展股份有限公司货轮公司、中海散货运输有限公司等）的支持下先后共建了八艘四至六万吨级大型散货船，作为我校船舶教学实习基地，保证了我校航海类专业学生船舶教学实习的顺利开展。

1994 年 6 月 15 日，集美航海学院院长滕元良与广州海运集团公司签订协议，以“大屿山”轮作为教学实习基地，这开创校企合作在生产船舶上安排航海类水上专业学生上船实习的先河。

集美大学组建成立后，辜建德校长等校领导多次访问广州海运集团公司，得到徐祖远总经理以及继任总经理王琨和校友的大力支持。从那时起，徐祖远同志和学校结下了深厚的友谊，一直到他担任交通运输部副部长，乃至他退休，仍然对集美大学各项工作关怀备至。

▲ 广州海运（集团）公司总经理王琨和校友（前排右一）会见辜建德校长一行

2002 年 1 月 25 日，学校与广州海运集团公司签订关于在“昆仑山”轮设立教学实习基地的协议。2006 年 2 月至 2007 年 11 月学校又与中海发展股份有限公司货轮公司签订关于校企合作共建“华光”轮、“清华山”轮、“玉龙山”轮船舶教学实习基地的协议。

苏文金校长上任后仍然十分重视和支持航海实习问题，2012 年 11 月至 2014 年 6 月，学校与中海散货运输有限公司签订关于校企合作共建“安平 1”

轮和“飞凤山”轮船舶教学实习基地的协议。2012 年，交通运输部同意我校建造一艘航海类专业教学实习船，给予专项资金资助。随后苏文金校长等校领导多次访问中海散货运输有限公司邱国宣总经理，签订中海散运与集美大学战略合作框架协议，支持和帮助学校建造航海教学实习船。

我校船舶教学实习船“育德”轮建成后，2015 年 8 月 20 日，学校又和中海散货运输有限公司签订教学实习船“育德”轮师生航行实习协议。校企双方共同努力，为航运业培养了大量优秀的高级航海技术人才。校企共建实习船基地的模式对国内航海教育起到示范作用，得到交通运输部的高度肯定。为此，集美大学—中海散货运输有限公司大学生校外实践教育基地被教育部评为国家级大学生校外实践教育基地。必须指出的是，二十多年来，这八艘五六万吨级巨轮先后能够成为集美大学航海类专业学生船舶教学实习基地，这中间不仅依靠校企领导双方共同的努力，更重要的是，得到众多航海校友的热情关心和无私的帮助，他们当中有企业老总，有部门领导，也有实习船上的船长、轮机长和普通船员。他们自豪地说，我们都有一个共同响亮的名字——集美大学航海校友。

▲ 2017 年 2 月 25 日，中远海运散货运输有限公司党委书记张治平、总经理杨志坚会见我校领导

2018年8月3日
距离
2018年10月20日
集美大学百年校庆
还有 78 天

集美大学诚毅学院创办纪实

作者：叶光煌，诚毅学院院长

1999年集美大学实质性合并后，学校希望以民办机制创办一所二级学院作为教育改革的窗口。但公办高校创立民办机制的学院，仍属于探索实验期，并无成熟的模式可以借鉴。校领导只要有机会就会出外参观考察，积极地寻找合作对象。

一次偶然的机会，我们的常务校董、马来西亚林清标集团董事长林清标先生来学校视察，座谈中，双方聊到合作办学。林先生向我们介绍了他在马来西亚吉隆坡创办的泰莱学院(TAYLOR COLLEGE)。那是一所从澳大利亚人手里买下的学校，跟英国、美国、澳大利亚等国家的高校都有合作。学院办得很灵活，生源不错，好评如潮。他欢迎学校先派人去实地考察。于是，经研究，学校决定派副校长商振泰出访，由外办林佩文陪同。他们于2000年5月13日出发，先考察马来西亚泰莱学院，再由林清标的代表洪尚行先生陪同前往英国的合作方谢菲尔德大学考察。6月14日，学校又派副校长苏文金出访，由外办陈辉陪同，也是先到马来西亚，再由洪尚行陪同到澳大利亚考察悉尼科技大学。回来后，我们学校即与林清标集团商谈合作事宜。林清标先生很有诚意，信心满满，先后几次来集美考察和洽谈。双方也早早将学院定名为“泰美学院”，取泰莱和集美校名各一个字，真是太美了！在一年多的时间里，洪尚行先生来的次数不下十趟，我陪他到处看地，也找了相关的地方领导。2001年9月，还到福州考察福大与英国合作的NAPIER学院。但由于办学双方对合作模式和办学可操作性认识不一致，泰美学院终于无疾而终。

2002 年 4 月，我们又和菲律宾康达集团林子敏董事长洽谈合作创办民办学院“康达学院”，洽谈很顺利，连“合作意向书”“董事会章程”“学院设置方案”等文件全部准备就绪，就等九八贸洽会期间签署协议。但令人意想不到的是，由于林先生在厦门的企业经营出现问题，办学的计划也随之搁置，几个月又白忙了。

▲ 2003 年 2 月 25 日，福建省副省长汪毅夫（左五）、教育厅长朱之文（左四）视察集美大学，支持学校筹办诚毅学院

尽管创办新型民办学院的道路并不顺畅，但学校并不因此而放弃，经请示省教育厅同意，学校决定自己创办独立学院。2002 年 9 月，常务校董、印尼企业家王景祺先生来校访问，非常赞同学校的设想并建议向校董募集建校基金。

王景祺先生回印尼后，将这一情况向校董会副主席李尚大先生作了汇报，尚大先生听了非常高兴，表示一定大力支持。后来，经校领导研究决定，该独立学院以“社会力量”办学为主，由福建集美大学教育发展基金会先期出资一个亿，其中 4000 万由李尚大、王景祺、黄晞等五位校董认募。建设新校区不足部分再找银行贷款。资金问题就这样解决了。同时学校还决定，建设一片新校区，探索一套新机制，做集美大学改革的试验田。没想到，这种融资模式和办学体制，正与教育部教发〔2003〕8 号文件的精神不谋而合。

▲ 集美大学诚毅学院鸟瞰图

钱的问题解决了，剩下的大问题就是征地。由于集美区储备用地有限，我们把注意力集中在同安区。那时候的地价虽然不像近几年这么高，但要找一片能建一所高校的地并不容易。时任集美大学党委书记张向中、校长辜建德和班子其他成员先后跑了十几趟同安，动用了一切社会资源，看了几块地，最心仪的当属汀溪镇洋麻山周边的荒地，没有农田，拆迁量小，面积约 1200 亩。地块内有两座小山，50 米等高线上不计面积，且位于两条溪流的交汇处，地下就是温泉带。最让人心动的是，当地村民老实厚道，民风纯朴。村支书说，一旦立项，他带头拆迁。同安区领导也非常支持，一再表示会全力以赴帮助我们做好征地拆迁等相关工作。同时还承诺，从城区到校区约五公里的道路，政府负责安装路灯，开通公交。可惜的是，当校领导向厦门市有关领导汇报时，到同安区办学的设想与厦门市要在集美建设教育城的决定不符，我们只好把目光收回来，重新放在集美，经过多方努力，勉强征用到 552 亩地，也就是目前诚毅学院的校区。

由于工程立项和建设需要一定的时间，2003 年 9 月诚毅学院开办时，先借用航海学院的水上站，又向集美一建购买了边上的一栋六层楼，改名为“海涛”楼， 还租用附近的铁路休养所。10 月，诚毅学院举行挂牌仪式，李尚大先生亲自到场祝贺并为学院揭牌。

▲ 2009 年 10 月 21 日，诚毅学院陈嘉庚语录碑廊揭幕

从昔日集美西南一隅海边走出来的诚毅学院，已经由几栋租借的旧楼房发展成为设施完备、功能齐全、建筑面积 30 多万平米的新校区。学生也从第一届的 1128 人，增加到 1 万多人，2014 年最高峰时达到一万六千多人。十五年来，学院的实力不断增强，教学质量不断提高；招生录取分数年年攀高，毕业生就业率在同类院校中名列前茅，得到社会各界的广泛认可。学院立足于本科应用型人才的培养，一贯重视内涵式发展，大力拓展素质教育。在“武书连大学排行榜”中，2017 年位列全国独立学院第 13 名。在今年由教育部高等教育学会发布的 2013—2017 全国高等学校“创新人才培养暨学科竞赛评估结果”中，集美大学诚毅学院位列全国 1200 多所本科高校第 206 名，是福建省上榜的十所本科院校之一，居全国独立学院第 3 位。

十五年励精图治，十五年春华秋实。集美大学诚毅学院从无到有，从小到大，从弱到强，凝聚着集美大学新老班子以及诚毅学院董事会的智慧和心血，也凝聚着集美大学和诚毅学院全体师生员工的共同努力，特别是初创时就加入诚毅团队的员工们。他们为了学院的发展辛勤耕耘，默默奉献。在集美大学建校百年和诚毅学院创办十五周年的历史上，留下属于他们浓墨重彩的篇章。

微信扫码查看此文

忆水产峥嵘岁月 创未来亮丽篇章

作者：陈志良，原校党委副书记

2002年10月20日，学校隆重举行集美大学水产高等教育创办三十周年纪念大会。厦门水产学院原党委书记张渝民，上海水产大学校长周应祺，国家农业部渔业局助理巡视员刘美华，原厦门水产学院各位领导，众多来宾、校友参加了大会。

▲ 1987年，时任国务委员兼国家科委主任宋健（右一）、福建省副省长陈明义校友（右二）视察厦门水产学院

原农业部部长刘中一为大会题词“海洋学问博大精深　水产事业前景辉煌”，中央人民政府驻澳门联络办事处主任白志健校友，农业部渔业局、全国水产技术推广站、中国渔业协会和一批校友纷纷发来贺电。省海洋与渔业局、湛江海洋大学有关领导也参加了大会。校党委书记张向中主持了纪念大会，辜建德校长代表学校，对参加纪念活动的各位领导、来宾和校友们表示热烈欢迎。他回顾了学校实质性合并取得的成就，回顾了我校水产高等教育取得的长足进步。

三十年来，集美大学水产高等教育，经过二次创业和学科调整，逐步发展壮大，在校生由建校初期的100人发展到2002年的2000多人，水产学院、机械工程学院、生物工程学院三个学院的教授、副教授就有76人，占三个学院专任教师的51%。集美大学实质性合并三年多来学校投入5000多万经费重点建设与老水产学院有关的专业实验室，其中学校投入水产学院实验室建设经费1160万元，生物工程学院实验室930万元，机械工程学院1730万元，信息工程学院1200万元，金工实习基地250万元。除此之外，学校还准备投入3000万元，建设包括水产养殖、食品与生物工程、海上智能交通系统、现代信息传输与信息处理、冰蓄冷中央空调测试系统五项重点实验室以及现代设计与制造技术中心等。建成后的水产养殖和现代设计与制造技术中心，这两个重点实验室将成为我省同类学科中水平最高的实验室。在集美大学实质性合并后，原厦门水产学院的各有关专业获得很大的发展，这些专业，之所以今天有这么大的发展，并不仅仅依靠学校新增投入，更因为有厦门水产学院历届领导打下良好基础，要感谢一代又一代水产人的辛勤努力和不懈追求。

学校已经于2001年顺利通过教育部本科教学工作合格评估。2002年，学校努力为争取硕士研究生教育零的突破而奋斗，最有希望成为第一个硕士点的专业就是水产养殖专业。

辜建德校长还告诉我，他刚到集美大学任职时，黄拔泉书记不止一次带着他到农业部、渔业局，一个处室一个处室认人，重点介绍水院的校友，每到一处都沉浸在浓郁的校友情中。

参加纪念活动的来宾和校友，在会议期间还欣赏了纪念水产高等教育三十周年音乐晚会，参观了学校的发展规划模型和相关重点实验室，为学校的发展变化深感自豪。

▲ 共青团厦门水产学院第七次代表大会全体代表合影

通过这次纪念水产高等教育三十周年活动，各位校友欢聚一堂，追忆逝去的峥嵘岁月，畅谈对未来的憧憬。相信明天集美大学水产高等教育的发展将会谱写更加亮丽的篇章。

微信扫码查看此文

2018年8月5日
距离
2018年10月20日
集美大学百年校庆
还有 76 天

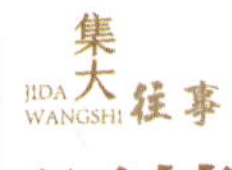

深情的怀念

作者：张雅芝，原水产学院院长

今年是黄拔泉老书记逝世十周年，我们深深地怀念他。

黄拔泉同志是原厦门水产学院党委书记，因突发急病，不幸于2008年12月11日凌晨逝世。他的突然逝世令我们十分悲痛。回想20世纪80年代初以来，他带领原厦门水产学院领导班子，带领原厦门水产学院的全体师生，经历了厦门水产学院与上海水产学院分家后的再创业，艰辛发展，与集美其他四所高校合并组建集美大学，一步一步走到今天，一幕一幕，恍如昨天。尤其是黄书记对校友工作的重视以及对校友工作的倾心付出，令我永远无法忘怀。

▲ 时任福建省委书记陈明义校友（左一）亲切会见黄拔泉书记

黄拔泉书记十分重视年轻干部的选拔与培养，十分重视学院中层领导班子的队伍建设，注重中层领导班子成员的老、中、青相结合。院党委对提拔到机关各部处和系一级领导班子的年轻同志，注重培养提高，分批选送到省委党校学习深造。1994 年，我被任命为水产养殖系系主任，时年不到四十岁，也算是比较年轻的。1995 年就和学院另两名年轻干部一起被院党委选派到省委党委学习培训三个月，期间，黄拔泉书记多次到省委党校看望我们，鼓励我们认真学习，掌握更多党的理论知识和政策，今后可以更好地开展工作，使我们备感亲切和温暖。

▲ 时任福建省委教育工委副书记，省教育厅党组副书记、副厅长卓家瑞（右一）、黄拔泉同志（左一）参加集美大学第二次党代会

黄拔泉书记十分平易近人，经常深入基层，深入师生之间，了解师生的工作、学习和生活情况，了解师生的诉求。黄拔泉书记对基层教师情况的了解程度，对学生的熟悉程度，令我吃惊和感叹！他可以叫出许多学生的姓名，还能记得很多人的电话号码，有教师的，有学生的，还有很多已经毕业离校的校友的。这反映出他工作作风的细致和用心。

黄拔泉书记十分重视校友工作。他经常说，校友是学校的重要财富，我们一定要珍惜这笔财富，依靠校友的力量和智慧来帮助学校的建设和推动学校事业的发展。

1997 年，原厦门水产学院举办建院二十五周年庆。其间有一件事，让我至今难以忘怀。院庆期间，水产养殖系有一位校友提出，想向养殖系捐一笔钱，钱不多，只有五万元，作为系校友“奖教”奖学基金会的启动金。我向书记

汇报了此事，提出想召开一个小规模、小范围的系校友“奖教”奖学基金会启动仪式。黄书记十分高兴，对校友的善举表示鼓励和赞赏，和其他两位院领导一起到会并发表了热情洋溢的讲话，令我们养殖系的同志以及校友深受感动和鼓舞。

▲ 1991 年 11 月，黄拔泉书记参加厦门水产学院校友会活动

2008 年是集美大学九十周年华诞。校庆的准备工作从 2008 年 3 月份就陆续展开，我记得当时学校分配给我们水产学院拟邀请参加校庆的老水产学院的校友名额是 150 人，那时老水产学院的几个系已陆续通过学科调整分立为几个不同的二级学院，我们二级学院的领导班子对校友的情况掌握得并不全面。这时，我们想到已退休多年的黄拔泉老书记，请他出面主持这项工作。他从 6 月份开始，多次召集原水产学院各系的部分老同志和领导，研究拟邀请校友名单，拟定活动方案。那一段时间，我经常看到他不停地给各地的校友打电话，邀请他们回母校参加庆祝活动。最后，拟定邀请 167 位校友参加校庆活动。这件事表现了一个老同志强烈的责任感和奉献精神。我经常想，没有黄书记掌握的大量校友的信息，没有黄书记的倾心付出，我们不可能那么顺利地、高质量地完成学校交给的任务。

没有想到，校庆庆典后不到两个月，黄书记竟在老家突发急病。12 月初的一天，我在办公室接到时任校宣传部长黄爱斌的电话，说黄书记在老家突然病倒，已送往福州的医院急救，我记得黄爱斌在电话中不停地重复着："病得很重很重、很重很重。"我当时一点思想准备也没有，不知所措。后来听说学校领导当机立断，想方设法将黄书记接回厦门的中山医院抢救。在黄书记被送到中山医院抢救的那几天，我们院领导和教职工天天守在重症病房外，非常难过。2008 年 12 月 11 日，敬爱的黄拔泉书记永远地离开了我们。

一转眼十年过去了。十年后的今天，在即将迎来集美大学百年华诞的今天，我们可以告慰敬爱的黄书记：水产养殖专业已获得一级学科博士点，我们正沿着前辈们指引的方向，在建设与发展的道路上，不断取得新的成就。

集美大学这棵百年大树将更加茁壮挺拔，枝繁叶茂，桃李满天下。

▲ 黄拔泉老书记（前排右六）参加集美大学建校九十周年校友大会活动

大榕树下忆师恩

作者：洪力，厦门水产学院厦门校友会常务副会长

睹物思人，每当我回到学校，似乎都能看到当年老师的身影。看到图书馆门前的那两棵榕树，便会想起当年在这里与黄拔泉老师等人一起商讨榕树种植的场景。每次参加校友的活动，耳边就会响起当年黄老师的教导：“校友是一份极其重要的宝贵财富。”

▲ 厦门水产学院校友总会揭牌

我于1977年3月进入厦门水产学院，就读于造船系的船舶动力机械专业。黄拔泉老师是我们的哲学老师，他原是上海复旦大学的团委书记，在我们入学之前调回福建，到厦门水产学院马列教研室任教。虽然我是工科学生，但我的

哲学成绩却名列其他多个科目的前茅，这还真是要归功于黄老师的精心教导。众所周知，哲学并不是一门容易讲授的课程。当年，当我们对一些概念不是很清楚，在课堂上发生争论时，黄老师总能适时地、很有逻辑性地把大家的思维又带回到正确的轨道上来。虽然已经过去41个年头了，黄老师当年讲课的形象、阐明的哲学观点，至今历历在目。

2005年，我们一行六人由黄老师带队，经由珠海抵达澳门拜访水院校友白志健。白志健学长时任中共中央驻澳门办事处主任，中共中央委员。在白学长的安排下，我们在澳门活动了七天，参观了解中共中央驻澳门办事处在澳门的工作情况。看到学长从学校毕业后有如此巨大的进步，我深刻感受到学校育人有方，培养出很多优秀人才。在百忙之中，白学长特地安排了一个晚上的时间会见我们。他与洪老师、黄老师热情交谈，给了我极大的鼓舞，使我更明白做好校友工作的必要性和重要性。

▲ 黄拔泉老师拜会白志健校友

2008年学校庆祝九十周年华诞，黄老师早早来找我商量，要以实际行动配合校庆活动。经过几天的讨论，最终确定向母校捐赠两棵榕树。我们与学校有关领导、部门沟通协调，选择榕树种植的地点及时间。捐赠活动中，黄老师始终认真负责。“一年之计，莫如树谷，十年之计，莫如树木，终身之计，莫如树人”，黄老师认为学校是培育人才最集中、最好的地方，育人就要像育树，认真施肥浇水，使之茁壮成长，成为参天大树，成为国家栋梁之才。

在集美大学建校一百周年之际，回顾学校走过的百年风雨，我们怀念一代代为学校辛勤耕耘、无私奉献的优秀教师，黄拔泉老师便是其中的一位。他总是激励着我们好好工作，努力工作，我们厦门水产学院校友会的同人在黄老师的不断影响下，积极不间断地回到母校开展多种尊师爱生的活动，特在集美大学设立“嘉恩”助学金，已连续五年返校举行助学金颁发仪式，每次资助金额为七万到十万元人民币不等。

▲ 2018 年 7 月，黄拔泉老师爱人吴嫦娥老师回校看当年栽下的榕树

微信扫码查看此文

2018 年 8 月 7 日
距离
2018 年 10 月 20 日
集美大学百年校庆
还有 74 天

第一个正式挂牌成立的二级学院

作者：庄鸿棉，信息工程学院首任院长

21 世纪是知识经济时代，信息化是高新技术产业的特征，在国家的战略发展中具有举足轻重的地位。为了实现跨世纪的宏伟蓝图和奋斗目标，厦门市提出重点发展电子信息、软件技术、生物技术等高新技术产业。

▲ 集美大学与厦门市电信局签订共建协议

集美大学实现实质性合并后，为了响应“科教兴省”战略实施和厦门市建设信息港的要求，决定以原有分散在各学院的计算机、电子、通信、自动化、信息类等专业为基础，组建新学院——信息工程学院。

信息工程学院于 2000 年 1 月 19 日正式挂牌。成立后，先后开设计算机技术、电子技术、通信工程、自动化、信息管理、地理信息系统、旅游管理等专业。

▲ 参加信息工程学院成立大会的嘉宾合影

校党委决定在新组建的信息工程学院实行校院两级管理体制和处级领导竞争上岗制度。处级领导干部公开选任，竞争上岗，这一举措作为学校新一轮校内管理体制改革的突破口，得到师生的广泛关注和支持。

▲ 集大信息工程学院首届一次教代会

学院在创办过程中，得到校董会顾问黄克立先生和厦门电信局的帮助与捐款，共建信息工程学院大楼。

信息工程学院短短几年，师资力量就得到迅速增强，各专业有了以教授为主的学科带头人，教学质量大大提高。实验室建设快速发展，和厦门市相关企业就实验室建设、学生实习、技术开发、师资培训、科研项目等方面进行广泛的合作，加快了产学研结合步伐，提高了办学质量和效益。

信息工程学院各专业学生基础扎实、动手能力强、就业率高，很受社会欢迎。

▲ 信息工程学院大楼

2018年8月8日
距离
2018年10月20日
集美大学百年校庆
还有 73 天

紫荆花开献黄老

——深切缅怀黄克立先生

作者：辜建德，原集美大学校长

集美大学校董会顾问黄克立先生是集美校友、全国政协常委、香港大正国际有限公司董事长，是香港首届大紫荆勋章获得者。黄克立先生的一生是亲历百年风雨的一生，是爱国爱港爱乡的一生，也是为国家富强和民族复兴奋斗不止的一生，他的爱国情操令人感动。黄克立爱国家，爱自己的家乡，也爱香港。对国家、对家乡、对香港有利的事，他总是义无反顾地去做，他答应的事，只要能做到的，都尽心尽力去做。他经常说："一定要爱国，对国家有利的事情一定要奋不顾身地去做，对国家不利的事情，死也不能去做。"

▲ 黄克立先生受聘为集美大学校董会顾问

黄克立先生非常热爱集美，热爱嘉庚事业，他说："只要对陈嘉庚事业有利，对家乡有利，需要我做什么，我都愿意。"他曾经说过一段意味深长的话："钱财天天有，十年有，廿年也会有，但是可能有一天都变没有了，但是学问和国家的前途却是第一位的。不仅仅是我们自己要做到这一点，希望我的好朋友，希望我们每一个中国的同胞们都能这样做，那我们的国家就能强盛起来，就不会受人欺负。”这一段话给我们的教育是非常深刻的，黄克立先生高尚的人品和人格魅力，永远值得我们尊敬和怀念。

1998 年，我到香港访问黄克立老先生，黄老说：“我一直在考虑要怎样帮助集美大学，要为集美大学做一些事，即使自己做不到，也一定要下一代做到。”黄老是这样说的，也是这样做的。1999 年 9 月 29 日，黄克立老先生在离开厦门临上飞机前，还专门抽出半小时到集美大学视察，座谈了解学校建设和发展情况。

▲ 黄克立先生视察集美大学

在2000年11月12日召开的集美大学第二届校董会第一次全体会议上，黄克立老先生向学校捐赠人民币350万元建设信息工程学院大楼，同时请他的侄孙帮忙请台湾专家做大楼的设计和前期工作。2001年12月22日，黄克立老先生又一次来到集美大学视察校园建设和网络建设，他希望能在2003年完成这一项目建设，作为向陈嘉庚先生创办集美学校九十周年的献礼。

信息工程学院大楼 2003 年 5 月 16 日奠基，2003 年 10 月 22 日举行封顶仪式，厦门市领导参加大楼的封顶仪式。

黄克立老先生生前和我们有过一次语重心长的谈话，他曾提出一个愿望，说如果有一天他不在了，希望能够把“校主陈嘉庚教育下的千千万万个学生之一”这句话写在他的铜像下面。德高望重的黄克立老先生不幸于 2004 年 5 月 1 日在香港逝世，享年 95 岁。老人走了，他的爱心，他的无私，他的真诚，就像烛火一样，照亮并温暖着周围人的心。

为了表达我们对黄克立先生的崇高敬意和深情怀念，学校将信息工程学院大楼命名为“克立楼”并且在 2004 年 10 月 21 日召开集美大学第三届校董会第一次全体会议时，在“克立楼”隆重举行黄克立先生纪念室揭幕仪式。

与会领导和来宾在纪念室瞻仰黄克立先生的半身铜像时看到，铜像下面写着：校主陈嘉庚教育下的千千万万个学生之一——黄克立博士。

▲ 2004 年 10 月 21 日，黄克立先生纪念室揭幕

微信扫码查看此文

2018 年 8 月 9 日
距离
2018 年 10 月 20 日
集美大学百年校庆
还有 72 天

质量体系亲历记

——培养具有特色的高素质航海人才

作者：叶跃前，现任继续教育学院院长，质量管理办公室原主任

建立船员培训机构与实施船员教育和培训质量管理体系是我国履行《1978 年海员培训、发证和值班标准国际公约》（STCW 公约）的法规——《中华人民共和国船员教育和培训质量管理规则》（质量管理规则）的强制性要求。“质量管理规则”要求开展船员教育和培训的机构必须依据本规则建立、实施船员教育和培训质量管理体系，通过审核机构组织的质量管理体系审核，使船员教育和培训活动在质量管理体系的连续控制之下进行，以达到既定的目标。

原集美航海学院根据“质量管理规则”的要求，建立与实施的船员教育和培训质量体系于 1998 年 7 月通过审核，于 1998 年 8 月 28 日获得主管机关签发的有效期四年的“船员教育和培训质量体系证书”，是我国报送国际海事组织履行 STCW 公约 1995 年修正案的首批通过质量体系审核的六所航海院校之一。

▲ 集美大学船员教育和培训质量体系审核首次会议

1999 年 1 月，集美大学实质性合并。为确保我校船员教育和培训质量

体系符合质量管理规则的要求，我校于 1999 年 4 月设立质量管理办公室，1999 年 6 月起依据质量管理规则的要求对原集美航海学院的船员教育和培训质量体系实施全面修订。经全面修订的质量体系于 1999 年 10 月 1 日开始运行。由于当时学校多数教职员工对质量体系的基本常识不了解，学校编写印发“质量体系宣贯材料”，认真组织关于质量体系的讲座，校领导带头学习。一时间，关于质量体系的话题，诸如“质量手册”“程序文件”“质量方针”“质量目标”“最高管理者”“管理者代表”“内审”“管理评审”“首次会议”“末次会议”“质量记录”“不合格项”“建议项”“持续改进”“无记录无行动”以及“关键在领导”等质量体系的术语或常用语成为大家津津乐道的内容。

按照质量管理规则的要求，质量体系每年至少开展一次内审和一次管理评审，每两年至少接受一次外审，船员培训机构申请质量体系审核需事先向审核机构报送一整套的质量体系文件、教学和培训设施、设备的说明以及航海类各专业教学计划等纸质材料。我校质量体系接受中间审核与更名附加审核前即 2000 年 6 月 21 日，为了表示对审核机构的尊重，校领导专程将两大纸箱的纸质申请材料报送审核机构——上海海事局并拜会时任局长王志一。王局长当场表示上海海事局一定会按照集美大学的申请组织审核。在筹备接受审核的这一段时间，据了解，海事局对质量体系的审核非常严格，会提出很多问题，甚至传言有时会询问几个小时，大家生怕自己对质量体系不熟悉回答不好问题而影响质量体系的审核通过。正因为这样，为了帮助广大教职员工熟悉、理解和掌握质量体系的要求，学校多次举办讲座讲解质量体系的有关文件，使大家能以饱满的精神，信心百倍地迎接审核专家组的到来。

▲ 时任原天津海事局副局长韩宝库

2000年7月3—7日，以时任天津海事局副局长韩宝库为组长的交通运输部海事局审核专家组对我校质量体系进行审核。时任省教育厅副厅长薛卫民、校党委和校行政领导、质量体系19个部门负责人参加质量体系审核首次会议和末次会议。薛卫民代表省教育厅在首次会议上讲话，校党委书记张向中、校质量体系最高管理者辜建德校长都在首次会议和末次会议上分别代表校党委和校行政发言。

专家组审核了我校船员教育和培训质量体系文件(质量手册1册，程序文件39份，部门职责与科室职责1册，规章制度1册，岗位工作指导书370份)，约谈了学校质量体系最高管理层领导和各部门岗位人员，现场审核了19个质量体系部门的船员教育和培训活动。7月7日下午，专家组召开末次会议，韩宝库宣布审核结论：集美大学领导高度重视船员教育和培训工作，质量体系各部门岗位人员质量意识强、熟悉质量体系要求，学校质量体系文件符合《中华人民共和国船员教育和培训质量管理规则》的要求，船员教育和培训活动在质量管理体系的连续控制之下进行，可以达到既定的目标，此次中间审核与更名附加审核予以通过。

这次质量体系中间审核给大家留下深刻印象，让大家真正体会到，建立与实施质量体系的重要性，不仅增强了大家的质量意识，让大家有了明确的目标，而且懂得目标和内容的执行要有一定的形式来体现，船员教育和培训活动必须在连续可控的管理之下进行。

我校在实质性合并才一年多的时间内，完成专业性凸显的船员教育和培训质量体系全面修订并顺利通过中间审核与更名附加审核，得力于领导的重视与支持以及学校广大教职员工的齐心协力和努力。

2018年8月10日
距离
2018年10月20日
集美大学百年校庆
还有 71 天

大陆唯一的台湾船员培训机构

作者：洪志强，船员教育与培训质量管理办公室主任

2013年10月31日，我校举办首期台湾船员适任培训，27名来自台湾的船员参加培训。这是我国全面履行《1978年海员培训、发证和值班标准国际公约马尼拉修正案》（STCW公约马尼拉修正案）以来首次举行台湾船员适任培训。

▲ 首期台湾船员适任培训开学仪式

集美大学成为祖国大陆唯一承担这一任务的培训机构——为台湾船员取得国际海事组织认证的海船船员适任证书。

交通运输部海事局翟久刚副局长、全国总工会港澳台办彭勇、中国海员建设工会魏薇副主席、台湾中华海员总工会陆王均理事长、福建海事局何易培局长、厦门海事局宋剑华副局长、台湾长荣海运股份有限公司余玉成协理、集美大学校长苏文金、集美大学副校长于洪亮等领导出席开学仪式。

迄今为止，学校已经举办十期台湾船员适任证书培训，共有 328 名台湾船员参加培训，取得无限航区海船船员适任培训证书。举办台湾船员培训，帮助台湾船员取得国际认可的适任证书，解除了他们走向世界的限制。

▲ 学员进行理论与实操培训

福建海事局和集美大学高度重视台湾船员适任培训工作，首期培训开班前，福建海事局船员处和学校船员培训中心做了大量的筹备工作，按照STCW和我国履约法规的要求，精心设计培训课程，选配学校最先进的360度全景船舶操纵模拟器和全任务轮机模拟器等教学设施设备，学校航海学院和轮机工程学院分别选派黄志教授(船长)、江海学副教授(船长)、周建文副教授、吴金地高级实验师(船长)、陈克新(船长)、王永坚副教授(高级轮机长)、李品芳副教授(轮机长)、曾华杰高级实验师(高级轮机长)、刘建华实验师(高级轮机长)等一批具有丰富实践经验、教学水平高的“双师型”教师授课。任课教师结合大量的海事案例,充分运用学校先进的360度全景船舶操纵模拟器和全任务轮机模拟器等教学设施设备,授课生动活泼,理论授课与实操训练有机结合,取得良好的培训效果。

通过培训台湾海员，可以促进海峡两岸港航经济的共同发展，推动两岸海员和航运界的交流合作，在进一步发挥闽台交流合作的优势，开展对台先行先试方面具有重要意义。

▲ 首期台湾船员适任培训全体学员合影留念

2018年8月11日
距离
2018年10月20日
集美大学百年校庆
还有 70 天

国际航标管理培训走向“一带一路”

作者：苏文土，航海学院办公室主任；吴小阳，国际合作交流处科员

由中国海事局和国际航标协会（IALA）联合主办、东海航海保障中心承办的国际航标管理人员培训班已经有三年历史。

在“一带一路”这个大框架下，经过三年的辛勤付出和砥砺奋进，我们在国际合作共赢的道路上硕果累累、花开满园。

2014年12月，中国海事局和IALA在巴黎IALA总部正式签署《航标人员培训合作备忘录》。按照备忘录，双方将每年合作开设一个国际航标管理人员培训班，这标志着中国海事在跟踪、参与、引领国际航标培训方面迈出历史性的一步。

2015年5月，国际航标协会环球学院副院长斯蒂芬·贝内特来我校考察亚洲航标培训基地的建设情况。

▲ 2015年5月，苏文金校长会见国际航标协会环球学院副院长斯蒂芬·贝内特

2015 年 9 月，中国海事局和 IALA 合作开展第一期国际航标管理人员培训班，这是 IALA 与其会员国主管机关第一次联合举办一级航标管理人员培训班。13 名来自俄罗斯、南非、越南、柬埔寨、泰国、马来西亚、印度和中国的高级航标管理人员参加了培训，最终有 10 人获得中国海事局和 IALA 共同颁发的一级航标管理人员证书。2016 年 9 月，中国海事局和 IALA 合作开展第二期国际航标管理人员培训班，16 名来自柬埔寨、印度、印度尼西亚、马来西亚、斯里兰卡、泰国、格鲁吉亚和中国这 11 个“一带一路”沿线国家的 16 名高层次航标管理人员参加了培训，15 人获得中国海事局和 IALA 共同颁发的一级航标管理人员证书。2017 年 8 月 23 日—9 月 26 日，2017 年国际航标管理人员培训班在上海、温州航标实训基地和厦门集美大学三地分三阶段开展，培训班共有来自巴西、新加坡、印度尼西亚、缅甸、文莱和中国等“一带一路”沿线国家的 13 位学员参加，11 人获得中国海事局和 IALA 共同颁发的一级航标管理人员证书。其间，学校还承办由中国海事局和 IALA 共同举办的 IALA 风险管理工具培训研讨会。

本次培训班得到 IALA 环球学院的大力支持，院长奥马尔先生、副院长贝内特先生和项目经理杰拉尔丁女士都参加了本次培训班的授课工作。通过开展合作培训，IALA 环球学院和中国海事局的联系越来越密切。IALA 环球学院对这个培训班非常重视，期望也很高。IALA 环球学院院长、副院长和项目经理都参加了培训班的授课工作，IALA 环球学院的副院长贝内特先生也参加了其他五个国家举办的一级航标管理人员培训班的授课组织工作。他认为，相较于其他国家，中国海事局举办的这个培训班是最好的。

▲ 2017 年 IALA 风险管理工具培训研讨会

2018 年 8 月 12 日
距离
2018 年 10 月 20 日
集美大学百年校庆
还有 69 天

集美大学第一次党代会胜利召开

作者：陈洪林，党校专职副校长

2001 年 10 月 20—21 日，集美大学第一次党代会胜利召开，这是我校发展历程中一次具有里程碑意义的会议，标志着学校实质性合并真正完成。

▲ 中国共产党集美大学第一届委员会委员

1994 年 10 月 20 日，集美大学组建。2001 年 10 月 20 日，集美大学成立七周年。七年来，特别是 1999 年 1 月实质性合并以来，学校在党建思政、推进实质性合并和新一轮校内管理体制改革、开展本科教学工作合格评价、实施素质教育、开展校园文明建设和改善办学条件等方面做了许多工作，并取得可喜的成绩。学校面貌发生了很大的变化。在展现广阔发展前景的关键时期，学校召开了第一次党代会。出席大会的正式代表180人，特邀代表39人，列席代表14人。大会回顾了我校1994年组建以来特别是1999年实质性合并以来各项工作的成绩；选举产生集美大学第一届党委会和纪律检查委员会，杨国豪、邱元拔、张向中、陈志良、林耀坤、商振泰、辜建德、曾讲来、蔡金萱当选为党委常委，张向中当选为党委书记，辜建德、曾讲来、陈志良当选为党委副书记，林耀坤当选为纪委书记，健全了党委和纪委领导班子；讨论通过《集美大学"十五"计划和2010年发展规划纲要》，统一了思想，凝聚了力量。

会议明确了"我校是一所由不同办学经历、不同隶属关系和不同办学层次的院校合并组建的大学，本科教育历史不长、基础薄弱、水平不高，学校仍然处于本科教育初级阶段，夯实本科教育基础是'十五'期间乃至今后十年的主要任务"的基本校情；明确了我校是一所以本科教育和培养应用型人才为主的省属多科性大学的定位；明确了我校的定位为"面向特区，面向海洋，面向海内外，在国内和东南亚地区具有一定影响的多科性大学"；明确了学校"十五"以及2010年的发展目标。这次党代会在学校发展过程中起到承前启后、继往开来的作用，此后，开启了学校学科专业调整、融合的序幕。至2004年，理学院、外国语学院、政法学院、工程技术学院、中文系等院系相继设立，经过一系列的学科专业调整，基本形成多科性大学的格局。

▲ 中国共产党集美大学第一次代表大会全体代表合影

2018 年 8 月 13 日
距离
2018 年 10 月 20 日
集美大学百年校庆
还有 68 天

实现研究生教育“零”的突破

作者：郑文发，研究生处副处长

集美大学组建之初，学校领导班子就确定了办学初期的三大任务：实现实质性合并，迎接教育部教学工作评价，申请成为硕士学位授予单位。

从 1999 年 1 月学校实现实质性合并开始，到 2001 年 10 月第一次党代会的胜利召开，学校实质性合并工作真正完成；从 1996 年 4 月至 2001 年 11 月，学校经过三年建设两年整改，本科教学工作取得长足进步；2002 年 9 月教育部关于集美大学本科教学评估结论的公布，标志着集美大学本科教学合格评价工作画上圆满的句号。随即我校加大学科建设力度，正式启动申报硕士点的工作，努力争取实现我校研究生教育“零”的突破。

▲ 水产养殖学学科带头人陈昌生教授（右二）

一所大学有没有硕士点，不仅仅是办学层次高不高的问题，还涉及学校有没有学科建设，能不能形成自己的办学特色，更好地为经济社会发展服务，能不能完善人才培养模式，引进高水平的学科带头人，推动学校整体办学水平的提高。所以，学科建设是一所学校安身立命之所在，必须把学科建设放在学校建设工作的重要位置，要以学科建设为龙头，加强学术梯队建设，促进学科建设走特色发展之路，提高学校的教育质量，提高学校综合办学实力和竞争能力。

为进一步加强学科建设，学校集中财力，投入3000万元建设水产养殖、食品与生物工程、海上智能交通系统、现代信息传输与信息处理、冰蓄冷中央空调测试系统五项重点实验室的建设以及“现代设计与制造技术中心”重点实验室，尤其是水产养殖和现代设计与制造技术中心这两个重点实验室的建成，代表当年我省同类学科的最高水平。这一批重点实验室的建设，增强了学校参加全国第九批硕士学位授予单位申报工作的实力。

2002年12月28日，教育部新任党组副书记周济副部长在省教育厅朱之文厅长等领导陪同下，莅临我校视察指导工作。周济副部长一下车就说：远清老部长交代我一定要到集美大学看看。陪同周济副部长视察的还有国务院学位办王亚杰副主任，这次视察活动使教育部和国务院学位办的领导对我校的学科建设成绩和申请成为硕士学位授予单位有了深刻的印象。原教育部副部长周远清同志在此之前，曾六次来到集美大学视察，推动学校实现实质性合并，关心、指导本科教学工作评价，申报硕士点，支持学校实现研究生教育“零”的突破。

▲ 周远清副部长视察机械工程学院

2002年年底，学校首批申报硕士点的有10个学科(专业)，即水产养殖学、信号与信息处理、食品科学、轮机工程、机械电子工程、交通信息工程及控制、体育教育、训练学、应用数学、国民经济学、文艺学等。经过近一年的建设和努力，我校于2003年6月顺利通过国务院学位委员会第九次新增硕士学位授予单位整体条件的评估，2003年9月8日，国务院学位委员会正式批准我校成为硕士学位授予单位，设有国民经济学、轮机工程、食品科学、水产养殖学四个硕士学位授予点，实现研究生教育“零”的突破。

研究生教育从此翻开崭新的一页，学校有力拓展了发展空间，增强了办学实力，实现了办学层次的重大跨越。在集美学村九十年的办学历史上，这是一个标志性的进步，至此我校建校初期确定的三项任务基本完成。

▲ 集美大学首届硕士研究生毕业留影

2018年8月14日
距离
2018年10月20日
集美大学百年校庆
还有 67 天

集大往事 JIDA WANGSHI

银校合作，助飞集大

作者：王仁敬，原财务处处长

集美大学新校区的建设之所以能够又好又快地完成，离不开四大国有银行的大力支持。

▲ 集美大学与中国建设银行厦门分行签订银校合作协议

集美大学和厦门建行的合作可以追溯到1999年，从1999年开始，为了支持我校科研工作，厦门建行在学校设立建银奖，每年五万元，连续五年，奖励在科研上做出成绩的教师，鼓励我们的教师攀登科研的高峰。2000年，厦门建行和集美大学签订合作协议，在当时高校还没有贷款概念时，厦门建行愿意为学校提供5000万元贷款额度就显得有些“超前”。2005年1月11日，集美大学与中国建行厦门市分行签订“21 世纪战略合作协议”。

▲ 集美大学成为中国建设银行总行级重点客户

集美大学在新校区建设中得到厦门建行的全面支持，集美大学成为中国建设银行总行级重点客户。从 2003 年创办诚毅学院开始，厦门建行先后为学校提供 8 亿元的贷款，使新校区建设有了坚实的资金基础。

在新校区的建设中，我校还得到中国银行厦门分行、中国工商银行厦门分行、中国农业银行厦门分行的大力支持。尤其是在国际金融形式非常严峻的情况下，各家银行还将集美大学的贷款期限、还款日期做了适当的延长和调整，为学校规避国际金融危机带来的冲击提供有力支持。在厦门农行的率先支持下，厦门建行、厦门工商银行都与我校签订国家助学贷款合作协议。这不仅仅是银行对我校学生工作的巨大支持，也是对我校贫困生的关心和爱护。

厦门中行、厦门建行和厦门工商银行还是我校的校董单位，为支持我校建设他们慷慨解囊，捐款为学校加强实验室建设，设置各种奖、助学金。可以这么说，没有厦门中行、厦门建行、厦门工商银行和厦门农行的鼎力支持，就没有今天这 60 万平方米的一片新校区。

微信扫码查看此文

2018 年 8 月 15 日
距离
2018 年 10 月 20 日
集美大学百年校庆
还有 **66** 天

菲华培训那些事

作者：叶光煌，诚毅学院院长，原校长助理、国际合作处处长、海外教育学院院长

“中国寻根之旅——菲律宾华裔学生学中文夏令营”是由集美大学校董会顾问、菲律宾航空公司董事长陈永栽先生于 2001 年发起并资助的。夏令营每年一期，将学生分别派往厦漳泉等地学校接受为期近两个月的培训，至今已举办 18 期，培训了 12275 名菲律宾华裔学生，先后有 6 所学校承接过培训任务，其中，仅集美大学就承训 5579 名。如今，“中国寻根之旅”在菲律宾华社中产生巨大的影响，成为海外华侨华人回到祖籍国学习中华文化的品牌。

▲ 陈永栽先生参加菲律宾华裔学生学中文夏令营开营式

开展华文培训，集美学村是有优良传统的。在倾资兴学的同时，陈嘉庚先生十分重视中华文化在海外华侨华人中的传承，他不仅号召海外华裔青少年回国学习，还制订优惠政策鼓励他们多回国学习。1953年，在陈嘉庚先生的不懈努力下，集美华侨学生补习学校终于成立。据统计，从成立到“文革”期间被迫停办，侨校共培养19432名学生。

集美大学实质性合并伊始，校领导就高度重视海外华文教育。2002年10月，学校决定另找新址开办海外教育学院，从校内其他单位抽调4名骨干，由我牵头开始筹备。2003年3月6日，集美大学海外教育学院正式挂牌成立，院址就在新校区原体育交流中心。

▲ 书法课

其实，在海外学院成立并承接“中国寻根之旅——菲律宾华裔学生学中文夏令营”之前，学校于2002年春季就已承训一期共119名的菲华学生。记得1999年10月10日，14号台风刚过，陈永栽先生就来校视察，座谈中，他问校领导能否为海外华裔青少年培训华文，校领导说没问题，学校正在考虑成立海外教育学院，即使来不及，外事办也可以承接。回国后，陈永栽与菲律宾华文教育中心联系，此事交由该中心全权办理。经过两年多的努力，菲律宾华文教育中心于2001年招收100名学生派往陈永栽先生推荐的“厦门的大学”，结果阴差阳错，办事人员与厦门大学联系，把 100 名学生全部派往厦大。这次乌龙多年后才搞清楚。2002 年，菲律宾华文教育中心一下子招收了 310 名学生，分别派往集美大学、厦门大学和华侨大学。从此，集美大学就与菲华培训结下不解之缘。

根据陈永栽先生和菲律宾华文教育中心的要求，菲华学生学中文夏令营的培训内容各承接院校大致相同，有汉语、书法、国画、中国功夫、民族歌曲、民间舞蹈（女）、健美操（男）、手工课等。为了让孩子们领略祖籍国的大好河山，增强对中华文化的认同感，培训期间还安排旅游，有几次周边的，也有一趟远程的。远程的大多选择武夷山或大金湖，最远的是黄山。经过培训，孩子们的收获都很大，有的孩子连续几年报名参加，从初始的零基础，到后来的高级班，年年有收获。不少孩子因为参加华文培训，改变了他们的专业学习和择业倾向。值得一提的是，有的学员因此爱上中华文化，通过“造血计划”来中国学习汉语，回国后成为菲律宾中小学的汉语骨干教师。

▲ 夏令营学员参观陈嘉庚纪念馆

每年春末夏初，活跃在集美的菲律宾华裔小朋友，已成为集美学村一道亮丽的风景。他们给学校带来岛国的生机，也带来稚嫩的朝气，但同时，也给只招大孩子的高校带来管理上的挑战。虽然每二三十个学生就配有一名随团而来的带队老师，但这帮小朋友的活泼可爱、调皮淘气也是出了名的。尤其是外出旅游，更得处处小心谨慎。几百个孩子的旅游团，叽叽喳喳，打打闹闹，稍有疏忽，就有可能出事。记得有一次去武夷山，我带的班上有一个胖小孩，一路蹦蹦跳跳，在天游峰上崴了脚，我只好从山上把他弄下来，又背又抱，一路走走停停，到了山下全身骨头几乎散了架。

可以说，菲律宾华裔学生学中文夏令营已成为集美大学又一张闪光的名片，它的举办几乎与集美大学实质性合并同步，一路见证了集美大学这些年来的快速发展。孩子们先后住过体育交流中心、诚毅学院校区、第五社区学生公寓、财经学院校区、水产学院校区、教师教育学院校区、集大宾馆等，几度搬迁，几经易地，唯一不变的是海外学院全体教职员工敬业奉献的精神和坚持不懈的努力。陈永栽先生每年都会亲自随他的波音 747 大型客机护送这些可爱的孩子们到中国来。几年后，老先生很有感触地说，每次孩子们一到厦门，集美大学海外教育学院的领导和老师都会第一时间出现在机场，嘘寒问暖，帮学生搬行李，但有的学校只派了培训部主任接机，而有的学校干脆都交给旅行社打理。这就是菲华学生和带队老师首选集美大学最主要的原因之一。也正是因为集美大学领导重视，举全校之力承接培训任务，陈永栽先生出资 1100 万元先后捐建“陈延奎楼”和“陈延奎图书馆”。

尽管十多年来海外教育学院的教职员工不断流动，但我们与菲律宾师生们结下深厚的情谊。最令人难忘的是 2003 年“非典”期间，为了确保孩子们的安全，让远在菲律宾的家长们放心，菲律宾带队老师与我们互相配合，严防死守，定时熬草药给孩子们喝，天天为他们测体温，不让他们与外界接触，就连总团长杨美美老师从北京出差回来，也毫不例外地实行了几天的隔离。我们之间发生的许多故事，令人感动，值得珍惜和回味。从第一期就率团来中国的杨美美团长，为了菲律宾的华文教育，十八年如一日，始终兢兢业业，默默无私奉献。她德高望重，是孩子们的好奶奶，也是带队老师的主心骨。虽已年逾八十，她仍活跃在菲律宾与中国之间，年年担任该团总团长。前不久，当得知她身患重病还坚持带团，曹敏杰副校长代表学校前去慰问，我们大家也都自发地给她送营养品，为她捐款，为她祈福。

十几年菲华培训的实践，给我们揭示了一个再简单不过的道理，那就是：

一个单位的事业要发展，离不开领导的重视和全体员工的共同努力。“世上无难事，只怕不重视。有事大家干，领导靠前站。上下一条心，事业就兴旺”。“寻根之旅”还在延续，陈永栽先生还在出钱，菲律宾华文教育中心还在出力，我们没有理由不努力把这一件有意义的事做到极致。

▲ 海外教育学院领导参加带队教师会议

习近平总书记指出，“博大精深的中华文化是海内外中华儿女共同的魂”，“共同的魂让我们心心相印”，实现中华民族的伟大复兴关键是要固好魂。中华文化培育了中华儿女共同的情感、价值、理想和精神，无论身在何处，黄皮肤、黑头发、黑眼睛是永远不变的符号，中华文化是永远不能丢弃的魂。六千万海外华侨华人以家国情怀和赤子之心，在实现中华民族伟大复兴的道路上与祖籍国并肩同行，他们以独特优势和我们一起托举着全民族的梦想，具有海外教育光荣传统的集美大学，有责任、有义务为这一伟大的梦想贡献应有的力量。

宝岛台湾，我们来了

——积极推动海峡两岸教育交流合作

作者：林琛琛，国际合作交流处综合科科长

2009 年是海峡两岸开启高等教育交流的历史性一年，也是集美大学与台湾高校拉开教育交流与合作序幕的一年。这一年，作为极具“五缘”优势的福建省，开拓了两岸高等教育对台交流之先河，首次由政府资助、成批次、大规模组织福建省 5 所本科高校和 9 所高职院校，近 200 名学生于 2009 年 9 月赴台湾高校进行为期一年的学习交流。200 人，相对于今日福建省赴台交流学生数来说，实在是微不足道的一个数字，但在当时却极为轰动，引来两岸各大主流媒体争相报道，并用“大规模”来描述此次赴台人数。

▲ 2015 年，苏文金校长访问台湾元智大学

作为福建省重点建设高校，作为具有独特区位优势的省属高校，集美大学也积极投身此次意义非凡的对台交流活动中。校领导高度重视，亲自参加由

省教育厅组织召开的工作会议，根据《关于召开选派高校学生赴台湾高校学习的通知》（闽教高〔2009〕40号）的相关要求进行统一部署，在闽台产业对接服务的电子信息工程、机械设计及其自动化两个专业中进行公开选拔。经过宣传、动员，我校最终从信息工程学院、机械工程学院院选派21名学生作为我校对台交流“先锋队”赴台学习，开启了我校对台交流的新篇章。

▲ 2015年，苏文金校长走访台湾中华海员总工会

近十年来，学校紧密围绕中央对台方针政策，主动融入，积极作为，发挥区位优势，结合我校及台湾合作院校的学科优势，以加强两岸师生的双向交流、服务学校教学科研及人才培养为主导思想，在“走出去”的同时积极做好“请进来”的各项工作。各相关部门与学院通力配合，共同营造我校对台教育交流的良好氛围。

学校践行开放办学理念，始终重视同台湾高校在教学、科研等领域的交流与合作，积极探索对台教育交流与合作模式，参与对台教育交流的学院从2009年的2个逐步拓展到18个，台湾协议院校也增长到31个，在教学科研、学生交流、教师访学、共同举办学术会议、联合申报课题、联合办展等方面深入开展交流与合作，在长期的互动中建立深厚的友谊。

学校发挥学科优势，与台湾高校在相关学科领域共建研究所、实验室、学术研究中心；与台湾大学、台湾海洋大学、辅仁大学等高校在航海、水产、生物工程、食品科学等学科领域共同开展课题研究，联合申请促进海峡两岸科技合作联合基金项目；主办或承办十几场高水平的海峡两岸学术会议。

近十年来，学校与台湾政治大学、台湾海洋大学、彰化师范大学、台中教育大学、高雄海洋科技大学、元智大学、中原大学、东海大学、中国文化大学、铭传大学等十多所台湾高校开展交换生、夏（冬）令营、研习营等学生交流项目，学生赴台学习专业涵盖文学、理学、工学、农学、管理学、经济学、教育学、艺术学等多个学科门类，学校先后选送超过1800人次赴台湾学习交流；作为"闽台修学旅游基地"，学校积极做好"请进来"的工作，迎来超过2300名台湾高校专家学者及学生团体来校交流、访学、实践等，努力拉近两岸学者及青年学子的距离，结下深厚的友谊，取得较好的对台交流成效。

学校在对台交流过程中积极借鉴、引进、整合台湾高校优质教育资源，以闽台高校联合培养人才项目为契机，加大合作高校优质资源的引进与利用。目前，该闽台项目由台湾教师授课门数超过360门，引进台湾合作专业教师课件66件，有力地推动两岸教师在专业教学上的交流与互通，更好地实现资源互补。学生通过一年的赴台学习交流，扩大了视野，体验了不同的教育教学模式，学生的学术研究、批判性思维、沟通协调、团队合作、实践探索、创新发展等多种能力得到较大幅度的增强，深受用人单位好评。

近十年，是集美大学对台教育交流与合作飞速发展的十年，凭借得天独厚的人文地理优势，集美大学已成为祖国大陆开展海峡两岸教育、科技和文化交流的主要高校。众多台湾学子和教师在这里学习、工作和生活，美丽的校园，富有特色和人文气息的嘉庚风格的教室、校舍留下他们奋斗的足迹。未来十年，我们将继续发挥好区位及学科优势，不断拓深两岸在经济、科技、人文等领域的研究成果，为两岸的教育交流与合作做出积极贡献。

我们身边的“老外”

作者：黄敏，国际合作交流处外专外教科科长

在集美大学的发展历程中，有这样一群人，他们拥有和我们不一样的肤色、不一样的语言、不一样的生活背景，却和我们一样为学校的教学、科研和人才培养默默地辛勤劳作，做出贡献。他们，就是我们身边的“老外”。

学校实质性合并之际，适逢中外教育交流领域不断扩大，国内教育机构对外专的需求急速增加。一方面，学校外事办的同志要尽快熟悉政策和业务，另一方面，在抢人大潮中聘请到合适的外专实属不易。通过航海校友的介绍以及各方努力，实质性合并当年，学校终于聘请到三名外教，在航海学院和师范学院任教。其后数年，外专的数量一直维持在十人左右，难有突破。

▲ 参加圣诞晚会合影

与一些私立学校或语言机构相比，学校工资待遇较低，居住条件较差，当时交通也不大便利，这些都给外专的聘请工作带来困难。面对此困局，跨越物质条件限制成了当务之急。对此，学校提出以人为本、以情留人、规范管理的思路，要求外事办（后更名为国际合作交流处）务必克服经费不足，人员偏少等困难，以人为本，通过认真细致、热情周到的服务和扎实有效的工作，努力为外专外教营造良好的工作、生活环境。

▲ 外教迎新聚会

2005 年年初，为进一步规范外专聘请工作，外事办邀请多名法律专业的外专，经过几个月的辛苦努力，制定新的外专聘用合同，不仅符合我国法律法规要求，也符合外籍人士的思维模式，突出和强化了学校的管理职能，使外专外教管理工作有法可依，有条可循。该合同后来成为外专聘用合同的范本，为多所兄弟院校借鉴采纳。与此同时，通过提供翻译、祝贺生日、陪同就医等暖人心的行为切实服务好外教，留住外教。除了主动为外专外教排忧解难，我们还积极组织外专外教参加厦门市各种大型活动、参观旅游等，加深外专外教对中国文化的了解，增强了他们对中国的热爱，对学校的认同。同年，我校外专聘请人数达到 23 名，澳大利亚籍专家 Robert Judd 先生获得福建省政府颁发的“友谊奖”。

在 2010 年福建省外事工作会议上，我校作为外专外教工作先进单位在会上做主题发言，受到与会领导和兄弟院校的赞赏。

这些年来，我校外专聘请的数量和质量都得到较大提高，语言类外专外教人数位居全省前列，专业类及高层次人才引进工作取得新突破。外专这一特殊群体已成为我校教学、科研及管理的生力军，为我校的发展做出重要的贡献。他们当中已有三人获厦门市“白鹭友谊奖”，两人获福建省“友谊奖”，一人获集美大学“学生最喜爱的优秀教师”荣誉称号。

▲ 2017 年，曹敏杰副校长在外教工作座谈会上为获省“友谊奖”的外专 Steven 及获“学生最喜爱的优秀教师”荣誉称号的外专 David 颁奖

在大家的努力下，我校外专聘请效果显著。外专外教积极参与学校的改革和发展，在完成好教学工作的同时，积极从事各类科研活动，开设全校性公选课。

此外，多名外教义务组织各种慈善捐赠活动，开展学生第二课堂活动，义务组织了院飞盘队、棒球队，多次带队参加各类比赛，丰富学生生活，提高了集大的知名度。他们对科研和教学严谨的态度、对青年教师成长的关怀、与学生平等的沟通交流、热衷于公益事业等，都体现了他们对集大学子的热爱，对学校发展的关切。

外籍专家教师队伍建设是我校国际化建设的重要内容，是我校深化教育

改革、提高办学质量和建设应用研究型大学的重要举措。外专规模和水平是大学国际化程度的重要标志。学校将在为外专提供优良的服务、创造良好的国际化工作环境的基础上，充分发挥外专的作用，推动他们为学校的发展建言献策。

▲ 外专自发参加抗击“莫兰蒂”台风活动

集大往事 JIDA WANGSHI 微信扫码查看此文

2018 年 8 月 18 日
距离
2018 年 10 月 20 日
集美大学百年校庆
还有 63 天

一道亮丽的风景线

——集美大学国际学生校园生活侧记

作者：卢其乐，海外教育学院党委副书记

2002 年 10 月，集美大学成立海外教育学院，积极探索中外合作办学途径，是福建省较早具有招收留学生和港澳台侨学生资格的高校。2006 年，我校真正迈出国际学生招收和培养工作的第一步，在刚刚起步的数年间，由于办学基础较弱，我校国际学生人数一直不多，不温不火。

▲ 集美大学海外教育学院与泰国 7 所中学合作交流签约仪式

2011 年 9 月，我校与泰国 SD 国际教育咨询公司合作开展泰国学生招生与汉语培训，几年来先后与泰国 100 多所中学签订关于语言生招生与培养的合作协议，推进国际学生（语言生）的招生工作。

2012 年，为进一步促进福建教育国际交流与合作，推动福建来华留学教育事业健康发展，福建省政府设立“外国留学生奖学金项目”，为我校国际教育事业再创发展良机。截至 2017 年，我校获得该留学生奖学金项目资助金额

214 万，资助学生 77 名。2017 年 5 月，厦门市为深入学习和贯彻落实习近平总书记致集美校友总会的回信精神，契合国家“一带一路”发展倡议，创设了“海丝”国家留学生“陈嘉庚奖学金”，在泰国集美校友会丁文志等一批集美海外老校友和学校各相关部门的共同努力下，2017 年我校共获得该留学生项目奖学金 342 万，资助学生 85 名，留学生规模取得空前发展，现已形成博士生、硕士生、本科生、语言生等多层次、多学科的留学生培养体系。

目前，我校国际学生在校生近 200 名，他们分别来自安哥拉、泰国、美国、法国、俄罗斯、乌克兰、柬埔寨、老挝、马来西亚、缅甸、印尼、菲律宾、越南、韩国、孟加拉国、阿塞拜疆、西班牙、白俄罗斯、哥伦比亚、捷克、土耳其、阿尔及利亚和阿根廷这二十三个国家。国际学生尽管有不同的文化背景、风俗习惯和宗教信仰，但都怀着对中国的喜爱和对厦门的向往而结缘在美丽的集大校园里，开启各自的留学生涯。在这里，他们可以通过学习生活的点点滴滴，真切地体验和感知今日中国国情、厦门市情和集大校情；在这里，人们可以感觉到，这将会是一群具有中国立场、国际视野、厦门情怀、嘉庚精神的国际学生。出门打车用滴滴，上街购物用支付宝或微信支付、用洋腔洋调的中文讲述嘉庚故事，他们已经慢慢融入在中国、在厦门、在集大校园里的学习和生活……来自俄罗斯的留学生柳巴在校学习 5 年了，在集美大学完成本科学业后继续攻读硕士研究生，她已经十分习惯中国的生活方式，熟悉集美的风土人情，还是学校的留学生“形象大使”，毕业后更希望有机会留在这里工作生活。

2014 年 8 月，一群来自非洲安哥拉的青年漂洋过海来到集美大学，从汉语拼音开始学习中文，这是由浩远集团资助、我校承办的安哥拉国际贸易专班，该班得到商务部亚非司领导的重视，他们多次来校关心了解学生在我校的学习生活情况。

米盖尔同学说，当他们表演的融合非洲热情奔放的舞蹈韵律的“闽南拍胸舞”，在参加 2014 年 12 月厦门市外事侨务办公室主办的第十七届在厦海外学生才艺展示活动喜获观众好评的时候，他们全班都感到无比自豪和激动。2017 年 9 月，学校安排他们前往浙江杭州、义乌进行商务实习，当同学们置身于这两个中国改革开放前沿城市时，无不惊叹中国电子商务之发达、小商品市场之丰富。艾利曼同学在实习报告中表示毕业后立志从事中非跨境贸易。乔坤同学汉语已经很流利，准备毕业后继续攻读集美大学的硕士研究生。

▲ 留学生参加校园活动

齐聚嘉庚故里的国际学生，嘉庚精神是他们留学集大的永恒记忆。2017年秋季开学之际，107名新生从聆听校主动人事迹开启来华第一课，在嘉庚公园、嘉庚纪念馆等地实地了解和学习嘉庚精神，“嘉庚精神”成为他们在集美大学学习的必修课程。今年是集美大学百年华诞，国际学生开展系列活动，他们参与2018年集美大学国际生招生宣传片的拍摄工作，在担任演员的过程中，他们的足迹遍及集美大学的每个角落，对嘉庚先生办学的事迹更加了解，对集美学村的文化也有了更深的体会与感悟。

寒假期间，21名获得“陈嘉庚奖学金”的学生到泰国、马来西亚、印尼、越南和柬埔寨5个国家的16所学校开展“百年集大我代言”招生宣传社会实践活动，受到当地师生的欢迎，扩大了集美大学的海外知名度。为迎接集大百年华诞，2018年4月25日，国际学生举行“校主故事我来讲　嘉庚语录我传颂”演讲比赛，34名参赛选手紧紧围绕陈嘉庚先生的生平事迹和经典语录，通过单独、两人搭档、小组串联演讲的方式，追忆嘉庚先生艰苦诚信的创业历程，分享嘉庚先生抗日救国的爱国壮举，讲述他对我国教育事业的深远影响，回顾嘉庚先生在家乡倾资办学的历史等，充分表达对嘉庚先生的感恩之情。嘉庚精神是集大留学生的特殊思想印记。

多元文化共享的国际学生，在参与文化体验中自然而然地产生了解中国的兴趣和参与意愿。他们在参与中外学生结对子进行汉语“1+1”助学活动和学习“中国文化概论”课程中，提高了汉语水平，了解了中国文化习俗；他们在参与学校新生迎新晚会、诗歌朗诵会、合唱比赛、运动会、美化绿化校园等大型校园活动中，获得融入校园文化的归属感；他们在参与国画、剪纸、武术和端午民俗等非物质文化遗产的生动体验中，感受到中华传统文化的深厚内蕴。

他们在参与李清彪校长邀请学生代表组织的中秋博饼（校长自掏腰包）、吃新春年夜饭等师生共度佳节的活动中，领略中国传统节日的味道；他们在参与泰国留学生举办的别开生面的泼水节活动中，参与了不同国家之间的文化交流；他们还利用节假日参与丰富多彩的校外考察实践活动，从不同侧面和维度认识中国。

▲ 集美大学国际学生端午节文化体验活动

随着中国经济的崛起和国际影响力的扩大，全球掀起“汉语热”，许多国家和地区都将汉语列为战略性语言。我校的留学生大都来自“一带一路”相关国家。对“一带一路”相关国家学生来说，中国是个留学的“新磁场”，需求远未饱和，还有较大增长潜力。在“一带一路”倡议中，福建要率先建设21世纪“海丝”核心区，省市对留学生政策支持力度不断加大，相信我校将成为更多“海丝”沿线国家学生留学的理想选择，也相信我校正迎来国际学生规模扩大的战略机遇，在国际化水平提高上仍将大有可为。

2018 年 8 月 19 日
距离
2018 年 10 月 20 日
集美大学百年校庆
还有 62 天

钱老永远活在我们心中

深切缅怀钱伟长先生

作者：辜建德，原集美大学校长

全国政协副主席、集美大学校董会顾问钱伟长先生于 2010 年 7 月 30 日在上海逝世，享年 98 岁。

2010 年 8 月 7 日上午 10 时 30 分，上海龙华殡仪馆庄严肃穆、哀乐低回，钱伟长先生的遗体安卧在鲜花和翠柏丛中。党和国家领导人、各有关高校领导以及钱伟长先生的众多亲友、学生怀着悲痛的心情送别这位著名的科学家、教育家和杰出的社会活动家。

钱伟长先生是第六、七、八、九届全国政协副主席，是民主同盟第五、六、七届副主席，他还历任清华大学教务长、副校长，中国科学院力学研究所副所长、自动化研究所所长，是中国科学院资深院士。1983 年，钱伟长先生以 71 岁高龄出任上海工业大学校长，之后又担任新组建的上海大学的校长，是世界上最高龄的大学校长。

钱老常常对人讲："我没有专业，国家的需要就是我的专业；我从不考虑自己的得与失，祖国和人民的忧就是我的忧、祖国和人民的乐就是我的乐。"忧国忧民，赤子情怀，"先天下之忧而忧，后天下之乐而乐"，钱老心中装下的是一个国家、一个民族的复兴梦想，他把毕生的精力和心血献给振兴中华民族的伟大事业。

改革开放后，邓小平同志亲自批示调任钱伟长先生担任上海工业大学校长并指示他当校长不受年龄限制。钱老十分重视教育事业，首先提出破"四堵墙”的口号，即破学校与社会之间的墙、教与学之间的墙、各院系与学科之间的墙、教学与科研之间的墙，大力推动高校教学管理的改革。1994年以后，钱伟长先生一直担任新组建的上海大学的校长，为培养更多高素质人才辛勤耕耘，倾尽心血。

▲ 钱伟长先生受聘为集美大学校董会顾问

钱伟长先生与集美大学也有不解之缘。1993年3月21日，钱伟长、汪慕恒、陈心铭、洪惠馨、张乾二、赖万才、张楚琨七位全国政协委员联名向全国政协八届一次会议提交“关于组建集美大学的建议”，直接推动集美大学的组建。钱伟长先生还是我校校董会顾问。2002年2月9日和12月18日，90岁高龄的钱老两次莅临集美大学检查指导工作，参加我校校董会。钱老在校期间参观学校网络中心和航海模拟器，听取我校工作汇报后，充分肯定学校的发展与进步，结合上海大学的合并工作介绍上海大学的主要做法和成功经验，给了我们很多启迪。

钱老爱国敬业、无私无畏的精神，求真务实、追求创新的理念，敢作敢为、坦坦荡荡的人生品格，是我们集大人永远学习的楷模。钱伟长教授为集美大学做出的重大贡献将永远载入史册。

钱老逝世后，我们无限哀恸，学校除即时发去唁电外还专门指派我前往上海参加钱老遗体送别仪式。人们从四面八方赶来，怀着无限悲痛的心情，哀恸这位伟大的老人，哀恸国家从此失去一位真诚的爱国者，哀恸科学界失去一位奋斗不止的大师，哀恸社会失去一位目光远大、矢意革新的教育家，哀恸我们教育界失去一位智慧慈祥的老者和一位深爱每一位学生的老校长。

▲ 钱伟长先生参观航海模拟器

▲ 钱伟长先生视察集美大学

安息吧！钱伟长先生。您永远活在我们心中！

2018 年 8 月 20 日
距离
2018 年 10 月 20 日
集美大学百年校庆
还有 61 天

以人为本，加强师资队伍建设

作者：陈福昌，科研处副处长，曾任集美大学人事处副处长

在集美大学实现实质性合并的一段时间内，把一个什么样的高等教育带入 21 世纪是大家非常关心的话题。面临世纪之交，世界各国之间进行激烈的科技竞争、经济竞争及综合国力的较量，21 世纪的竞争说到底是人才的竞争，人才的竞争说到底是教育的竞争。讨论面向 21 世纪的人才培养、教育内容改革等问题，改革教育、提高教育质量越来越成为世纪之交各国高等教育改革潮流的核心问题。

集美大学组建前，原有的几个学院，办学层次不一，由专科到本科院校的发展历史较短，1994 年 10 月，仅有 6847 个全日制在校生，其中本科生仅 25.3%，绝大多数为专科生，受学生培养目标所限，专科教育侧重培养学生实际操作能力，不重视培养学生综合素质，对学生的创造能力、科研能力的训练并没有更高的要求，所以往往强调教学这一个中心而忽视科研任务对于提高自身的教学水平的作用，正因为这样，教师的科研水平较低，再加上学校没有硕士点，缺乏高水平的学科建设带头人。教师队伍中高职称人数较少，尽管学校本科教育工作评价加强了师资队伍建设，2003 年获得硕士学位授予单位，2007 年获得专业学位授予单位，但是尽快提高我校师资队伍水平，仍然是学校的重点工作，为此学校采用两条腿走路的方针：一方面，积极引进人才，优化师资结构；另一方面，加强青年教师培养，帮助他们提高，鼓励青年教师在职申请攻读博士学位，择优推荐青年教师出国留学或进行国内访问，加强科研工作和学术梯队建设，积极选拔和培养一批跨世纪学术带头人和青年骨干教师，积极支持教师申报国家科研课题、参加国内外学术会议、申请各类自然科学基金项目。据不完全统计，1994 年 10 月，我校专任教师 854 人，其中教授 16 人，副教授 159 人，拥有硕士学位教师 61 人，拥有博士学位教师 1 人。1999 年 1 月，我校有专任教师 906 人，其中教授 34 人，副教授 257 人，拥有硕士学位教师 183 人，拥有博士学位教师 13 人。

引进人才虽然可以优化教师结构，但是本校原有教师队伍的成长才是学校事业发展的根本，在关系教师切身利益的职称评审工作方面，学校做了大量卓有成效的工作。

首先是切实加强科研工作，不断提高教师的科研能力和学术水平，积极支持教师参加高水平的国内外学术会议，在高规格的专业学术期刊发表论文。通过“请进来，走出去”的办法扩大集美大学的影响和提高学术知名度。从 2001 年开始，学校申请成为硕士学位授予单位，直到 2008 年争取成为申博立项建设单位，学校邀请省内所有重点建设高校（包括厦大、华大在内）的校长和同行业专家到学校开办讲座，一方面让这些高校领导、专家了解集美大学，深切感受集美大学的进步；另一方面也让学校内的教师领略高水平大学的学术风采。

▲ 蔡振雄陪同程开甲院士（左一）参观轮机工程学院。蔡振雄教授曾任轮机长三年，有丰富的航海经验，曾任集美大学轮机工程学院院长

其次，学校通过典型案例，宣传集美大学的办学特色，强调集美大学“双师型”教师队伍申报高级职称的特殊性。我校的航海类教师、工科类教师、体育学院的专科教师都有很高的应用水平，但学术理论文章较少。

据此，我们向省高评委说明，根据中华人民共和国船舶船员适任证书的规定甲、乙、丙、丁四类证书对应于无限航区、近洋、沿海、近岸四个航区。甲类适任证书又分为两个等级，甲类一等驾驶员适任证书适用于无限航区 3000 总吨位及以上的船舶，甲类一等轮机员适任证书适用于主推动力装置 3000 千瓦及以上的船舶，我校教师中当过多年船长、轮机长的“双师型”教师，晋升高级职称时就不能只看发表的学术论文的数量和水平，而应该结合他们多年任职情况及所执适任证书情况而定。学校的说明打动了省高评委，我们自己培养的优秀人才终于脱颖而出，顺利地评上高级职称。

▲ 蔡振雄陪同来访的欧盟嘉宾（左一）参观轮机模拟器

工科类的老师、体育学院的专科老师也一样，除了看学术论文的数量和水平，也应该考察他们本身的专业水平，结合他们培养的学生获得国际国内高水平赛事的优异成绩，来评定职称。学校对于那些因为种种原因在省高评委的学科组评审中未能通过而又有一定水平的老师给予关心和支持，主动向省高评委提出复议。提出复议是很不容易的，首先要经过全体高评委讨论，半数以上同意才可以正式复评，然后再经由全体高评委正式投票，要 2/3 以上通过才算数，所以要通过高评委复评是有一定难度的。但由于我校是处于发展建设中的高校，师资队伍建设急需扶持，加上应用型专业人才培养的特殊性，得到省高评委的支持，部分教师顺利通过复评，甚至有人高票通过复评，一时传为佳话。对于那些当年未能通过职称晋升评审的老师，学校也很注意做他们的工作，一方面严格要求他们继续努力提高水平，不要泄气；另一方面也实事求是指出不足，对他们的进步和成果给予充分肯定，保护他们的积极性。

▲ 黎中宝（右二）2000 年博士毕业，两年后晋升副教授，之后两次申请破格晋升教授，2006 年被评为教授，曾任集美大学水产学院副院长

就这样，我校的师资队伍一步步成长起来，取得很大的进步，取得应有的成就。经过十年，到 2009 年 9 月，我校专任教师为 1604 人，其中教授 165 人，副教授 497 人，拥有硕士学位教师 678 人，拥有博士学位教师 232 人，与 1999 年相比，专任教师增加 698 人，教授增加 131 人，副教授增加 240 人，拥有硕士学位教师增加 495 人，拥有博士学位教师增加 219 人。

1999—2009 年，这十年，通过福建省高校职称评委会评审，我校共有 160 人被评为教授，501 人被评为副教授。这十年，我校共引进教授 39 人，副教授 80 人，可见师资队伍的成长，主要不是靠引进，而是依靠原有教师队伍水平的不断提高进步。

微信扫码查看此文

2018 年 8 月 21 日
距离
2018 年 10 月 20 日
集美大学百年校庆
还有 60 天

青春·活力·金奖

作者：张鸿，财经学院行政科科长，鸿瑞创业小组成员

2004 年 11 月，集美大学“鸿瑞创业小组”的创业项目“鲍鱼疾病防治技术应用及开发”获得第四届“挑战杯”中国大学生创业计划竞赛金奖，集美大学该项成绩实现最高突破，集美大学成为当年全国金奖获得者中唯一的非 985、211 本科高校。

▲ 第四届“挑战杯”中国大学生创业计划竞赛在厦门大学举行

集美大学“鸿瑞创业小组”设立于2003年4月，从校赛初赛、复赛、决赛，到省赛初赛、复赛、决赛，再到全国初赛、复赛和决赛，从田野调查到数据分析，

从日常讨论到加班加点，历时近两年，在时任校党委副书记曾讲来，时任校团委书记洪文建，时任校团委副书记赖孟情、林志东，指导老师梁新潮、宋振荣，相关部门和学院老师的关心下，在潘晓华、张鸿、李春林、陈颖、魏连英、汪磊、罗伟、吴巧芳、朱兆伟等同学的努力下，取得辉煌的成绩，为母校争光，为同学鼓劲！

“挑战杯”中国大学生创业计划竞赛是来源于20世纪80年代在美国高校兴起的以推动成果转化为目标的活动。它借助风险投资运作模式，要求参赛者组成学科交叉、优势互补的竞赛团队，就一项具有市场前景的技术产品或服务，以获得风险资本的投资为目的，完成一份完整的创业计划书。“挑战杯”中国大学生创业计划竞赛被誉为中国大学生创业创新类比赛的“奥林匹克”盛会，是国内大学生创业创新类最热门最受关注的竞赛。

▲ “鸿瑞创业小组”成员合影

“挑战杯”中国大学创业计划竞赛在中国共有两个并列项目，一个是“挑战杯”中国大学生创业计划竞赛；另一个则是“挑战杯”全国大学生课外学术科技作品竞赛。这两个项目的全国竞赛轮流开展，每个项目每两年举办一届，该比赛多年来一直被誉为全国最具有导向性、示范性和权威代表性的全国大学生创新创业竞赛活动。“挑战杯”中国大学生创业计划竞赛由共青团中央、中国科协、教育部、全国学联和省级地方人民政府主办。1999 年、2000 年、2002 年、2004 年、2006 年、2008 年、2010 年，2012 年，第一、二、三、四、五、六、七、八届“挑战杯”中国大学生创业计划竞赛先后在清华大学、上海交通大学、浙江大学、厦门大学、山东大学、四川大学、吉林大学、同济大学成功举办。2012 年之后更名为“创青春”大学生创业计划大赛。

集美大学高度重视在学生中大力实施素质教育，各部门、各学院通力协作，紧密配合，在认真抓好课堂教学这一中心环节的同时，注重通过各种渠道培养学生的创新精神和实践能力，每年都认真组织举办校级“挑战杯”大学生课外学术科技作品竞赛和“挑战杯”大学生创业计划大赛，在校园内营造出浓厚的学术科技与创新氛围。

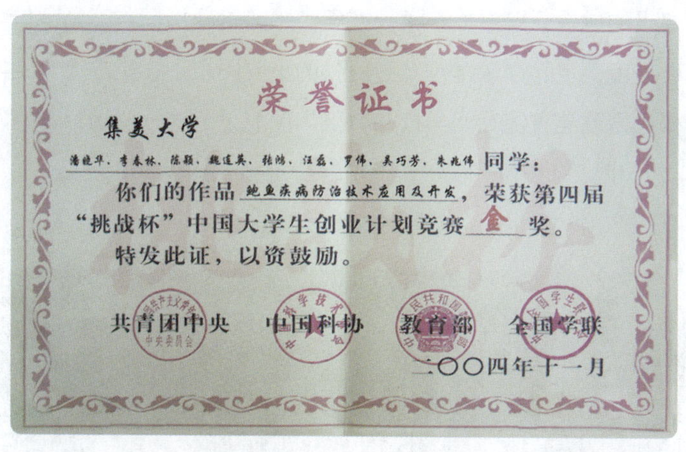
荣誉证书

集美大学

潘晓华、李春林、陈颖、魏道英、张鸿、汪磊、罗伟、吴巧芳、朱兆伟同学：

你们的作品鲍鱼疾病防治技术应用及开发，荣获第四届“挑战杯”中国大学生创业计划竞赛金奖。

特发此证，以资鼓励。

共青团中央　中国科协　教育部　全国学联

二〇〇四年十一月

▲ 获奖证书

2018 年 8 月 22 日
距离
2018 年 10 月 20 日
集美大学百年校庆
还有 59 天

举全校之力创建省级文明学校

作者：陈洪林，党校专职副校长

创建文明学校活动是我省推动高校精神文明建设再上新台阶的重要载体，是检查、考评和衡量高校精神文明建设成效的重要途径。对于一所大学而言，精神文明建设的成效，既是检查学校办学水平的重要指标，又是评价学校综合实力的重要尺度，也是衡量学校发展后劲的重要因素。在集美大学的发展历程中，举全校之力创建省级文明学校并取得丰硕成果的这一段历程，值得回味。2006 年 11 月和 2009 年 8 月，学校先后获得第九届（2003—2005 年）、第十届（2006—2008 年）省级文明学校称号。

▲ 集美大学创建省级文明学校工作会议

实质性合并以来，加强精神文明建设一直是校党委、校行政高度重视的工作，学校首次党代会和《集美大学“十五”计划和2010年发展规划纲要》确定的学校改革发展大事包括在2005年通过省级文明学校的评估。

根据《福建省文明学校建设管理办法》和福建省开展创建文明学校评估工作的进程，我省在文明学校检查评估时间的安排办法中规定，申报学校要经过三年的建设后进行总评，但在创建活动的过程中，每年都开展一次检查活动，指导和推动文明学校建设工作。按照评估标准，文明学校必须在思想道德建设、校风校纪、校园文化建设、校容校貌、设施建设、治安秩序、组织发动7大项29个方面139条任务标准上达标，每个方面、每一个项目、每一条标准都必须符合质的要求和量的标准。

我校创建工作主要分为三个阶段进行：第一阶段（2003年），全面创建阶段。设立校院两级创建文明学校工作领导小组，召开创建文明学校工作动员大会，广泛宣传发动，做到人人皆知、人人参与。对照评估标准，明确工作任务，健全规章制度，采取有力措施，全面开展创建活动，使我校在师生精神风貌、校风校纪、校园文化、校容校貌、设施建设、安全秩序等方面有明显的改善和提高。

第二阶段（2004年），基本达标阶段。进一步发动全校师生员工开展创建工作，按照评估标准，对上一年取得的成绩和存在的问题进行全面的严格的自查自评。在此基础上，针对薄弱环节，进一步强化措施，集中力量，消除差距，基本达到省级文明学校评估标准。

第三阶段（2005年），巩固提高阶段。在上述基础上，巩固已有的建设成果，完善各项规章制度，进一步促进文明学校建设活动的规范化与制度化，通过不断深化改革，丰富文明学校建设内涵，促进学校工作的全面发展。

2006年3月14—15日，第九届福建省文明学校和平安校园检查评估组对我校创建福建省文明学校和平安校园工作进行检查评估，我校的创建工作得到专家的一致好评。2006年11月，在全省精神文明建设工作暨先进命名表彰大会上，集美大学获得2003—2005年度省级文明学校称号，这是集美大学实质性合并以来首次获得省级文明学校称号。

加强精神文明建设是学校的长期工作，创建文明学校是没有止境的。在学校成为省级文明学校后，在学校全力以赴做好本科教学工作水平评估、发展研究生教育、完成新校区建设三件大事的同时，创建文明学校又被列入“集美大学‘十一五’规划和2020年远景目标”，新一轮的创建工作又开始了。

2006年3月23日，第十届创建省文明学校第一次会议的召开，标志着新一轮创建工作的开始。新一轮创建福建省文明学校领导小组由校党委书记张向中任组长，党委副书记、校长辜建德任第一副组长，领导小组成员有各有关部门、单位负责人。各学院党委也相应设立学院创建工作领导小组。学校制定了《集美大学文明学校建设总体规划（2006—2008年）》，分年度提出创建福建省文明学校实施意见或创建计划工作要点，明确当年创建工作的具体要求、创建工作的组织与实施等。根据《福建省高等学校第十届文明学校评估标准》，学校制定任务分解表，详细列出文明学校创建工作的各项工作任务或项目，明确项目责任单位和完成时间。经过三年努力，2009年8月26日，全省精神文明建设工作暨先进表彰大会在福州召开，我校获得省委省政府授予的“第十届（2006—2008年度）省级文明学校”光荣称号。

随着文明学校创建工作的深入开展，学校在重视校园硬件环境、思想道德水平、风尚风范风气、校园文化建设的同时，更加注重将学校的内在精神和外在风貌相结合，更加注重改善学校整体办学状况和办学水平。在创建工作中，学校大力弘扬“嘉庚精神”，努力培养具有“诚毅”品格的优秀人才，形成鲜明的创建工作特色。比如，重点建设陈嘉庚先生铜像、陈嘉庚先生语录园、闽西南第一个共青团支部纪念雕塑（基石）广场、严力宾烈士塑像、南极石、世界航海图石雕园、集美大学九十周年校史展览馆、陈村牧展室、庄重文展室、李引桐展室、黄克立展室等一系列爱国主义教育基地，营造良好的育人环境。学校以嘉庚精神为重要内容进行日常教育管理工作。学校以陈嘉庚先生所立的“诚毅”为校训，使嘉庚精神和“诚毅”校训在办学实践中发挥育人的重大作用，成为一代又一代师生的行为指南，激励着学子们在人生道路上孜孜以求，勇往直前。

文明学校创建期间，学校办学条件得到极大改善，办学实力明显增强。创建文明学校使全校师生员工在创建活动过程中培养了自信心和自豪感，形成爱国爱校的凝聚力和向心力，为学校发展提供精神动力、思想保证和文化条件。

一所学校的文明程度、文化品味，不是短时期内形成的，也不只是几年的创建可以获得的，而必须长期坚持不懈抓好。六年的创建活动及成绩，是学校发展历程中一道亮丽的风景线，是全校各级各单位各部门以及每一位师生员工共同努力的结果，文明的校园环境也需要全校上下长期营造才能逐步巩固和发展。

▲ 第十届福建省文明学校考评组领导专家合影留念

厦门市工业学校并入集美大学

作者：陈娟，原厦门市工业学校团委书记，现任集美大学文学院党委副书记

原厦门市工业学校（工校）是当时厦门市属唯一的省部级工科普通中等职业学校，1988年作为鹭江职业大学的附属中专开始招生，1992年厦门市政府批准成立厦门市工业学校，2004年3月成建制并入集美大学工程技术学院。

▲ 2004年全校教职工合影

合并前的十六年间，工校为厦门经济特区的建设培养了5976名中等工科实用型人才。工校根据经济特区建设对人才的需求特点，努力突出工科中专办

学特色，强化实践教学环节，不断激发办学活力，推进素质教育，取得可喜成绩。

办学期间，工校坚持多形式、多层次和产教结合办学，先后与厦门叉车厂、厦门卓晟建筑公司、厦华模具厂、厦门港务集团等联办机械制造、物业管理、机械制造模具专门化、港口机械等专业；与西北工业大学、江苏理工大学联办机械制造专业、计算机及应用专业和机电一体化专业函授大专班；1997 年又与上海南方工业学校结为姐妹学校；1998 年与新加坡宇航公司联办（外派）飞机维修班，68 位机电类毕业生赴新加坡从事飞机维修工作。工校先后荣获市级“文明单位”、省级“文明学校”、“全国职业教育先进单位”、“全国职业技术学校就业指导工作先进学校”等称号，2000 年顺利通过省教委评估，跻身省部级重点中专行列。

2004 年 3 月，经省教育厅批准，厦门市工业学校成建制并入集美大学工程技术学院，集美大学接收工校在编在册的全体人员，学校建制保留至 2006 年 7 月所有在校学生毕业止。厦门市政府除安排集美大学省、市共建经费 800 万外，安排新校区征地一次性专项经费 7000 万元，每年安排集美大学工程技术学院正常办学经费补助 400 万元，用于工校在编教职工 126 人和合并后退休人员的人员支出和日常公用支出。工校土地房产交由厦门市教育局统筹安排，2004 年 3 月 31 日，学校办公设备、车辆、教学仪器设备、财务账目现金余额 1 000 多万元等资产全部划入集美大学。2004 年 5 月，正式成立集美大学工程技术学院，撤销职业技术学院。集美大学任命工程技术学院领导班子：方悦任院长，袁晓华任党总支书记，刘建华、黄秀猛任副院长，连志崧、舒信国任党总支副书记，修明、陈三明任院长助理。学院下设办公室、教学科、学生科、中专教学部、南山校区管理科。

为切实做好厦门市工业学校“人、财、物”的接收工作，2004 年集美大学派出以商振泰、关瑞章副校长为组长，校办、组织部、人事处、财务处、资产处等人员组成的工作小组，开展大量细致周全的思想动员、划转交接工作，确保合并工作的顺利进行。在集大领导的关心支持下，工作小组妥善解决了合并后教学行政各类人员的安置工作，因地制宜，制定了教师转换评聘相应职务实施细则，顺利解决成建制并入后教师职务的评聘问题，完成转定高等学校相应教师职务工作。2004年6月，结合个人意愿和岗位需求，首批16位教职工调整至校部党政管理机构和教学教辅单位、其他机构。2006年7月，工校原在编人员均已完成岗位调整工作，顺利进入集美大学各教学和行政岗位。

▲ 原厦门工业学校办公楼

合并之初，面对新工作，新环境，新岗位，调整知识结构，建立人际关系等压力时，工校教职工们遇到前所未有的困难、疑惑和焦虑。时任集美大学校长辜建德亲自来到工校参加全校教工大会，“集美大学一定会善待工业学校的所有教职工”“集美大学是以工科为主的学校，要努力培养应用型人才，而厦门工业学校正好具备这样的特点，对于培养动手能力强的应用型人才有丰富的经验，对于集美大学有很强的互补和指导意义”“欢迎厦门工业学校并入集美大学”，老校长这些话发自肺腑、热情洋溢、慷慨激扬，让在场全体教职工无不感动至深，铭记于心！“雄关漫道真如铁，而今迈步从头越”。集大各级领导以高瞻远瞩的眼光和无微不至的关怀，为工校教职工们缓解了压力，指明了前进的方向。

作为新一代集大人，工校全体教职工在新的领导和同事的关心鼓舞下，积极调整心态，应对新的挑战，准确把握时机，不断加强学习，努力勤奋工作，形成集大一支新的生力军。他们在各自教学、科研、行政、管理岗位上，逐步取得可喜业绩。倾力躬行、立德树人的优秀共产党员王晓峰多次指导学生参加全国大学生智能车竞赛，带队获省级以上奖项36个；用心教书用爱育人的余祥、杨春艳、钟启茂获评集美大学第一、二届“学生最喜爱优秀教师”称号。

林荣川被聘任为教授后获纵横项科研经费近500万元，获2017年度厦门科技进步奖三等奖，取得发明专利等知识产权23项。

王罡率队获RoboCup机器人世界杯中国赛一等奖；庄一凡家庭荣获“第十一届全国五好家庭”称号。合并后原工校教师被评聘为教授1人，副教授22人；行政人员也在校内各主要处室、学院岗位上尽心尽力，努力工作，为集大做出贡献，其中18人在学校处级、科级岗位任职。

▲ 王罡率队获机器人世界杯中国赛一等奖

今天的工业学校教职工早已和集美大学合为一体，集美大学本身就是合并高校，所有合并前各校的校友都是集美大学的校友，集美大学李清彪校长特地交代校友会在走访集大校友时也要注意走访原厦门工业学校校友，他希望学校庆祝百年华诞时能有更多的厦门工业学校校友回母校参加集美大学百年校庆盛典。

微信扫码查看此文

2018 年 8 月 24 日
距离
2018 年 10 月 20 日
集美大学百年校庆
还有 57 天

让更多的考生爱上集大

作者: 王益丁，招生办主任

一所高校办得好不好，关键要看培养的学生毕业之后能否得到社会的承认和欢迎，当然学生从学校毕业之后能否成材还有多方面的因素，包括校友自身的努力和机遇，然而不可否认，对每一所高校来讲，吸引最优秀的学生在填报高考志愿时选择本校是最重要的事。因此招生工作就与学校的事业发展紧密地联系在一起。

一所高校能否吸引考生也有多方面的因素，主要是看教育教学质量好不好，有没有优秀的教师队伍，还要看有没有优良的办学传统，校园文化的底蕴是否深厚，当然还要看学校所在的地区、生活环境、校园建设等等。但是招生工作是否做得好，也非常关键。

招生最重要的在于争取更多的优质生源，优质生源是学校教学与培养质量不断提高的重要因素，更是学校各项事业发展的基本。伴随着集美大学实质性合并的进程，1999—2018 年二十年间，学校的招生规模扩大和质量提高大致分两个阶段完成。

前十年，本专科招生总数从 2800 人到 6500 人，规模不断扩大，随着专业调整和优化，生源结构中的专科比例从实质性合并之初的 15% 到 2004 年的 20% 再到 2008 年的 9%，这 9% 是联合办学安溪慈山财校五年专科遗留问题的消化，学校已不再招收大专学生，并于 2004 年开始招收硕士研究生。十年间，集美大学招生规模得到极大提升，生源结构得到根本性改善，为学校各项事业的发展奠定了最坚实的基础。

▲ 2018 年集美大学首封普招录取通知书专程送到新生吴蕙涵家中

后十年，本科招生总数基本稳定在每年 6500 左右，全日制在校生基本稳定在 26000 人左右，是福建省招收本科学生最多的高校。近年来，我们认真总结了过去十年的招生经验，在宣传集美大学办学特色方面下功夫，努力向考生介绍震撼人心的“嘉庚精神”、生动感人的“诚毅校训”。介绍优美的校园环境、难忘的学校生活。运用新媒体段手创新招生宣传工作。

认真做好为考生服务的工作，在每一年的招生咨询工作中都不厌其烦地为考生解决疑难问题，深入了解全国各地的招生动态，动员更多的校友和各省市招生机构宣传集大，随着 2009 年我校获得新增博士学位授予单位立项建设单位的荣誉称号，社会知名度有了很大的提高。

▲ 考生踊跃索取集美大学的招生信息

2012 年，经福建省招委会批准，我校除航海类外其他专业均升入本一批招生，且打破省内高校升本一必降分录取的情形，每年高考录取出档分位居省属高校前三名。2013 年，我校正式成为博士学位授予单位，在提升办学层次方面具有里程碑的意义，招生工作也乘胜追击，升格本一的省份扩大到 12 个，截至 2017 年，我校在全国 16 个省份全部或部分升入本一批招生，生源质量得到根本性提升。

随着学校招生宣传工作的开展，我校在省内外的招生影响力也不断扩大，越来越受考生的青睐。2014 年博士研究生招生的开始，标志着我校已经形成本科、硕士、博士完整的招生体系。根据华东师范大学社会调查中心 2018 年公布的近五年中国大学录取分数总排名，我校名列全国高校 170 名，侧面反映出我校较高的生源质量水平。

▲ 2018 年集美大学校长李清彪（右四）、曹敏杰副校长（右五）视察新生录取现场

学校的发展要为国家各行各业培养更多急需的优秀人才，我们在招生工作中接触了很多的考生，也接触了社会各界人士，对于广大人民群众迫切需要接受高等教育的愿望，以及经济社会发展需要更多新的专业人才也有更多的了解。我们会为学校在专业设置、培养目标和教学内容改革等方面提出有益的建议， 会努力做好招生工作，努力增加我校优质生源。

微信扫码查看此文

2018 年 8 月 25 日
距离
2018 年 10 月 20 日
集美大学百年校庆
还有 56 天

集大往事 JIDA WANGSHI

集美大学第二次党代会

作者：陈洪林，党校专职副校长

2001 年 10 月，集美大学首次党代会召开。四年来，学校顺利完成《集美大学“十五”计划和 2010 年发展规划纲要》和党代会所提出的各项重要目标任务，成功地实现实质性合并、本科教学工作合格评价和研究生教育“零”的突破三大目标，在党的建设、思想政治工作、人才培养、科学研究、学科建设和基本建设等方面都取得显著成绩。

▲ 中国共产党集美大学第二次党代会

2004 年，省委省政府下发文件《关于重点建设高校的若干意见》，将集美大学确定为福建省重点建设的八所院校之一。在学校办学活力逐步显现、办学成效得到社会各方面充分肯定，呈现出蓬勃发展良好势头的背景下，学校根据《中国共产党普通高等学校基层组织工作条例》关于高校党委任期四年一届的规定，于 2005 年 11 月 19 日到 20 日召开第二次党代会，230 名正式代表出席大会。

▲ 张向中书记做党代会工作报告

第二次党代会听取并审议张向中同志代表校党委所作的中共集美大学委员会工作报告。听取并审议林耀坤同志代表校纪律检查委员会所作的中共集美大学纪律检查委员会工作报告。

选举产生中共集美大学第二届委员会和中共集美大学纪律检查委员会，关瑞章、杨国豪、邱元拔、张向中、陈志良、林耀坤、黄德棋、辜建德、曾讲来九人当选为党委常委（以姓氏笔画为序），张向中当选为党委书记，辜建德、曾讲来、陈志良、林耀坤当选为党委副书记；选举产生五名纪委常委，林耀坤当选为纪委书记。讨论通过《集美大学“十一五”规划与2020年远景目标》。

“十一五”时期是集美大学承前启后快速发展的关键五年，是集美大学为将来更长远发展，实现 2020 年远景目标打基础的关键五年。党代会通过的《集美大学“十一五”规划和 2020 年远景目标》，明确了事关学校未来发展的一些重大问题，勾画了学校发展的蓝图：一是进一步明确了我校是以教学为主、以本科教育为主、以培养具有创新精神和实践能力的应用型人才为主，努力服务于地方经济建设与社会发展的省属多科性大学；明确了我校 21 世纪初期的战略目标——用 20 年左右的时间，切实增强办学综合实力，把集美大学办成面向世界，面向海峡西岸经济区，面向海洋，特色鲜明，具有较强国际竞争力和较高水平的多科性大学。二是确定我校“十一五”以及2020年的发展目标，对今后五年和十五年学校发展的规模、质量、结构、效益提出新要求。三是进一步明确学校今后几年的“三大任务”，即以评估为契机，进一步提高教学质量和办学水平，力争以优异成绩通过2007年教育部本科教学工作水平评估；积极发展研究生教育，逐步完善研究生教育的培养机制，提高研究生培养质量，使我校硕士点总数增加到40个左右；高质量、高起点地完成新校区27万平方米（不包括诚毅学院新校区）的校舍建设任务。

▲ 中央集美大学第二届委员会第一次全体会议

第二次党代会是求真务实、催人奋进、凝聚力量的大会，凝聚全校共产党员和全体师生员工的智慧和力量，对于全面加强党的思想、组织、作风和制度建设，提高党的执政能力，增强党的凝聚力、战斗力和创造力，进一步统一思想，提高认识，指导和推进学校改革和发展工作，实现学校的跨越式发展具有十分重大的意义。第二次党代会提出艰巨而光荣的任务，特别是新的“三大任务”，使广大党员为之振作，为之自豪，为之奋斗，开启集美大学事业发展的新篇章。此次党代会后，学校先后完成本科教学工作水平评估、新校区建设、博士立项建设等重要工作。

2018 年 8 月 26 日
距离
2018 年 10 月 20 日
集美大学百年校庆
还有 55 天

激情燃烧的岁月

——我校全面开展本科教学工作水平评估

作者: 郑旭旭，原教务处处长

2003 年 11 月，教育部办公厅下发《关于对全国 592 所普通高等学校进行本科教学工作水平评估的通知》，集美大学将于 2007 年接受评估。

▲ 2007 年 9 月 7 日，迎评倒计时 100 天启动仪式

本科教学工作水平评估，是国家推动高等教育的改革与发展，不断提高高校教育教学质量，提高办学水平，端正办学思路的重要举措。评估的意义十分重大，对于全国任何一所本科院校而言，通过教学评估都是一个里程碑，这是具有权威性的国家级的评估，它不仅仅是对学校教学工作的评估，更是对学校全面工作的评估。评估不仅能够促使高校的上级主管部门重视和改善学校的办学条件，而且能够为学校的发展建设提供客观的质量标准，对于集美大学来说，更是一次严峻考验和难得的发展机遇。

学校高度重视水平评估，校领导挂帅成立迎评促建工作小组，多次派人外出取经学习，聘请专家进校诊断把脉，分析评估指标 7 个大项，19 个二级指标，44 个支撑点，准确定位，制订详细工作方案。

学校从师资队伍建设入手，引进与培养人才相结合，打造师资队伍，重组校内资源，对实践实验设备进行整合与提高。学校决定：迎评期间，在保持学校原有投入渠道力度不变的前提下，额外投入 2 亿多元，作为评建工作的专项经费，加强学科、师资队伍、图书馆和实验室等专项建设，其中，1.3 亿元用于加强航海、机械、水产等专业实验室的建设。

通过对专业培养方案的改进，启动校内名师工程，启动精品课程建设及设立教学示范岗位，调动教师的教学积极性；通过教学竞赛促进青年教师提高课堂教学水平；开设“人文科学素养百名学者讲座”，帮助青年教师与学生扩大视野。百家讲坛名家易中天、中科院院士杨叔子的讲座给师生留下深刻印象。我们借助教学评估建设，对课堂教学、考试考核、毕业设计、实验实习的各个环节进行了严格的梳理与提升。

2003—2007 年，全校勠力同心，凝神聚力，认真贯彻“以评促建，以评促改，以评促管，评建结合，重在建设”的方针，成效显著。

▲ 2004—2007 年，学校每年都召开教学工作会议暨迎评动员大会

虽然细节工作增加了许多，但全体教师人人为评建出力，个个为评估献策。一线教学、教学管理、学生工作、实践实习、后勤服务等各个岗位，出现许多感人的事迹。在教务处工作的我，内心清楚，连续几年的评建工作导致同事们经常加班，让同事们受累了，但真切地感受到大家不计报酬，全力以赴干事业的无私奉献精神。那几年，在分管校领导、“前线总指挥部”以身作则的带领下，学院、机关、后勤，每一个同事都在全力以赴地战斗。

如果说本科合格评估使我们懂得什么是本科教育，那么水平评估就是让我们知道什么是优秀的本科，如果没有教学评估，我们学校就不可能抓住机遇进行这么大规模的新校区建设。

以优秀标准通过评估将促进学校的发展，可以赢得加速度，缩短我校追赶和超越兄弟院校的时间。

2007 年 12 月 16—21 日，受教育部委派，以李进才教授为组长的教育部赴集美大学本科教学工作水平评估专家组一行十三人，对我校本科教学工作进行实地考察评估。

▲ 专家组合影留念

前后五年的建设，五天现场评估，全校师生协力同心，出色地工作在各自岗位上，拳拳爱校之心，洋溢在师生们的行动中：教师积极进取，认真上课；学生精神饱满，勤奋向学；实践教学环节扎实，特色突出；教学管理规范、运行顺畅；后勤服务周到，校园整洁。

航海教育、水产教育整体水平得到专家的特别关注。以体育学院学生为主体的大型团体操表演，展示了专业学生的水准，由学院和机关组成的联络员，热情周到，为专家顺利完成现场考察增添了亮丽色彩。

依据《普通高等学校本科教学工作水平评估方案》（试行），专家组一致认为：学校办学指导思想明确，办学思路清晰，定位准确，教学中心地位突出，大力加强师资队伍建设，师资结构合理，发展态势良好，教学基本设施建设成效显著，育人环境优美，教学条件优良，高度重视学科专业建设与教学改革，不断提高教学质量，教学管理科学规范，质量监控体系运行有效，学校校风优良，社会声誉好。特别是我校以“嘉庚精神立校，诚毅品格树人”为主线的鲜明办学特色，给专家们留下深刻的印象。

2008 年 4 月 8 日，教育部发文确认我校以“优秀”成绩通过教育部本科教学工作水平评估。

没有最好，只有更好。大学教育应该是长期熏陶，不能靠短期的突击。对于本科教学水平评估工作可能有这样那样的评价，但是对于集大人来说，2007 年的本科教学水平评估是一场洗礼，是合并初期集大人众志成城的经历。经历过那场评估的同事，对集大人在比较困难的情况下团结与奋进的精神一定会有难忘的记忆。全校教职员工在评估期间迸发出爱校、荣校的激情，把全部身心投入到水平评估这项事关学校前途命运的工作中来，这种忘我的工作热情和空前旺盛的斗志将成为集美大学未来事业发展中不可或缺的精神动力。

我们深知，以优秀成绩通过教育部本科教学工作水平评估，是学校发展过程中的一座里程碑。今后重要的工作是巩固评建过程中形成的本科教学质量保障机制，确保本科教学质量的各项工作规范化、常态化、自觉化，持续提高本科教学水平。

今天我们回顾这一段难忘的历程，仍然激动不已，希望集美大学能够扬帆远航，集美大学的明天会更加美好。

集美大学与人民政协的不解之缘

作者：罗钫，统战部部长

校主陈嘉庚先生曾任全国政协副主席，他在1923年就设想创办集美大学并进行相应的规划，后因种种原因未能实现。我校资深教授、全国政协委员洪惠馨、陈心铭在1993年3月与钱伟长等其他5位全国政协委员向全国政协八届一次会议提交了“关于组建集美大学的建议”的提案，直接推动了集美大学的组建。经多方努力，1994年10月8日，原国家教委下发《关于同意将集美学村五所高等学校合并组建为集美大学的通知》。同年10月20日，集美大学正式挂牌成立。

▲ 2002年，钱伟长先生参加集美大学校董会

集美大学合并后，得到各级政协组织和政协委员的大力支持和帮助。全国政协和省政协先后有30多位领导莅临学校检查指导、题词或针对办学过程

中的问题给予批示。2004 年 10 月，时任中共中央政治局常委、全国政协主席贾庆林视察学校并为嘉庚先生铜像揭幕。全国政协副主席钱伟长、罗豪才等领导到校视察。时任省政协主席陈明义，副主席何少川、潘心城、金能筹、王钦敏、邓力平、张燮飞、郭振家等领导都曾视察过集美大学。厦门市和集美区政协领导也多次莅临集美大学。

▲ 时任福建省委书记、省政协主席陈明义校友（右一）向我校赠送《使命》一书

我校各级政协委员立足本职岗位，充分发挥委员主体作用，积极参政议政，为地方经济社会发展建言献策，呼吁政府帮助高校解决建设中的问题，热心为社会办力所能及的实事好事，成绩斐然。

集美大学省政协委员小组连续多年提出提案呼吁全省同类公办高校实行同一收费标准，推动省政府于 2013 年对全省公办本科高校学费实行分类归档，为我校改善办学条件提供了大力支持；提交的“关于隆重庆祝集美学村百年华诞的建议”提案获得省委书记、省长批示。

省政协委员辜芳昭在省政协十一届二次会议第二次全体大会上代表集美大学省政协委员小组做题为“加强闽台港航业务拓展与合作的建议”的发言。

时任省政协常委张向中带领教育界别委员提交的“关于解决省属本科高校新校区建设资金问题”提案，得到省政协科教文体委的高度重视并在我校召开专题调研会，为省政府帮助高校化解债务提供决策参考。时任省政协常委、原校长辜建德提交的“建议省、市政府进一步加大对高校新校区的建设支持力度”提案被评为省政协优秀提案，为我校新校区建设争取到更多的支持。

▲ 省政协委员辜芳昭在省政协十一届二次会议第二次全体大会发言

省政协常委、市政协副主席陈昌生长期开展科技扶贫活动，向福清市江阴镇小麦村无偿提供自己培育的坛紫菜新品种、新技术，改变了小麦村贫穷落后的面貌。时任省政协委员蔡振雄提交的“对我省造船业跨越式发展的建议”被列为省政协重点提案，由省政协主席亲自督办。时任市政协委员、区政协副主席宋振荣提交的“善待嘉庚遗产、综合整治集美龙舟池”被列为市政协重点提案，促成政府加大对龙舟池的整治力度。市政协委员李友华报送的社情民意信息多次获得省长批示。区政协委员陈家友作为水产专家应邀到坦桑尼亚、圭亚那等国家参加水产养殖技术援外培训工作，受到圭亚那总理的亲切接见。此外，我校政协委员提出的关于人才住房同城化待遇、嘉庚建筑修缮、垃圾不落地、厦沙高速集美大学一侧隔音墙、民办学校（含独立学院）教师节慰问等提案均被厦门市或集美区政府采纳，学校为此获益颇多。

本校的组建和发展始终得到人民政协的鼎力支持和亲切关怀。学校把这种特殊的校情作为做好政协委员工作的精神动力，带着对人民政协的深厚感情支持政协委员履职。我们坚信，人民政协与集美大学的良性互动必将更加密切和富有成效，集美大学及其各级政协委员必将为人民政协事业做出更大的贡献！

微信扫码查看此文

2018年8月28日
距离
2018年10月20日
集美大学百年校庆
还有53天

成为教育部“卓越计划”实施高校

作者：杨淑林，教务处教学科科长

教育部于2010年6月23日在天津大学召开“卓越工程师教育培养计划”启动会，联合有关部门和行业协（学）会，共同实施卓越工程师教育培养计划（卓越计划）。这是国家教育部贯彻落实《国家中长期教育改革和发展规划纲要（2010—2020年）》和《国家中长期人才发展规划纲要（2010—2020年）》的重大改革项目，也是促进我国由工程教育大国迈向工程教育强国的重大举措，旨在培养造就一大批创新能力强，适应经济社会发展需要的高质量各类型工程技术人才，为国家走新型工业化发展道路，建设创新型国家和人才强国战略服务，对促进高等教育面向社会需求培养人才，提高高等教育人才培养质量具有十分重要的示范和引导意义。

▲ 集美大学与厦门海隆航海类人才培养合作签约仪式

卓越计划主要培养应用型人才，而不是学术型人才，具有三个特点：

其一，行业企业深度参与培养过程。其二，学校按通用标准和行业标准培养工程人才。其三，强化培养学生的工程能力和创新能力。

2010 年，我校航海技术和水产养殖学两个专业获批成为国家级特色专业，这就为我校申报教育部卓越计划创造了条件。2013 年，经过激烈的竞争和努力，我校被列入教育部第三批“卓越计划”高校名单，航海技术、轮机工程成为专业试点项目。

2014 年，我校又有水产养殖学、食品科学与工程、海洋渔业科学与技术、动物科学四个专业获批教育部“卓越农林人才教育培养计划”首批专业试点项目。与此同时，我校还有另外一些专业新增为省级“卓越计划”试点项目，如热能与动力工程、通信工程。小学教育、汉语言文学、数学与应用数学三个专业设立了“卓越教师教育培养计划”基地班。

▲ 食品与科学专业学生实验现场

我校成为教育部“卓越计划”实施高校，为我校加强与相关企业合作，提高培养应用型创新人才质量，进一步推进人才培养模式改革，提供了更为广阔的发展前景。成为教育部“卓越计划”实施高校，要求学生的实践环节学习时间至少有一年以上，这就为培养学生更好的动手能力，使他们适应市场需求，成为更优秀的应用型人才创造了更好的条件。

2018 年 8 月 29 日
距离
2018 年 10 月 20 日
集美大学百年校庆
还有 52 天

沉痛悼念陈嘉庚之孙陈君宝先生

作者：辜建德，原集美大学校长

陈嘉庚先生的孙子、集美大学常务校董陈君宝先生因病不幸于 2018 年 8 月 25 日在新加坡逝世，享年 56 岁。噩耗传来，我真不敢相信这是真的，心中万分难过和悲伤。

陈君宝先生今年春节前夕曾经在中央电视台一档华人家庭文化传承节目《谢谢了，我的家》中讲述爷爷陈嘉庚的故事，引发广泛的关注。陈君宝说“在我眼中，陈嘉庚是一个非常独特的人，像他这样的人非常难找”，“爷爷的钱都用在造福社会、造福国家，他希望我们自己去奋斗，这也是我们家族很重要的传统”，“陈嘉庚一生为了社会、为了国家，做了很多事情，他的人生给我们这些后代留下巨大的财富，但这些财富是无形的，他的思想给我们的行为打下深深的烙印”。

▲ 陈君宝先生（右一）访问集美大学

“如今陈嘉庚家族400余位后人散布在世界各地，但爷爷逝世前未给家人留下多少财富，他都捐出去了。”陈君宝认为，爷爷最注重的始终是帮助国家，帮助中华民族站起来，其他都是小事。他所理解的陈嘉庚精神，主要有两个方面：一是要注重教育，二是要做到“诚毅”。

陈君宝说：“目前的中国更需要陈嘉庚精神，如注重教育、讲求诚毅等，人要努力地为社会创造财富，但也要懂得让更多人享用这些财富，当个人将财富回归社会，人生才会变得更有意义。”

陈君宝先生1987年第一次踏上中国土地，当他第一次看到厦门大学和集美学村时真的感到很震撼，他接触了许多当年陪在爷爷身边的老人，从他们的讲述中，他了解了爷爷这个人和他曾经做过的事，渐渐理解爷爷，渐渐领悟爷爷的远见和伟大。

陈君宝说，实现中华民族伟大复兴是中华儿女一直以来的追求，爷爷用行动诠释爱国与奉献，为我们作出表率。爷爷重义轻利、公而忘私的奉献精神，诚实守信、嫉恶好善的重德精神，刚健果毅、坚韧不拔的自强精神，艰苦朴素、革故鼎新的创新精神，早已融入我们的血脉，是我们学习的榜样，一直影响着后世子孙。这些年来陈君宝先生还担任新加坡陈嘉庚基金会副主席，致力于宣传陈嘉庚精神、弘扬陈嘉庚精神的慈善事业。

▲ 陈君宝先生（左一）受聘为集美大学常务校董

陈君宝先生担任集美大学常务校董以来，一直非常关心集美大学。每年召开校董会，没有特殊情况，他一定到会，有一段时间他几乎每个月都要往来新加坡与中国大陆之间，只要有到厦门，哪怕只有很短的时间，他都要抽空到学校走走，或者约我见面，了解学校情况，询问有什么事可以让他帮忙。

▲ 2009年10月20日，集美大学召开四届一次常务校董会议，福建省委常委、副省长陈桦（右二）亲切会见陈嘉庚七公子陈元济先生（左二）和他的儿子陈君宝先生（左三）。右三为集美大学党委书记张向中，右一为集美大学校长苏文金

记得我和叶光煌先生1999年第一次访问新加坡，陈君宝先生开车拉着我们访问新加坡国立大学和南洋理工大学，拜访李氏基金，拜访他的父亲陈元济先生和其他校董。以后只要我去新加坡，只要他在新加坡，都一如既往不辞劳苦地陪伴着我们。他常说，集美大学的事就是他的事，需要他做什么，就尽管说。陈君宝先生还积极参加集美大学新加坡校友会组织的各种活动。他热情开朗，待人真诚，对朋友的真挚友情将永远留在我们的心中。

十年前，为了庆祝集美大学九十周年校庆，陈君宝先生参与组织联络了陈嘉庚家族后裔103人组团来到学校参加庆祝活动，受到全校师生的热烈欢迎。

今年适逢集美大学百年华诞，正需要君宝先生参与组织联络嘉庚后裔访问学校时，他却永远离开了我们，君宝先生的逝世是集美大学的重大损失，是致力推动嘉庚教育事业发展工作的重大损失，君宝先生的逝世，给他的家族，给年迈的老父亲，给他的妻儿，带来莫大的痛苦和悲伤。他的逝世也让我们深感悲痛。谨以此文寄托我们的哀思，表示我们的深切哀悼。

▲ 1999年8月，时任集美大学校长辜建德在陈君宝先生（左一）陪同下访问新加坡南洋理工大学

陈君宝先生的家属8月26日起在新加坡翡珑山圣所的珍惜大厅设灵，他的遗体今日上午在新加坡万礼火化场火化。

安息吧，陈君宝先生，您一路走好！

2018 年 8 月 30 日
距离
2018 年 10 月 20 日
集美大学百年校庆
还有 51 天

勇夺中国海员技能大比武金牌

作者：吴连星，学生处副处长

为弘扬航海文化和海洋文化，大力宣传海洋国土观念，增强海洋意识，全面提高海员综合素质，建设海洋强国，交通运输部经研究决定，在全国航运企业（含海员外派机构与船员服务机构）和航海院校范围内开展活动主题为“增强海洋意识，维护海洋权益，提高航海技能，建设海洋强国”中国海员技能大比武活动。从 2011 年首届开始，每两年举办一届，比赛地点设在浙江省舟山群岛。大比武活动由中华人民共和国海事局、中国海员建设工会全国委员会主办，浙江省舟山市人民政府、浙江海事局承办。

▲ 集美大学代表团全家福

中国海员技能大比武活动至今已举办四届，集美大学作为组委会直接邀请院校代表福建省辖区应邀参加了四届比赛，令我们最激动最难忘的是参加2013年大比武活动“海上操艇”项目。

2013年航运企业队有包括中国远洋运输集团、中国海运集团、中国外运长航集团和中国交通建设集团等18支企业队伍参赛。航海院校队有包括大连海事大学、上海海事大学、武汉理工大学、集美大学等32支院校队伍参赛。

2013年6月24日，中国海员技能大比武活动开幕式如期举行。在开幕式和接下来的比赛现场，看到集美大学的校旗和校牌，有诸多的校友前来问候关心，还有舟山和附近的校友来到住宿的酒店看望我们，使我们倍感亲切。

最引人瞩目的海上操艇每队有十名队员，其中八名桨手，一名舵手，一名指挥，五十支代表队分五组进行预赛，每组十个队取前两名进入决赛，共十个队参加决赛，决赛安排在最后一天6月28日下午进行。海上操艇预赛前一天，原校长辜建德打电话告诉我们他会来舟山参加校友活动，同时观看决赛，希望我们一定要争取进入决赛，以优异成绩向舟山校友汇报。预赛前全队召开会议传达学校领导和校友的期待，同时进行操艇赛前动员和布置。

▲ 我校代表队顺利出发

小组预赛我们代表队离岸出发做得不错，一路领先，在一千米处中点绕标船突然变慢，远处看不清楚，回程落后，后面经过追赶，总算保住第二进入决赛。赛后经了解，因我们的比赛船舵柄和舵面的螺栓太长太松（这种细节比赛前谁也不会想到），在绕标时舵手拉大舵太用力又拉空，人差点掉海里，还是其他队员拉住他的脚才回位，赛船的轨道也发生了偏离，真是又惊又险。虽然进入决赛，但是因赛艇跟我们平常的训练艇不一样，大部分桨手的腿因为靠板都磨破了皮。第二天，队员们处理好伤口，配上护膝，不怕苦不怕累，下决心继续拼搏。

海上操艇决赛前，舟山定海港客运航道两侧人头攒动。出发的口令一发出，我们的赛艇很快摆正船头出发了，现场除了舟山校友，还有不少未参加决赛的其他代表队中的集大校友，也一起为集美大学加油。我们的赛艇一路领先，虽然离出发点越来越远，但在远处仍然可以看到是第一个绕过中点标返回的赛艇。两千多米长距离的赛程对于运用快桨是个极大的考验，后面有赛艇逐渐赶近。挂着集美大学旗帜的赛艇似乎第一个冲过终点线，由于前三条艇太接近，不能确定是不是我们第一个冲过终点线。

这时候接到指挥台轮机 924 的校友程龙打来电话，激动地祝贺母校取得第一。大家都高声欢呼，流下激动的泪水。这是含金量最高的，由企业队和院校队共同参与的比赛，不曾预估的情况意外出现，我们终于力抗群雄勇夺冠军，大家拉起集美大学校旗，由舵手吴伟圣代表学校接受电视台的采访。当天晚上，中央电视台新闻联播对比赛现场和采访都进行了报道，集美大学的校旗和队员们的表现得到中央电视台长时间的播报，真为集美大学骄傲（从 2013 年以后，大比武因为组织安全因素再也不在海上比赛了）。

12 名大比武队员，是集美大学获得这样重要赛事冠军的主要功臣，希望有更多的人记得他们。他们是航海学院的吴伟圣、蒋鹏、张占洋、戴江岛、陆琪凡、张少聪；轮机工程学院的郑烨坚、齐凤、秦普强、王永亮、吴弄璋、朱涵。

6 月 29 日，大比武代表队全体成员应邀参加舟山校友会活动，校友们为母校代表队取得的好成绩纷纷表示祝贺。但我们获得的成绩与众多校友的关心鼓励和实际帮助分不开。在舟山高校工作的刘虎、朱发新、吴建平、倪科鸿等校友为我们提供了比赛设施的训练支持；海事局的颜善良、任德夫等校友为我们提供信息咨询服务；舟山的李达、王志军等校友为我们提供了很多帮助；宁波的钟波、杜剑铭、陈传明等校友为我们提供了包括交通接送等不少后勤保障服务。

▲ 我校代表队勇夺金牌后合影留念

为了表达对各届校友这份情谊的感谢，我们的大比武队员们穿着整齐的制服在聚会上列队向全体舟山校友敬礼，通过这样的致敬感谢全国各届校友们对母校的关心帮助和对代表队的鼓励。代表队员们获得的金牌，虽然是队员们努力拼搏的成果，但离不开学校的认真栽培、老师的辛勤指导、校友们的鼎力支持，这份荣誉永远属于集美大学的广大校友们。

微信扫码查看此文

2018 年 8 月 31 日
距离
2018 年 10 月 20 日
集美大学百年校庆
还有 50 天

“育德”轮——集大航海人的骄傲

作者：周学智，轮机工程学院党委书记，曾任航海学院党委书记、学校办公室主任

集美的航海教育源于嘉庚校主创办的集美学校，1920 年就设立了水产商船科。航海是实践技能要求非常高的专业。举办之初，校主就花重金购买教学实习船“集美一号”，供航海学生海上教学实习用。近百年来，从集美走出去的航海学生以其精湛的实操动手能力赢得航海界人士的广泛认同。集美的航海教育在中国乃至东南亚都有着极高的影响力，被誉为“航海家的摇篮”。

▲ 育德轮全貌

2008年以来，国际航运市场一直处于低谷。国家为了应对航运危机出台了一些政策，其中报废老旧船造新船国家给一定补贴，这成了国企调整运力、船型的大好时机。学校与中远海运散货运输有限公司（包括其前身广州海运集团公司等）共建的“大屿山”轮等七艘实习船均在报废之列。怎么办？校党委在认真调研、分析的基础上做出重大决策——建造属于学校自己的实习船，由此拉开实习船立项、设计、建造、运营的序幕。

2011年年底，学校向交通部递交了《关于教学实习船舶建设项目的请示》（集大综〔2011〕13号），苏文金校长亲自带队到交通部科教司、综合规划司汇报工作。其间正好交通部在厦门有个会，分管领导翁孟勇副部长出席，校领导抓住这一机会，通过努力，部领导同意利用晚上时间听取辜芳昭书记、苏文金校长汇报。通过当面汇报，部领导了解了集美航海教育的真实情况。很快，科教司、综合规划司就同意将《集美大学教学实习船建造项目可行性研究报告》交由交通部综合规划司组织专家进行评审。2012年3月初在北京召开评审会，陈桦副省长对此非常重视，省里派了教育厅吴仁华副厅长参会，他在会上代表省里做出资金配套承诺。苏文金校长在会上也做出校方的承诺。2012年5月9日，交通部发文《关于集美大学航海类专业教学实习船建造项目可行性研究报告的批复》（交规划发〔2012〕203号），同意立项建设，总投资2.4亿元。校领导指示造船工作小组按批复内容立即进行实习船方案的设计。

2013年5月20日，交通部综合规划司在上海召开实习船方案设计审查会。会后学校向交通部报送《关于报送教学实习船方案设计的请示》（集大综〔2013〕28号）。交通部办公厅于2013年7月15日下发了《交通运输部办公厅关于集美大学航海类专业教学实习船建造项目方案设计的批复》（厅规划字〔2013〕182号）。至此，学校实习船完成项目批准，转入首制船的设计、建造工作。

随后，学校造船工作小组在校领导的正确指导下，在大连海事大学、上海海事大学造船小组的无私支持下，在校友的热心帮助下，一切工作顺风顺水。2013年11月29日，在大学尚大楼，校长苏文金与中海工业（江苏）有限公司常务副总经理汪毅陵签订实习船建造合同。

2014年5月28日，实习船在江苏扬州江都造船厂正式开工建造，副校长于洪亮和造船工作小组成员见证了这一重要时刻。2015 年 5 月 18 日，实习船在江都造船厂码头举行下水仪式。2015 年 9 月 14 日，实习船进行试航，试航结果十分理想，各项数据达到设计要求。

2015 年 9 月 23 日，在中海工业有限公司长兴岛码头举行实习船“育德”轮命名仪式，命名仪式由中海工业（江苏）有限公司总经理苏文伟主持，交通部、福建省、厦门市、中国海运（集团）总公司、中海散货运输有限公司、中海工业有限公司、中海油轮运输有限公司、上海船舶设计院、厦门海事局等相关领导和代表参加命名仪式。校长苏文金、中海工业党委书记李懿文分别致辞。特邀时任厦门市委常委、统战部长黄菱作为“教母”给实习船命名并上“育德”轮驾驶台拉响汽笛。2015 年 10 月 15 日，船舶进行了交接并驶往厦门。

▲ 育德轮命名仪式

2015 年 10 月 31 日，“育德”轮抵达漳州招银码头，校党委书记辜芳昭第一时间登上“育德”轮，在船长庄一新的陪同下参观考察实习船。

2015年11月2日，在招银码头举行“育德”轮实习船首航仪式，黄德棋副校长主持仪式，校长苏文金、中海散货运输有限公司副总经理黄南分别致辞。苏文金、辜建德、黄南、袁小宇、刘常标、邱能水、王宝玉、林国旋、李纪治共同推杆，为“育德”轮开启首航。各界人士、师生代表300多人参加仪式。至此，学校拥有了一艘6.4万吨世界上最大的教学实习船。

▲ “育德”轮首航仪式

“育德”轮首航至今已过整三年。三年来，“育德”轮航行了53航次，到过25个港口，118个班级、3528位航海技术、轮机工程、船舶电子电气工程专业学生上船完成教学实习任务。三年前，波罗的海指数徘徊在700~800点间。三年中校领导为保证“育德”轮在完成教学实习任务的前提下实现“以船养船”，费尽心思，在苏文金校长的努力下，与中海散货运输有限公司签订战略合作协议。中海散货运输有限公司为学校实习船的正常运营做出重大贡献。

新任校长李清彪于2017年2月17日上任，2月25日，新老校长李清彪、苏文金就一同前往中远海运散货有限公司感谢该公司对学校航海教育的大力支持。李校长的行动深深感动杨志坚总经理、张治平书记，他们表示将一如既往支持教学实习船，保证“育德”轮有最佳航线，在便于学生实习的同时又有好的经济效益，让学校放心。

今年10月20日是学校百年校庆，中远海运散货有限公司领导已经同意学校请求，“育德”轮将于10月19—21日期间停靠厦门港。届时参加百年校庆的嘉宾、校友将有机会上学校实习船一睹风采。让我们共同期待着——“育德”轮回家。

2018年9月1日
距离
2018年10月20日
集美大学百年校庆
还有 49 天

审核评估·内涵建设·特色发展

作者：蔡伟清，教务处副处长

人才培养是高等学校的根本任务，提高人才培养质量的重点是提高教学质量。教学评估是评价、监督、保障和提高教学质量的重要举措，是我国高等教育质量保障体系的重要组成部分。

2013年，教育部发布《关于开展普通高等学校本科教学工作审核评估的通知》（教高〔2013〕10号），决定开展普通高等学校本科教学工作审核评估。《通知》明确指出，审核评估是在我国高等教育新形势下，总结已有评估经验，借鉴国外先进评估思想的基础上，提出的新型评估模式，核心是对学校人才培养目标与培养效果的实现状况进行评价，旨在推进人才培养多样化，强调尊重学校办学自主权，体现学校在人才培养体系中的主体地位。通过审核评估加强政府对高等学校的宏观管理和分类指导，引导高等学校合理定位、全面落实人才培养中心地位，健全质量保障体系，办出水平，办出特色，切实提高人才培养质量。

和以往的教学评估不同，审核评估没有统一的质量标准，强调学校自定标准、自我评价，即“用自己的尺子量自己”，主要看被评估对象是否达到自身设定的目标，评估结论不分等级，形成写实性审核报告。审核评估本着“替国家把关，为学校服务”的宗旨，汇集评估专家为学校会诊把脉，帮助学校判断办学定位和发展目标是否合理，引导学校找准方向，科学定位，彰显特色，创新发展，目的是引导学校建立自律机制，强化自我改进，提高办学水平和教育质量。

▲ 审核评估现场

2016 年 5 月 31 日—6 月 3 日，以北京理工大学副校长李和章教授为组长的本科教学工作审核评估专家组一行二十人对我校本科教学工作进行了现场实地考察。专家听取了学校关于本科教学工作的情况汇报，集体考察美术学院毕业作品展和食品与生物工程学院、财经学院、航海学院的教学实验中心。

走访了 18 个本科二级学院、思政部、20 个机关部处和 4 个教辅单位；共听课 51 位教师 47 门课程；调阅了 18 个学院的 29 个专业 1022 份毕业设计（论文），60 门课程 92 袋试卷；还调阅了学校十二五发展规划、校领导和院领导听课记录、毕业班学生成绩单、学生借阅图书记录、学生满意度调查等其他材料 18 份。与校领导、院领导、机关部处负责人、专业负责人、教研室主任、教师和学生代表等进行深度交流 100 多人次。

6 月 3 日上午，专家组组长李和章教授代表专家组反馈考察意见。李和章教授充分肯定学校在定位与目标、师资队伍、教学资源、培养过程、学生发展、质量保障、办学特色等方面所做的工作和取得的成效，也指出学校在本科教学工作方面存在的不足和问题，对学校进一步加强和改进本科教学工作提出建议。

学校高度重视审核评估专家组提出的宝贵意见和建议，通过校长办公会、务虚会等专门会议，专题研究、学习、领会审核评估精神和专家组反馈意见，认真查找教学实际中存在的问题与不足，深入分析问题原因，凝聚共识，积极推进特色与重点建设，扎实开展整改工作，取得良好成效。

2018 年 4 月 16—18 日，以吉林财经大学副校长杨春梅教授为组长的本科教学工作审核评估整改回访专家组一行十一人，对我校审核评估整改情况进行回访。整改回访坚持问题导向、成果导向、师生导向，专家组通过访谈、走访、座谈、调阅材料等方式全面考察我校本科教学工作审核评估整改情况。18 日上午，在评估整改回访交流会上，杨春梅教授代表专家组高度评价了我校两年来的审核评估整改工作，从学校定位与目标、师资队伍、教学资源、培养过程、学生发展、质量保障、办学特色等方面详细说明学校整改工作取得的显著成效，对我校进一步加强和改进本科教学工作提出建议。

本科教学评估的根本目的就是“以评促改、以评促建、以评促管、评建结合、重在建设”，推动学校各项事业的协调、持续发展，赢得发展的先机。评估是建设、评估是改革、评估是动力。迎评促建的过程，也就是增强凝聚力、向心力的过程，是增强师生主人翁地位，发挥师生智慧与力量的过程，是激发师生爱我学校、建我学校激情的过程。通过本科教学工作评估，能够进一步统一思想认识，增强学校的凝聚力，全面摸清家底，改进工作中的不足，可以使学校整体工作再上新台阶。

▲ 整改回访交流会

近几年，学校以教育部本科教学工作审核评估为契机，进一步强化教学基本条件建设，深化教育教学改革，突出内涵建设和特色发展，本科教学质量再上新台阶。中国最专业、最全面、具有第三方公正性的教育数据咨询公司麦可思调查结果显示，我校人才培养质量持续提升，毕业生对教学的满意度评价呈上升趋势，近三届毕业生的月收入水平持续提升，就业现状满意度进一步提升，92% 的毕业生对母校满意，毕业生对母校的整体认同度较高。

2018 年 9 月 2 日
距离
2018 年 10 月 20 日
集美大学百年校庆
还有 48 天

教学成果特等奖花落集大

作者：尹自斌，教务处副处长

2017 年，我校“基于《STCW 公约》的航海类专业工程教育改革创新与实践”项目获得福建省高等教育教学成果特等奖。省级教学成果奖每两年评选一次，据悉，2017 年福建省教学成果奖共评出高等教育教学成果奖 85 项，其中特等奖 16 项。省级教育教学成果特等奖旨在奖励在教育教学理论上有重大创新，在教学改革实践中取得重大突破，对提高教学水平和教育质量、实现培养目标有重大贡献，达到国内领先水平，取得重大的人才培养效益，具有较大的应用推广价值的成果。

▲ 海上专业虚拟仿真实验室

该教学成果依托近百年的集美航海教育办学历史，秉承坚持“嘉庚精神立校，诚毅品格树人”的鲜明办学特色，结合教育部立项的各类本科教学改革与质量工程项目以及福建省本科高校向应用型转变试点项目——航海类专业群建设，围绕履行国际海事组织《STCW 公约》和国家《海船船员适任考试和发证规则》，针对航海类高等工程教育人才培养目标定位，开展人才培养模式、教学团队、校内外实训基地、课程资源库与教学方式方法综合改革。

一、建设了三个特色鲜明的国家级实训基地

▲ 集美大学—中海散货运输有限公司大学生实践教育基地

通过中央财政、省部共建、学校自筹等方式筹集资金。校企合作、自主研发，建成国家级“海上专业实验教学示范中心”、国家级“海上专业虚拟仿真实验教学中心”、国家级“集美大学—中海散货运输有限公司大学生实践教育基地”，确保学生专业技能培训质量，在航海类院校和船员培训机构中推广应用，与企业共建的实习船基地模式成为航海类院校典范。

二、形成了一支“双师双能”型师资队伍

通过不断引进，扩大“双师型”教师规模，派教师上船顶岗任职，增强教师的实践能力，使持有海船适任证书教师占比达到 80%；通过绩效激励机

制进一步激发教师开展科技研发的积极性，自主研发国内先进的系列航海类教学仪器设备，形成结构合理、高素质的“双师双能”型师资队伍。

三、建立管控结合的多元化教学平台

通过精品课程、网络课程、慕课、精品资源共享课等课程资源库建设，形成多元化的课程教学平台；通过翻转课堂、虚实结合等先进的教学模式，激发学生学习主动性和积极性；通过课堂派、智慧树等先进的课堂管理系统，提高课堂教学效率；通过拍摄实训教学视频，开发教学模拟器，引进教学实习船现场视频等实训教学资源库，提高了学生的实践教学效果。

▲ 我校网络课程教学平台

四、构建具有“工匠精神、诚毅品格”的航海类专业应用型人才培养模式

▲ 我校重视航海类专业应用型人才培养

“嘉庚精神立校、诚毅品格树人”一直是学校办学特色，在人才培养过程中构建具有“工匠精神、诚毅品格”的“知识、能力、素质”三位一体应用型人才培养模式，形成“二个结合”“三个层次”“四年不断线”的实践教学体系，全面履行《STCW公约》和《海船船员适任考试和发证规则》，顺应行业人才需求和学生个性发展需要。

▲ 袁绍宏校友、徐宁校友、周建文老师手持校旗在极地合影留念

通过不断的教育教学改革，我校航海教育培养出岗位适任性高、实践动手能力强、具有国际视野的高素质航海人才，为国家输送了5万多名航海类优秀技术人才。其中涌现出的优秀校友有许多，烈士严力宾，党的十六大代表、南极考察船“雪龙”号船长、中国极地研究中心党委书记袁绍宏，中国远洋集团第一位总轮机长、全国劳动模范王新全等以特有的“诚毅”品格、突出的业绩和声誉为母校赢得“航海家摇篮”的殊荣，在国内同类院校中起到良好的示范作用，为我国的航运事业做出突出的贡献。

科研经费突破亿元大关

作者：陈福昌，科研处副处长

2012年，集美大学科研合同经费首次突破1亿元大关，达到1.0723亿元，且连续四年合同经费保持在1亿元以上。2014—2016年连续三年科研经费实际到账过亿，科研项目数在近十年实现稳定增长。在2017年度国家自然科学基金与社会科学基金项目评审结果中，我校共有25个科研项目获国家基金立项资助，资助经费1000多万元。科研实力显著增强。

▲ 2012年我校召开科研工作大会

回顾实质性合并以后科研发展的历程，不难发现，科研实力的增强与集美大学科研工作者持续接力，奋发有为是分不开的。集美大学实质性合并之初，科研合同经费不到200万元，2003年科研合同经费首次突破500万元，2005年突破1000万元，进入“十一五”规划阶段后，科研合同经费每年稳定增长1000万元。“十一五”规划期间，我校共承接科技类横向课题490项，社科类横向课题171项，主持国家级纵向课题44项，与其他机构合作承接国家级纵向课题 54 项，主持省部级纵向课题 273 项，五年间科研合同经费超过 2 亿；“十二五”规划期间课题项目势头不减，承接国家级纵向课题 96 项，主持省部级纵向课题 390 项，五年间科研合同经费超过 5 亿，实现年均过亿。

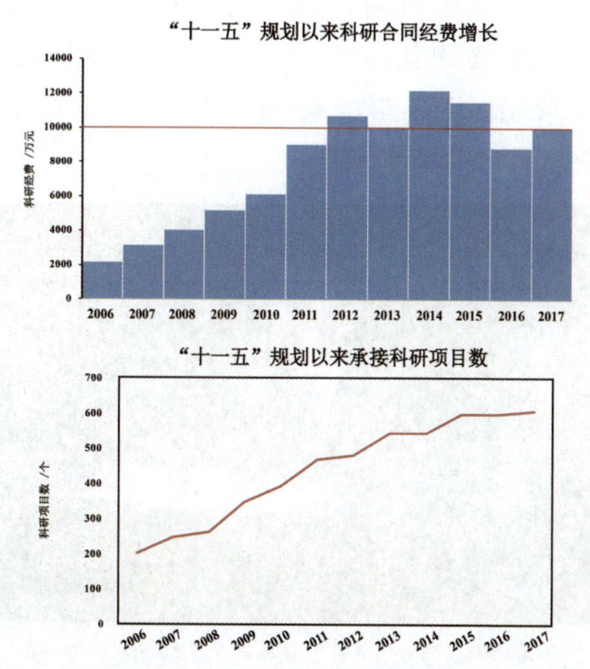

▲ 十一五”规划以来科研合同经费增长以及承接科研项目数

实质性合并以来，我校科研经费与承接项目数量快速增长，科研能力不断增强，既是我校办学实力显著增强的真实写照，更是我校紧紧抓住国家海洋大发展战略部署，把握行业发展契机，充分发挥区位优势的显著体现。学校立足于自身学科特色和海西区位优势，紧密结合区域和行业发展的有利时机，大力开展水产养殖、食品与生物工程、船舶与海洋工程、电子信息与通讯工程、智能制造与能源工程等领域的研究，利用面向海洋的学科专业特色服务于行业和区域发展。

同时，我校积极响应党中央创新驱动发展战略，出台一系列支持政策，建立健全科研管理的体制机制，激发广大科研人员的积极性和创造性，科研事业呈现出蓬勃发展的良好态势。

我校秉承“建设成有特色、高水平、国内知名大学”的发展愿景，制定出

“十三五”科研建设的奋斗目标，即到校科研经费年均增长1000万元，2020年达到1.5亿元。每年新增国家级科研项目150项，省部级科研项目120项。力争在国家级成果奖上实现新的突破，新增省级以上科技成果奖和人文社科成果奖40项以上。为实现这一目标，从现在到“十三五”末，我校将继续保持科研发展的强劲势头，紧跟国家战略部署，加强基础性研究，激励应用研究，做强科研平台，增强社会服务实效。稳步提升学校在福建省重点建设高校中的位置，为实现宏伟目标奠定坚实的基础。

▲ 集美大学校长苏文金出席2012年学校科研工作大会

2018年9月4日
距离
2018年10月20日
集美大学百年校庆
还有 46 天

新型智库助力地方经济腾飞

作者：陈福昌，科研处副处长

2014年7月，福建省首批社会科学研究基地立项名单公布，我校的“地方财政绩效研究中心”榜上有名，这标志着我校人文社会科学学科建设取得显著成效。

集美大学学科发展虽然以工科见长，但人文社会科学的部分学科优势和特色也非常明显，我校的应用经济学、体育学、汉语言文学等三个省级重点学科在学校学科建设中成绩斐然。经统计，实质性合并以来，这三个学科已承担国家级科研项目23项，省部级科研项目143项；获省部级社科优秀成果二等奖11项、三等奖14项，发表和出版了一大批有质量的学术论文（著）。学校在发挥人文重点学科服务社会方面，侧重于为各级政府的决策咨询提供服务，有一批调研报告被各级政府采纳获正面批示。

▲ “地方财政绩效研究中心”立项建设验收会工作汇报

为进一步提高人文学科建设水平，2009 年 1 月，学校出台《集美大学繁荣发展哲学社会科学的若干意见》，把人文社科省部级研究基地建设作为着力点，有力地推动了我校人文社会科学新型智库的建设，各相关学院按照省市相应研究基地建设标准，强化了基础条件建设，做好申报准备工作。

2014 年，集美大学依托国家级特色专业——财政学、福建省重点学科——应用经济学以及集美大学应用经济学一级学科硕士点，联合福建省财政厅绩效处共同创建集美大学地方财政绩效研究中心，这是省内首家也是唯一一家以地方财政绩效为研究对象的科研机构。研究中心以提升地方财政绩效、推动地方经济发展为宗旨，以地方财政的理论前沿和重大实践需求为研究对象，以县级财政绩效研究为基础，立足福建，服务全国，围绕地方政府重大战略部署开展创新性研究，为地方政府科学决策提供重要参考。

▲ 省社科规划办领导来“地方财政绩效研究中心”检查指导工作

“地方财政绩效研究中心”以地方财政、省级财政、市级财政和县级财政四个层次的财政收支绩效情况、绩效内容、评估方法和评估体系构建为研究重点，下设地方财政绩效理论研究、地方财政绩效评估研究、地方财政绩效改进与推动区域经济发展研究等三个研究方向。研究范围涉及区域空间经济影响力、财政收支与区域经济的关系以及财政能力与财政绩效评价等内容，多视角多方位地对地方财政绩效问题进行研究。

经过近四年的建设，“地方财政绩效研究中心”在科学研究和人才培养方面取得较为显著的成绩。从 2014 年至今，共申报立项国家社科基金项目 4 项，国家自然基金项目 1 项，福建省省社科重点项目 3 项，教育部人文社会科学项目 4 项，省级一般项目 7 项，完成各类横向委托项目 45 项。高层次科研立项数量突飞猛进，取得质的飞跃；经费总额达到 456.5 万，人均年经费接近 5 万元，增长势头迅猛。研究中心成员共出版专著和教材 10 部，发表学术论文 71 篇；获得财政部优秀成果二等奖 1 项，福建省第十一届社会科学优秀成果三等奖 1 项。研究成果在 SSCI 收录、《新华文摘》转载、获奖层次等方面均取得突破。研究基地还承担了财政学、会计学两个专业研究生和税务硕士专业学位研究生的培养任务。2017 年 10 月，会计硕士专业学位（MPAcc）获批，于 2018 年开始招生。研究中心采取“项目带动”的方式培养学生，研究生一入校即参与项目研究，成效显著。2018 年 8 月，本中心两篇硕士论文分别获得“第二届全国税务硕士优秀论文”二等奖和三等奖。

▲“地方财政绩效研究中心”在清流县召开研究成果转化对接会

“地方财政绩效研究中心”由于独特的地方性和区域性视角，引起学界对地方财政绩效问题研究的重视。2017 年，“地方财政绩效研究中心”入选福建省高校特色新型智库，这不仅显示了我校新型特色智库建设的成效，而且有助于提高我校社会服务水平。集美大学地方财政绩效研究中心将以弘扬嘉庚财经教育精神为已任，发挥集美大学地方高水平大学的优势，不断提高研究水平，强化研究特色，服务地方经济，努力打造成为国内有重要影响力的高端财政智库。

2018 年 9 月 5 日
距离
2018 年 10 月 20 日
集美大学百年校庆
还有 45 天

国家级科技成果奖取得零的突破

作者：何宏舟，科研处处长

2011 年，水产学院陈昌生教授领衔的坛紫菜科研团队与上海海洋大学合作的“坛紫菜新品种选育、推广及深加工技术”项目获得国家科技进步二等奖。该项目由上海海洋大学担任主持单位，集美大学、厦门大学、中国海洋大学、福建省水产技术推广总站等 6 家单位联合完成。该奖项的获得标志着我校在国家级科技奖上实现“零”的突破。

▲ 坛紫菜科研团队

坛紫菜是我国特有的经济海藻，在传统的紫菜养殖行业中，坛紫菜生产一直存在缺乏良种及种质资源库等问题。在国家“863”计划等资助下，“坛紫菜新品种选育、推广及深加工技术”项目针对良种选育和加工这两个制约坛紫菜产业发展的瓶颈问题进行了 20 多年的研究，在坛紫菜的基础遗传学、良种选育与推广等方面取得多项理论和技术突破。

集美大学坛紫菜科研团队有 21 人，主要成员是陈昌生、谢潮添、纪德华、徐燕、王文磊、许凯等。该团队于 20 世纪 80 年代就参与国家紫菜相关课题的研究，先后完成坛紫菜的繁殖生物学、贝壳丝状体生产性培育、自由丝状体壳孢子采苗、海区紫菜养殖技术等多项研究，设立了藻类遗传研究室。90 年代，他们进行了紫菜原生质体融合和再生、紫菜病害防治、紫菜色素突变体等研究。

▲ 坛紫菜良种示范栽培

新世纪以来，又先后参与了“十五”“十一五”和“十二五”“863“计划重大项目“坛紫菜良种选育”“紫菜、江蓠等优质、高产、抗逆品种的培育”和“大型藻类的良种培育”研究，将研究的重点放在改良坛紫菜的遗传性状态上，结合传统育种模式与现代生物学育种方法，通过连续几年的生产应用实验，筛选和培育出生长快、成熟晚、优质、高产、抗高温的坛紫菜新品种。

2000 年起，启动坛紫菜种质资源的收集和种质库的构建工作，探索出坛紫菜单性生殖调控技术，成功解决坛紫菜“纯系制备”和“种质永久保存”的技术瓶颈，从种质制备、种质保存、种质扩增到种质应用，形成一套完整系统的种质库建设体系，构建了目前国内保存品系最多的坛紫菜种质资源库。

2005 年 9 月，福建省科技厅批准建立“福建省坛紫菜种质资源库”，收集并保存了不同海区、不同生境的野生坛紫菜品系以及国内各地及本课题组栽培选育出来的具不同经济性状的坛紫菜新品种和突变体 500 多个株系，保证了种质的永久和持续利用，也为将来开展坛紫菜种质遗传多样性研究和品种改良提供了无价和宝贵的原始资源。

▲ 陈昌生教授从事紫菜研究工作

集美大学坛紫菜科研团队先后培育出 6 个生长快、产量高、品质优、抗逆性强的坛紫菜良品系和“闽丰一号”优良品种，在福建和广东沿海累计示范推广 10 万余亩；开发的“细胞工程育苗技术”和“冷藏网换帘栽培技术”等多项配套的坛紫菜优良品系育苗和养殖技术，使养殖户普遍增收 30% 以上。同时开创坛紫菜养殖的“科技 + 公司 + 基地 + 农户”的新模式，取得显著经济和社会效益。2009 年，国家科技部批准集美大学建立“国家级坛紫菜科技特派员创业链（基地）”，以“科技 + 公司 + 基地 + 农户”的形式发展紫菜养殖业，带动养殖区经济发展，并辐射到周边的农户及村落，形成坛紫菜良种快速繁育、生态养殖新模式，起到示范带动的作用。

近年来，据不完全统计，陈昌生坛紫菜研究团队已承担国家及省部级重大科研课题 20 余项，包括 7 个国家自然科学基金项目、3 个国家海洋及农业公益性科研专项、2 个国家“863”项目、1 个农业部藻类产业体系项目、1 个科技部星火计划项目、3 个福建省科技重大专项、2 个福建省杰青项目等。

▲ 十二届全国政协副主席、九届福建省政协副主席、原福建省科技厅厅王钦敏（左三）视察坛紫菜实验室

获科技成果奖 12 项，包括国家科技进步二等奖 1 项、省科技进步一等奖 1 项、省科技进步二等奖 1 项、上海市科技进步一等奖 1 项等。该研究团队为我校水产养殖学科建设和人才培养提供了有力的支撑。

2018 年 9 月 6 日
距离
2018 年 10 月 20 日
集美大学百年校庆
还有 44 天

国家级科研平台建设

作者：何宏舟，科研处处长

科研创新平台建设是高等学校学科建设的重要内容，在高校学科建设和人才培养中发挥着重要作用。通过高水平科研平台建设，汇聚校内各类创新资源，推动学科交叉融合，促进新兴学科发展，为学术队伍建设、高水平人才培养和服务地方经济社会建设提供条件支撑。

2015 年 3 月，集美大学第一个国家级科研平台——“船舶辅助导航技术国家地方联合工程研究中心”获批立项建设，这标志着集美大学科研创新平台建设进入新的历史阶段。该平台是在原“福建省船舶助导航工程研究中心”的基础上，依托整合集美大学校内优势学科资源建设而成。

▲ 2009 年 4 月 10 日，原交通部钱永昌部长（左五）为“集美大学船舶助航技术研究所”揭牌

众所周知，航海交通是我校传统优势学科，有较强的研究基础和实力。“船舶辅助导航技术国家地方联合工程研究中心”的前身就是依托该学科设立的集美大学船舶助航技术研究所，该研究所成立于2008年5月，是国内首家专门针对船舶助航服务研究领域的科研机构。原中国交通部部长钱永昌为“集美大学船舶助航技术研究所”揭牌、题词。

2009年6月，中国航海学会航标专业委员会批准“集美大学船舶助航技术研究所”成为其会员单位。2009年10月，经中国海事局推荐，IALA批准研究所为中国首家联系会员单位。2010年7月，交通运输部海事局批准集美大学依托研究所成立“中国海事助航技术研究中心”。2010年11月，厦门市科学技术局批准集美大学依托该研究所成立“厦门市海上交通信息工程技术研究中心”。

▲ 交通部海事局领导到中心检查指导工作

2012年11月，经福建省发展和改革委员会批复，同意集美大学联合东海航海保障中心厦门航标处等单位共同建设“福建省船舶助导航工程研究中心”。该中心建设进入新的阶段，呈现快速发展态势，科学研究、人才培养、社会服务等方面成效显著。2014年，为在更高层次上开展科研和社会服务工作，学校以“福建省船舶助导航工程研究中心”为基础，向国家发改委申报“船舶辅助导航技术国家地方联合工程研究中心”的项目，在2015年3月获批立项，成为集美大学第一个国家级科研平台。该平台的立项在集美大学科研发展中有里程碑意义，它标志着集美大学的科研实力显著增强，为之后的其他高水平科研平台建设发挥引领示范作用。

“船舶辅助导航技术国家地方联合工程研究中心”目前有自主研发船舶助

导航产品能力，建有研发平台、服务平台和中试基地，拥有产品中试、产品检测的软硬件条件，正积极将科技成果进行工程化、规模化生产开发。中心不断提高自身科研实力，十分重视产学研合作，已将多项技术成果应用于我国涉海相关企事业单位中，取得良好的经济和社会效益。中心代表性的研究成果主要有“航标综合信息管理与服务系统”“厦门港海上交通信息公共服务平台”“郑和一号船舶引航系统”“大型船舶靠泊系统”和“基于AIS人员落水应急示位系统”等。

2015 年 12 月，我校第二个国家级科研平台——“水产品深加工技术国家地方联合工程研究中心”获批立项建设。该平台的获批，进一步扩大我校涉海学科的影响力，是我校涉海学科建设的重要成果，凸显了我校具有较强的服务国家和地方海洋经济建设的能力。目前，学校已有国家级创新平台 2 个，省部级创新平台 14 个，市厅级创新平台（中心、基地、智库）25 个，这些平台在学科建设、科研创新、人才培养、服务社会等方面正发挥着重要作用。

2018 年 7 月 19 日，福建省发展和改革委员会高新技术产业发展处处长潘绣文一行莅临我校，组织有关专家对依托我校建设的国家级科研平台“船舶辅助导航技术国家地方联合工程研究中心”进行验收。我校副校长谢潮添，科研处、航海学院有关负责人，该工程研究中心人员参加了验收会。

▲“船舶辅助导航技术国家地方联合工程研究中心”验收会

验收会上，厦门大学江毓武教授被推选为专家组组长，专家组成员还包括厦门港引航站站长陈伯雄、福建师范大学吴允平教授、厦门雅迅网络股份有限公司副总工陈典全教授、福建省财政投资评审中心副主任林在允教授。专家组听取了该工程研究中心所作的建设情况汇报，审阅了验收资料，查看了现场，经认真调研和讨论，认为工程研究中心各项任务指标基本完成，一致同意该建设项目通过验收。

▲ 集美大学副校长谢潮添（后排右二）参加验收会

潘绣文在验收总结中肯定了该工程研究中心自批建以来所取得的成绩，鼓励工程研究中心在船舶助导航领域继续做优、做强，并强调我校应加强创新平台管理机制建设，特别是研发人员的绩效分配、创新成果转化的激励措施等。谢朝添向省发改委领导和专家表示感谢，表示学校将进一步落实科研创新平台的制度建设。

校董发力为申博育苗

作者：陈福昌，科研处副处长

2009 年，学校全面启动申请成为新增博士学位授予单位的工作，以学科建设为核心，以立项的授权学科和支撑学科为重点，全面加强学科建设，在师资队伍、重点学科、学科平台、科研项目等方面取得显著成效。

▲ 集美大学校董会副主席、印尼尚大集团总经理李川羽和集美大学常务校董、印尼尚大集团总经理李龙羽继承父亲李尚大先生遗愿，在李尚大先生捐款约人民币 2125 万元的基础上捐赠港币 1000 万元，设立李尚大学科建设基金，将每年基金收益 50 万港币捐赠集美大学

为了帮助青年教师围绕申博工作，争取更多高水平的科研项目，学校从 2009 年 10 月起设立学科建设基金，作为育苗基金，重点支持申博立项建设的授权学科和支撑学科的青年教师，在取得国家级、省部级科研项目之前，能够得到学校资助开展科研工作，促进青年骨干教师的成长。

学校的计划得到校董的大力支持。集美大学校董会2009年新任副主席李川羽先生和他的兄弟常务校董李龙羽先生根据父亲李尚大先生的遗愿，决定从李尚大慈善基金中拨出1000万港元设立李尚大学科建设基金，每年收益约50万港元重点用于支持集美大学开展新增博士学位授予单位立项建设工作。

▲ 集美大学常务校董潘金龙（左二）捐赠200万人民币先后设立丁朝栋奖教金和潘日朗曾秀琴奖学金，左一为潘金龙夫人丁长华女士，右一为时任集美大学校长辜建德

▲ 潘日朗（左六）、曾秀琴（左五）伉俪，潘金龙（右五）、丁长华（右四）伉俪，潘昭颖女士（左三）出席捐赠仪式

常务校董陈君实捐赠50万设立黄慧贞学科建设基金，常务校董潘昭宇捐赠100万设立潘金龙学科建设基金，常务校董陈凯军捐赠50万，设立陈秋明学科建设基金。截至2017年，这些学科建设基金累计投入约500万元人民币，李尚大学科建设基金资助设立科研项目有118项，这些项目中已升级为国家级项目的有20项，省部级项目73项；黄慧贞学科建设基金资助科研项目20项，已升级为国家级项目4项，省部级项目15项；潘金龙学科建设基金资助科研项目42项，已升级为国家级项目4项，省部级项目17项；陈秋明学科建设基金资助科研项目22项，已升级为国家级项目2项，省部级项目8项。此外，这些学科建设基金还资助出版人文社科优秀专著35部。

学科建设基金项目的实施，有力地促进了一大批有潜力的青年骨干教师的成长，获资助的教师吴德烽、杨绍辉、翁武银、姜泽东、徐丽琼、付义荣六人入选“福建省高等学校新世纪优秀人才支持计划”人选，吴德烽、杨绍辉、姜泽东、陶求华、黄辉祥五人入选“福建省高校杰出青年科研人才培育计划”，充分发挥小基金的杠杆作用，为学校的可持续发展做出重要贡献。

胜利开启集美大学申博之路

作者：郑文发，研究生处副处长

2008 年 10 月 21 日，国务院学位委员会印发学位〔2008〕29 和 30 号文，正式启动 2008—2015 年新增博士、硕士学位授予单位立项建设规划工作。根据文件，国家下达给福建省 2008—2015 年新增博士、硕士单位立项建设指标分别只有 1 个。11 月 22 日，集美大学向省学位办提交《关于申请成为立项建设 2008—2015 年新增博士授予单位的报告》，申博立项进入临战冲刺阶段。2009 年 1 月 8 日，省学位委员会聘请厦门大学、省物构所、省发改委等有关高校、科研院所和省直部门共 13 人组成专家组，由厦门大学孙世刚副校长担任组长，对福建省申请博士立项的 2 所高校和申请硕士立项的 5 所高校进行评议并排序。

▲ 福建省省委常委、副省长陈桦在教育厅厅长鞠维强陪同下视察集美大学，支持集美大学申博立项建设工作

辜建德校长代表集美大学报告集美大学新增博士学位授予单位立项建设规划，报告确保立项建设的 2 个授权学科和 4 个支撑学科的建设目标和保障措施，提出使集美大学成为新增博士学位授予单位，可以为福建省完善学科布局，为服务海西做出更大贡献。在申博立项的两所高校中，集美大学志在必得，但没有绝对优势，专家组立项评议非常激烈，最后以微弱的优势遴选出集美大学作为福建省 2008—2015 年新增博士授予单位立项建设单位并上报国务院学位委员会。

▲ 2008 年，教育部副部长李卫红（左三）在省委常委、副省长陈桦（右二）陪同下参观我校“6.18 中国—海峡项目成果交易会”展位，我校在交易会上签约项目 26 项，总投资超过 1 亿元，为地方经济建设做出积极的贡献

2010 年 2 月 11 日，国务院学位委员会下发《关于同意实施 2008—2015 年新增博士、硕士学位授予单位立项建设规划的通知》（学位〔2010〕8 号），正式确认集美大学为博士授权立项建设单位。

在 2010 年正式获得博士授权立项建设单位之前，集美大学没有一级学科硕士点，只有 19 个二级学科硕士点。2010 年，国务院学位委员会启动博、硕士学位授权一级学科点审核工作，福建省学位委员会组织开展博士学位授权一级学科点初审和硕士学位授权一级学科点审核工作。

作为 2008—2015 年新增博士、硕士学位授予单位立项建设的重点工作，集美大学以前期规划和立项建设为基础，组织各学院积极凝练学科方向，整合资源，进行学科融合，确定 19 个拟申请增列硕士学位一级学科点名单。经过校内激烈的竞争，其中 16 个学科正式获准提交省学位委员会。其中应用经济学、体育学、中国语言文学、数学、生物学、交通运输工程、船舶与海洋工程、食品科学与工程和水产等九个硕士一级学科授权获省学位委员会评审通过。2011 年 3 月，国务院学位委员会正式公布确认九个硕士一级学科授权点（可覆盖 56 个二级学科）。这是集美大学研究生教育的飞跃，为申博的最后成功奠定坚实的基础。

在集美大学博士点立项建设之前，福建省一共组织了两次省级重点学科评选工作，由于集美大学的实质性合并、校内学科间的较大差异等原因，学校仅参加一次评选工作。因此博士点立项建设初期，学校省级重点学科只有两个。2010 年集美大学获得新增博士学位授予单位正式立项后，积极向福建省教育厅报告，认为学校的省级重点学科现状明显和学校作为福建省重点建设高校、新增博士学位授予立项建设单位的身份不符，明显不能反映学校在全省的办学地位和实力状况。省级重点学科的数量甚至大大不如连硕士学位授予权都没有的许多高校。

▲ 作为集美大学申博的重要举措之一，船舶与海洋工程学科发挥学科优势，牵头组建福建游艇产业协同创新联盟，为福建省游艇产业发展积极培养拔尖人才，提供强有力的科技支撑和创新驱动合作示范。

随着近几年学校办学取得的跨越式发展和进步，省级重点学科数量偏少的局面已经对学校深化学科建设内涵、冲击博士学位授予单位、服务海西科研

项目的执行构成不对称甚至掣肘局面。

经过学校领导和研究生处等多方积极申请，2011 年 6 月，福建省教育厅同意集美大学对照福建省重点学科遴选的有关规定，在经过校内认真的论证和审核后，增补水生生物学、热能工程、食品科学、水产品加工及贮藏工程、交通信息工程及控制、民族传统体育学、微生物学、船舶与海洋结构物设计制造和渔业资源等九个学科为省重点学科。

▲ 2011 年 6 月，我校召开博士点立项建设汇报会

博士点立项建设中期检查后，福建省教育厅、财政厅联合启动省级重点学科和福建省特色重点学科项目遴选工作。2012 年 10 月，福建省教育厅、财政厅正式公布福建省省级重点学科和福建省特色重点学科建设项目，集美大学水产、船舶与海洋工程、食品科学与工程、交通运输工程、数学、体育学、应用经济学和中国语言文学等八个学科列入福建省省级重点学科，水产和船舶与海洋工程两个学科列入福建省特色重点学科。

微信扫码查看此文

2018年9月9日
距离
2018年10月20日
集美大学百年校庆
还有 41 天

抢占集美大学申博之路制高点

——顺利通过博士立项建设中期检查

作者：郑文发，研究生处副处长

我校成为博士学位授予单位立项建设单位以后，以学科建设为核心，以立项的授权学科和支撑学科为重点，全面加强学科建设。2011年6月，福建省学位委员会启动新增博士、硕士学位授予单位立项建设中期检查工作。

▲ 2011年7月我校举行博士立项建设工作中期检查汇报会现场

7月5—8日，福建省学位委员会聘请国内著名同行专家组成专家组进驻集美大学，对博士立项建设情况进行实地检查。专家组成员全部都是集美大学立项建设的2个授权学科和2个支撑学科的国务院学位委员会学科评议组成员。

立项建设博士学位授予单位，是集美大学发展史上难得的历史机遇，也是艰难的挑战。启动立项建设以来，集美大学积极加强领导，加大投入，凝练方向，整合资源，上下一心，众志成城，从立项建设博士学位授予单位到中期检查，省级重点学科从2个增加为11个，增长了5.5倍；一级学科硕士点实现零的突破，发展到 9 个，成为工程硕士专业学位培养单位。在校研究生数从 2008 年的 188 人，发展到 644 人，增长了 3.4 倍，累计授予硕士学位 234 人；教授从 167 名增加为 185 名，增幅为 10.8%。

▲ 集美大学新增博士学位授予单位立项建设中期检查全体人员合影

博士学位教师从 211 名增加为 389 名（含在读 134 名），增幅为 84.4%。科研合同经费从立项建设初期的 3148 万元发展到年均合同经费达到 5233 万元；新增 3 个省部级、8 个市厅级重点实验室和工程（技术）研究中心、1 个国家级和 1 个省级行业技术开发基地。

立项建设博士学位授予单位迎来集美大学快速发展的小高潮。中期检查专家组认为集美大学整体建设成效显著，已达到新增博士学位授予单位立项建设中期建设目标。结合我校实际，专家组建议，争取在 2012 年年底接受国务院学位委员会对集美大学新增博士学位授予单位的立项建设工作验收。

2011 年 8 月，福建省专门下发了《关于支持我省新增博士、硕士学位授予单位立项建设工作的通知》（闽教高〔2011〕70 号），明确从学科建设、平台建设、人才队伍建设、研究生培养能力以及经费资助等方面对集美大学和福建工程学院给予重点支持，要求学校针对存在的问题抓紧做好整改工作，确保高质量完成立项建设任务。其中支持集美大学建设好一批省级重点学科和培育若干省特色重点学科项目被列为首要支持项目。

2018 年 9 月 10 日
距离
2018 年 10 月 20 日
集美大学百年校庆
还有 40 天

学生最喜爱的优秀教师

作者: 洪妍妮, 团委办公室主任

一个人遇到好老师是人生的幸运，一个学校拥有好老师是学校的光荣，一个民族源源不断涌现出一批又一批好老师则是民族的希望。

——习近平

▲ 2017 年学生最喜爱优秀教师颁奖典礼

百年大计，教育为本。教育大计，教师为本。

一百年前，校主陈嘉庚先生秉持着教育兴国的理念，创办集美学校师范部，倾尽毕生心血和精力为国家兴学育才，为教育事业奋斗一生。

一百年来，在嘉庚精神感召下的集大教师，早已将教书育人、默默奉献的高尚情操内化于心，外化于行，在平凡的岗位上，辛勤工作、无私奉献。

为进一步提高学校教风学风，强化学校立德树人的办学宗旨，我校于2015年起组织开展“学生最喜爱的优秀教师”评选活动，至今已连续举办四届。评选活动得到全校师生的广泛关注。四年来，我校每年评选出十位“学生最喜爱的优秀教师”，他们当中有为我校教育事业倾尽三十多年心血的老教师，也有刚入职不久的年轻教师，他们都是我校教书育人的典范。

以生为本的评选导向

评选活动从每年 4 月中旬开始，经班级、院学生会、校学生会自下而上三级推荐，于每年教师节前后现场揭晓并颁奖。

▲ 班级评选优秀教师现场

这种完全以学生为主体、由学生按生均一票的原则自主投票的评选方式，受到学生们的普遍欢迎。“学生当评委，更有利于选出我们心目中真正的好老师”“这种投票方式十分公平公正，可以让每个人都参与在其中，评选出自己心目中最好的老师”“相比以前对优秀老师的评价方式，个人认为这样的评价方式更加的科学，更加公平”“我认为这样的活动很有意义，可以增进师生情感”……

每年的评选活动也在同学中引发关于优秀教师的大讨论。“为人师表，治学严谨，循循善诱，博学笃志”“风趣幽默，能够融入到同学中来”“能站在学生的角度考虑问题，把育人看得比教书重的老师最让我欣赏”“学术水平高，教学富有思想和哲理”“亦师亦友，能像灯塔一样让同学们看清道路的老师”“一种投身教育事业的精神，一颗爱学生的心”“学识渊博，课堂活跃，平易近人”“气质高雅，谈吐不俗，美貌与智慧并存”……比起以往对传统优秀教师的印象，这样的评价更贴近青年学生的想法，更符合青年学生对好老师的期待。

▲ 颁奖典礼上采访获奖教师

全方位多维度的参与方式

在历时五个月的评选过程中，各级学生组织、各学院团委通力合作，通过宣传发动、事迹采写、视频制作、事迹宣讲、网络宣传等全方位多维度的宣传模式，在校园内营造良好的氛围。每年的评选都能在新媒体平台上刮起一阵记述教师故事、回忆师生情谊的暖风，同学们纷纷在朋友圈里晒出自己最喜爱的老师，为心中的好老师“点赞”。从前期宣传到结果公布，从候选教师的资料采写到视频拍摄，从颁奖现场的颁奖词撰写到节目展演，从现场采访到后期延续性宣传报道活动，都是由学生团队完成，学生全程参与、深度参与，在全方位的活动策划组织过程中，融入对教师的真情实感，更加深入了解老师，拉近了师生之间的距离。此外，通过颁奖典礼，观众们都能从这些学生喜爱的老师身上感受到人民教师无私奉献的力量、教书育人的快乐和“仁而爱人”的情怀，颁奖典礼不仅是在颁发证书和奖杯，更是在演绎和传递集大教师的敬业精神，通过一届又一届的传承和延续，使这样一批受到学生爱戴和喜欢的教师队伍不断发展壮大。

▲ 网络投票

温馨感人的颁奖典礼

为了达到吸引人、感动人、教育人的效果，“学生最喜爱的优秀教师”评选活动的颁奖于每年教师节前后以颁奖晚会现场揭晓的形式呈现，增强活动的艺术性、时尚性。1300余名师生济济一堂，气氛非常热烈。颁奖典礼上，伴随着激扬的旋律，“学生最喜爱的优秀教师”候选人通过视频逐一亮相。随后，学生代表依次上台，为所喜爱的优秀教师致推荐词并献上花束，真挚言语凝结成深情的告白，一个个三尺讲台上的动人故事让现场洋溢着浓浓师生情。配合着精彩的纪录短片、优美的颁奖词，现场访谈，生动地展现我校教师无私授业、倾情育人的奉献精神，现场不时响起热烈的掌声。颁奖典礼上巧妙地穿插师生带来的曼妙的舞蹈、美妙的歌曲演唱和优美的诗歌朗诵等精彩的文艺表演，大气的舞美与精彩的文艺表演交相辉映，现场访谈和视频里的感人事迹交织相融，朴实的语言，师生之间真挚的情感，引起观众们强烈的共鸣。典礼的最后，举行隆重的颁奖仪式，全体校领导为获奖教师颁奖。

经过四年的实践，“学生最喜爱的优秀教师”评选已成为推动我校教风学风建设，推进立德树人办学宗旨的重要举措，对于营造良好的尊师重教氛围起到积极的作用。我校“学生最喜爱的优秀教师”评选坚持“以生为本”的组织方式，受到学生的喜爱，评选活动以其“全方位、全覆盖”的评选模式被广大师生熟知。评选过程注重人文关怀与精神价值的挖掘，加深全校师生对教书育人工作的了解和关注，在师生中反响热烈，已经成为学校思政教育和校园文化生活的品牌。有老师曾动情地说到：“能够当选学生最喜爱的优秀教师让我百感交集，我认为我的付出得到学生认可就是我的最大成就。”还有的同学说：“聆听老师的访谈，更加明白老师用心教书、用爱育人的情怀。”

回顾集美大学走过的近百年发展历程，正是一代代教育工作者们呕心沥血、艰苦创业奠定今天的发展根基。成绩的背后，凝聚着广大教师勇于创新、敢为人先的探索精神；凝聚着全体园丁无私授业、倾情育人的奉献精神；凝聚着大家对教育的爱与责任。值此第三十四个教师节到来之际，祝全校教师节日快乐！

2018 年学生最喜爱的优秀教师到底是谁呢？今晚 19:00，诚毅影剧院揭晓，欢迎老师同学们前往观看。

▲ 最喜爱的优秀教师颁奖典礼现场文艺表演

微信扫码查看此文

夺取申博攻坚战最后胜利

作者：郑文发，研究生处副处长

2008年，集美大学启动博士点立项建设工作，水产学科作为第一优势学科，在教育部学位与研究生发展中心组织的2007—2009年全国学科排名评估中名列第五，被视为学校申博的底气和希望之所在；船舶与海洋工程学科排名第八，也是集美大学最强势的学科之一。

“嘉庚精神”和“诚毅校训”是陈嘉庚留给集美大学宝贵的精神财富。集美大学将“嘉庚精神立校，诚毅品格树人”提练为集美大学的特色。学校党政领导在校内多次动员，希望全校师生员工紧紧抓住博士点立项建设的契机，全力以赴做好学科内涵建设，大力实施人才强校战略，打造高水平师资队伍，提高办学层次，大力加强科研和研究生教育工作，实现学校全面协调发展。

▲ 校党委书记辜芳昭、校长苏文金等到水产学院进行博士点立项工作实地检查

2010 年 4 月，集美大学申请新增博士学位授予单位立项建设工作领导小组正式成立，校长苏文金担任组长。同年 9 月，集美大学博士点立项建设办公室成立，副校长关瑞章担任主任，抽调殷之明、邹春平两位同志担任秘书到研究生处上班。《集美大学新增博士学位授予单位立项建设规划》正式进入攻坚阶段。领导小组每季度召开一次会议，听取各授权学科和支撑学科的第一负责人、各研究方向第一负责人作立项建设执行情况的汇报。

各学院院长作为立项建设工作的第一责任人，可根据需要随时召开新增博士学位授予单位建设工作会议，每个月至少召开一次主题会议，进行工作检查，及时发现建设过程中存在的问题，实施对策。各学科方向每季度进行一次工作总结，形成书面总结报告报送所在学院和研究生处。各学院每半年对本学科的建设情况进行总结，将总结报告报送研究生处。总结报告内容包括规划书各项指标执行情况、主要困难、措施和需要学校解决的问题等。

▲ 学校召开教学工作会议暨博士学位授权单位立项建设验收动员会

2008—2012 年，水产学科历经博士点授权学科立项、中期检查、中期检查后整改、整体验收，学科聚焦于水产养殖学、水产生物医学、水产生物遗传与育种学、水产动物营养与饲料学、 渔业资源学等五个稳定的研究方向，学科培育科技创新成果丰硕，拥有一支具有较高科研水平和学术价值的教师队伍。立项建设以来，由 21 名教授、52 名博士组成的福建省特色重点学科水产学科教师队伍，在坛紫菜新品种选育、大黄鱼遗传育种与病害防控、鲍多倍体育种和鳗鲡循环水与药残控制等养殖关键技术研发与示范推广上取得突出成就，立项设立鳗鲡现代产业技术教育部工程研究中心和农业部东海海水健康养殖重点实验室，承担国家级科研项目 41 项，其中主持 30 项，项目经费达 8170 万元，1 项获国家“973”计划资助、2 项重大公益性行业专项获国家海洋局资助。“坛紫菜新品种选育与推广及深加工技术”获国家科技进步二等奖，另外还有省级科技进步一等奖 2 项、二等奖 6 项、三等奖 5 项，获授权专利 15 项，SCI、EI 收录 130 余篇。

2008—2012 年，船舶与海洋工程学科历经博士点授权学科立项、中期检查、中期检查后整改、整体验收，立足海峡西岸经济区建设，依托福建省船舶与海洋工程重点实验室和福建省船舶与海洋工程特色重点学科，面向航运业和船舶工业，在解决省内行业共性和关键性技术问题上做出较大的贡献，在船舶空调与冷藏、船舶新能源、精益造船技术以及以机驾合一为目标的船舶智能控制方面形成特色，位居国内先进水平。

▲ 立项建设博士学位授予单位整体验收汇报会会场

轮机工程专业是国家一类特色专业建设点，也是学校优势特色学科专业。该学科对海峡西岸经济区的航运业和船舶工业的发展具有不可替代的作用。福建省正在建设以厦门港为主的东南国际航运中心和邮轮母港，船舶制造与航运是福建省海洋强省战略的一部分，该学科在加速高端人才的培养、提高科技创新能力、促进区域航运和造船业发展以及海峡西岸经济区建设中发挥重要作用。由集美大学自主研发的“郑和一号船舶引航系统”实现我国港口船舶全天候引航调度，其船舶精确导航及大型船舶辅助靠离舶功能，打破了欧盟对中国的技术封锁。目前，福建省港口水域的引航系统全部采用该系统，已推广至青岛港、深圳港等，全国近50%引航员装配了该系统。集美大学联合中国船级社、海事管理部门、福建游艇企业成立“福建省游艇产业协同创新联盟”。未来，学校将进一步围绕福建海洋经济发展的战略问题和行业急需解决的核心共性问题，结合学校学科优势和行业渊源，集聚创新要素与资源，筹建创新平台，实现科技创新突破，为福建海洋经济发展提供科技和人才支持。

2012 年 11 月，国务院学位办正式启动立项建设博、硕士学位授予单位验收工作。2013 年 1 月 22 日，国务院学位办通报立项建设博士学位授予单位拟授权学科评审结果，我校博士点立项建设授权学科水产、船舶与海洋工程两个一级学科评审均获全票通过。

2013 年 2 月 1 日，福建省学位办组织七人专家组对集美大学博士学位授权单位立项建设工作进行整体验收。整体验收专家组听取苏文金校长关于集美大学新增博士学位授予单位立项建设实施情况的汇报，进行质询。

整体验收专家组实地考察授权学科重点实验室、工程技术研究中心及图书馆等科研和公共服务基础设施建设情况；审阅授权学科简况表、自评报告、博士研究生培养方案、管理制度以及质量保障体系等有关文件和支撑材料。专家组经充分讨论，一致认为，集美大学通过立项建设，整体建设成效显著，全面完成立项建设规划要求的任务，达到博士学位授予单位的整体条件，同意通过立项建设验收，建议提交国务院学位委员会审议，增列集美大学为博士学位授予单位。

2013 年 7 月 19 日，国务院学位委员会印发《关于下达 2008—2015 年立项建设博士、硕士学位授予单位及其授权学科名单的通知》(学位〔2013〕15号)，集美大学正式成为博士学位授予单位，船舶与海洋工程、水产两个一级学科正式获得博士学位授权资格，集美大学漫漫申博路画上圆满的句号，为集美学村百年华诞庆典奉献上一份厚礼！

2014 年水产学科博士后科研流动站获得批准，为集美大学高层次人才的培养和使用搭建新的平台。同年，我校完成首届博士研究生招生工作。2018

年1月，集美大学首位博士后、福建省第一个水产学博士后钟婵博士通过考核，顺利出站。同年6月，集美大学首批5名博士研究生迎来他们的毕业典礼暨学位授予仪式。他们顺利完成学业，为集美大学博士教育及博士后科研流动站建设书写下新的篇章。

▲ 立项建设博士学位授予单位整体验收专家组在校领导陪同下考察船舶与海洋工程教学实验设施

2018年3月，国务院学位委员会公布2017年审核增列的博士、硕士学位授权点名单，集美大学再新增机械工程、信息与通信工程、工商管理和设计学等4个硕士一级学科授权点。至此，集美大学一级学科硕士点增至13个。另外，集美大学还先后成为农业、工程、教育、税务、会计、体育、艺术、社会工作等8个硕士专业学位类别的培养单位。

2018 年 9 月 12 日
距离
2018 年 10 月 20 日
集美大学百年校庆
还有 38 天

汉语教育 走出国门

作者：吴建平，招生办副主任，曾任海外教育学院办公室主任

2004 年 3 月，经中国教育部批准，中国国家汉语国际推广领导小组办公室（汉办）启动汉语教师志愿者项目。该项目是国家汉办为适应世界汉语教学蓬勃发展的形势需要，利用我国作为母语国汉语人力资源优势，向世界有需求国家提供汉语师资的新措施。截至 2017 年，该项目覆盖全球 139 个国家和地区，累计派出汉语教师志愿者 4.7 万人次。

▲ 2007 年 5 月，我校教师参与菲律宾华文师资培训工作，右三港澳台学生先修部主任、海外学院副院长蒋有经教授，右二海外学院兰碧仙老师

我校师范教育办学历史悠久，学科齐全，2002 年设立海外教育学院，拓展海外华文教育，被福建省侨办授予“首批海外华文教育基地”，是国家汉办支持周边国家汉语教学的主要院校，参与汉语国际推广适逢其时，成绩显著。2006 年 9 月 5 日，福建省高校汉语国际推广工作会议在我校召开，时任福建省教育厅副厅长杨辉同志主持，传达了 7 月初由国务院副秘书长张平同志于北京主持召开、8 月中旬由国家汉办主任许琳同志于昆明主持召开的有关汉语国际推广工作的两次重要会议的精神和指示。至此，我省的汉语国际推广工作进入发展阶段。

菲律宾棉兰老地区华文教育协会

感谢状

兰碧仙老师 应中国国务院侨务办公处选派莅临菲律宾三宝颜，担任“2007 年华校华语教师基础知识培训教学班”之职，成绩斐然沇，特赠此状，以申谢忱。

造福海外華教

名誉会长 蔡雙杰

二〇〇七年五月十一日

▲ 菲律宾棉南老地区华文教育协会给我校教师的感谢状

2007 年，福建省教育厅向我校下达汉语教师志愿者派遣计划。根据要求，我校从海外教育学院派 4 名汉语教师赴菲律宾三宝颜中华中学、蜂省大同中学开展华文教学工作，学生志愿者的选派也提上日程。3 月 15 日，学校召开汉语教师志愿者工作会议，外国语学院、文学院、教师教育学院、政法学院、海外教育学院、诚毅学院领导参加，会议讨论研究我校汉语教师志愿者的选拔流程，明确海外学院具体负责志愿者的选拔组织、国际处负责志愿者的签证办理、带队老师由外国语学院选派。要求各学院要高度重视，把担任汉语教师志愿者作为教学实践的补充环节；鼓励学生在国外寻找研究课题，提高毕业论文质量；各部门要为志愿者顺利出国任教提供便利和帮助。

第一年的启动工作困难重重，很多师生对外派支教工作认识不足，家长心存忧虑；大部分优秀的毕业生已经找到心仪的工作，符合志愿者要求的人选有限。经过各学院广泛发动、学生申请、家长同意之后，候选名单几经反复，方才确定。海外学院成立面试工作领导小组，择优遴选优秀学子，推荐参加全省汉语教师志愿者培训。来自文学院、外国语学院、教师教育学院和政法学院的 28 位同学顺利通过培训考试，以优异的成绩获得国家汉办颁发的“汉语教师志愿者合格证书”。5 月 24 日，我校首批汉语教师志愿者在外国语学院的韩存新老师带领下，赴菲律宾开展为期一年的支教工作。当年与志愿者同行的还有来我校参加“菲律宾华裔学生学中文夏令营”师生。

▲ 集美大学 2008 年赴菲律宾、泰国支教志愿者合影

支教期间，志愿者通过微博、校园新闻及时报道支教活动，分享心得，互通资讯。志愿者回国后，学校组织召开总结表彰大会，专业学院组织召开支教经验交流会，支教志愿者成为学弟学妹们心目中的明星，毕业后先去国外担任汉语教师志愿者成为许多学子的新梦想，申请加入汉语教师志愿者队伍的人数逐年增多。2008 年，我校再次选派出 34 名志愿者，分别前往菲律宾和泰国支教，其中菲律宾 18 人，泰国 16 人。

在总结赴菲律宾和泰国支教志愿者工作的基础上，学校决定有针对性地做好志愿者培训工作，进一步完善遴选机制，力争把最优秀的学子送出国门，

接受锻炼。

2009 年 4 月，我校首期支教志愿者培训班开班。培训班设有志愿服务与汉语教师志愿者、教学与管理、教学观摩与实践、现代教育技术、当代中国国情与中华文化、中华才艺、能力拓展、涉外教育、赴任指导、赴任国语言等 10 门课程，24 名赴泰支教志愿者参加培训。

在 5 月 5 日举行的福建省 2009 年赴泰国支教志愿者教师选拔考试中，我校学子表现优异，笔试成绩平均分位居全省参加考试院校第一名。4 月 27 日，福建省 2009—2010 年度赴孔子学院（课堂）汉语教师志愿者选拔考试在我校举行。这是国家首次在高校应届毕业生范围内选拔赴孔子学院（课堂）汉语教师志愿者，考试由国家汉办统一命题。来自厦门大学、集美大学、漳州师范学院、闽江学院等四所院校的 109 名学子参加应试，其中集大学子就有 46 名。经选拔，2009 年我校 55 名志愿者（含重返）分别前往泰国、菲律宾和波兰支教。

2007 年至今，我校已连续十二年向菲律宾、泰国、韩国、越南、尼泊尔、柬埔寨、南非、哥斯达黎加、波兰、比利时和美国等 11 个国家派出 330 多名汉语教师志愿者。志愿者们用青春与激情谱写奉献之歌，在异国他乡将“诚毅”精神传唱，为人生添彩，为母校争光。

走出国门的汉语教师志愿者是青春中国的生动名片，他们是青春中国的代言人也是青春中国的骄傲。他们是传播中华文化的天使，也是中外文化交流的桥梁。

我校的汉语教师志愿者在菲律宾和泰国支教的人数最多，取得的成果也最丰硕。菲律宾肆虐的台风、泰国漫长的雨季、热带山区猖獗的蚊虫、部分地区的不稳定局势、任教学校简陋的办学条件和远离闹市的孤独，都浇灭不了志愿者的激情。志愿者成立了驻外临时党支部，QQ 工作群，互相加油鼓劲，及时调整心态，以饱满的热情投入教学一线。志愿者周平均工作量均达 15 节左右，他们兢兢业业的工作态度、扎实的专业知识和过硬的教学基本功给当地师生留下深刻的印象，受到海外华校和华人的高度赞扬。2007 年赴菲志愿者叶火霞、黄树英被菲华联谊总会北怡罗戈省分会聘为文教主任；2008 年赴菲志愿者王晖燕提出的中文教学改革方案引起商总和领事馆的重视。

2009 年汉办研发的新中小学生汉语考试（YCT）在泰国首考，志愿者们辅导的学生成绩斐然。2010 年赴波兰志愿者相量因表现突出，被汉办授予“优秀汉语教师志愿者”并留任。

▲ 支教志愿者相量在波兰弗罗茨瓦夫大学孔子学院任教

除了汉语教学，志愿者们还负责学校组织的文化活动，比如“趣味汉语”“中文演讲比赛”“中国文化周”。应邀参加我国驻外使领馆的外事接待、国庆宴会和新年联欢等活动。

支教期间，志愿者得到驻外使领馆领导和当地华人华侨的关心和帮助，菲律宾拉瓦格领事馆馆长领事陈来平校友（1985 年毕业于我校英语专业），百忙之中多次协助协调志愿者工作和生活中的困难。辜建德校长到菲律宾访问期间专程看望了志愿者，鼓励志愿者牢记“诚毅”校训，发挥自身特长，讲好中国故事、传播中国声音，做中国文化交流的使者。

如习主席寄语所言，“广大青年既是追梦者也是圆梦人，追梦需要激情和理想，圆梦需要奋斗和奉献”。汉语教师志愿者的成功选派和支教任务的圆满完成，走出国门的集大学子不辱使命且不负众望，是“嘉庚精神立校，诚毅品格树人”的真实写照，是“今天我以母校为荣，明天母校以我为荣”的具体体现。

2018 年 9 月 13 日
距离
2018 年 10 月 20 日
集美大学百年校庆
还有 37 天

劳模风采 · 走进蔚蓝的海洋

——福建省先进工作者刘静雯教授

作者：林海峰，工会副主席

她作为集美大学首位南极考察的研究人员，参加中国第28次南极科学考察，于是，她被称为海洋之友。

▲ 刘静雯教授参加中国第 28 次南极科学考察

她承担的“基因工程与分子生物学”和“细胞生物学”两门本科双语课程教学，每年都被学生评为优秀课程，于是，她又被称为学生之友。

她是集美大学食品与生物工程学院的刘静雯教授，先后获得厦门市优秀教师、厦门市“三八”红旗手、福建省五一劳动奖章和福建省先进工作者等荣誉称号。

刘静雯在学校从事海洋生物学的教学和研究工作，主要研究方向是海洋微型生物分子生态学、海洋病毒分子生态学、海洋微生物功能基因组及蛋白质组。

刘静雯来自山西，她将孩提时代对于大海的渴望与向往，融入自己的人生规划中，义无反顾地选择蔚蓝的海洋。

1998年，她考取中国海洋大学海洋生物学博士研究生。

2002年，她在近海海洋环境科学国家重点实验室(厦门大学)开始从事博士后研究。

2005年，她作为国家留学基金委公派访问学者，赴挪威卑尔根大学生物系国际著名海洋微生物学家Gunnar Bratbak 教授实验室进行海洋病毒研究。

刘静雯非常热爱教师这个职业，她常说这是太阳底下最光辉的职业。

从教17年来，刘静雯教授默默地耕耘在教学第一线，培养了多名优秀的生物学专业人才。

▲ 刘静雯教授和她培养的优秀学生们

曾经考入美国南佛罗里达大学 Moffitt 癌症中心攻读博士研究生，目前在 Moffitt 癌症中心进行博士后研究工作的林圣辰同学，曾经进入香港中文大学攻读博士学位，现在澳门大学做博士后研究，从事基因组和转录调控研究的陈盈盈同学，都是在她的实验室完成本科毕业论文后继续读研深造并脱颖而出的优秀学生代表。

在科研工作中，她摒弃功利、脚踏实地，取得显著成绩，曾作为项目主持人和骨干成员，主持和参与“十一五”国家科技支撑计划重大项目、国家自然基金

项目、国家自然基金重大项目、国家973赤潮项目及福建省自然科学基金等项目的研究。

最精彩的人生，是她的一段惊心动魄的南极科考经历。

2011年11月，刘静雯从天津踏上“雪龙”号极地考察船，和科考队一起，历经163天，航程2.8万余海里，其中冰区航行3900余海里，在长城站、中山站、昆仑站共执行了31项科学考察项目及完成16项工程建设和后勤保障任务。

她个人承担南大洋微生物资源的调查及南大洋浮游病毒的分布、分离等研究工作。

神奇的南极风高浪急，气候瞬息万变，她克服晕船、高血压、失眠等种种困难，坚持沿途取样，培养获得大量微生物样品，分离到近百株新的低温微生物菌种，丰富了我国极地微生物资源库，为低温微生物在食品加工、新型药物开发及废水处理等领域的研究提供了丰富的菌种资源。

她被评为中国第28次南极科学考察队优秀考察队员。

站在冰天雪地的白色世界，面对苍茫壮美的神奇天幕，作为一名女教授，她的内心充满自信与欣慰。

2017年，人民网福建频道在集美大学举行“对话价值观，劳模校园行”的大型主题宣讲活动，刘静雯作为福建省劳模代表之一，上台作了一次激情洋溢的报告。

她饱含深情地对同学们说：对我而言，南极考察取得的不仅仅是科研上的成果，更有心灵上的洗礼和感动！作为一名女性科研工作者，此生别无他求，只愿能无悔我们的时代、无负家庭和社会的期望、无愧于自然界吧。

走进海洋，是刘静雯教授永远的追梦。

在她所获得的各种荣誉的背后，承载着她对事业的执着，对未来的憧憬，也承载着百年集大人最引以为豪的“诚毅”校训精神。

2018 年 9 月 14 日
距离
2018 年 10 月 20 日
集美大学百年校庆
还有 36 天

刘延东视察集美大学

作者：梁振坤，规划处处长

2011 年 10 月 20 日，时任中共中央政治局委员、国务委员刘延东莅临我校视察。时任中科院院长白春礼、教育部副部长鲁昕、科技部副部长王志刚、文化部副部长赵少华、中科院副院长詹文龙等随同来校考察；时任福建省委书记孙春兰和于伟国、陈桦、刘可清等省市领导陪同考察。

▲ 2011 年 10 月 20 日，时任中共中央政治局委员、国务委员刘延东（右一）莅临我校视察

嘉宾们来到我校陈延奎图书馆与师生亲切交谈，听取校党委书记辜芳昭对学校办学历史、实质性合并十二年来取得的成绩、学校发展思路和正在开展的重点工作等方面的汇报。

刘延东充分肯定我校在提高教学质量、服务经济社会发展等方面取得的成果，为我校始终秉承“嘉庚精神立校、诚毅品格树人”宗旨所延续的蓬勃发展势头而感到高兴。她指出，国家发展关键在人才，基础在教育，要以提高质量为核心的内涵式发展作为集美大学未来建设发展的重要方向，集美大学拥有非常优良的传统和很好的大学文化，应该认真贯彻十七届六中全会精神，在学校优良传统基础上，发扬中华文化优良传统，吸收世界的先进文明成果，打造中国特色的社会主义先进文化，用校园文化来培养学生，同时通过学校人才的培养，也为中国特色社会主义的发展做出贡献。

▲ 刘延东视察我校陈延奎图书馆

站在师生当中，刘延东深情地讲道，集美大学是嘉庚先生创办的学校，开创侨资援助国内办学的先河，老人家倾注自己全部的资产创办学校，发展教育，培养人才，他的这种壮举感动了一代又一代的人。大家能在这样一所学校里上学是非常幸福的，也是很光荣的。她希望师生们不仅珍惜党和国家给予的这样好的环境条件，更要不辜负陈老先生当年创办集美学校的爱国情怀，老师们要忠诚于党的教育事业，要做好培养人才工作；同学们要好好学习，掌握知识本领，将来用智慧、青春和力量为我们国家的发展，为中国从大国向现代化强国迈进，为中华民族的伟大复兴做出应有的贡献，也为世界、为人类文明的进步事业做出更大的贡献。

▲ 刘延东和我校师生亲切交谈

在场师生们对刘延东的亲切讲话报以热烈掌声，校党委书记辜芳昭代表全校师生表示，不辜负各级领导的期望，努力学习、工作，把学校办得更好！

集大往事 JIDA WANGSHI

微信扫码查看此文

王永庆参观考察集美大学

作者：王高尧，学校办公室秘书科科长

1998 年 5 月 31 日，台塑集团董事长王永庆在福建省副省长曹德淦、厦门市市长洪永世陪同下，到集美大学参观考察。这是王永庆先生第二次到集美大学考察。第一次是 1995 年 11 月 29 日，王永庆一行在福建省常务副省长王建双、厦门市市长洪永世的陪同下，到集美大学新校区建设工地参观，检查工程建设情况。

▲ 1998 年 5 月 31 日，王永庆先生第二次参观、考察集美大学

▲ 二排左六为王永庆先生，二排左四为时任福建省副省长曹德淦，二排左五为时任厦门市市长洪永世

▲ 王永庆先生参观集美大学综合教学大楼

说起王永庆与集美大学的不解之缘，事情要追溯到 1990 年 1 月，王永庆决定投巨资 70 亿美元在厦门海沧兴建大型石化项目，即所谓“901”工程，

当时王永庆还向厦门缴交1000万美元定金。后因台湾当局的百般阻挠，“901”工程被迫取消，依照商场惯例，王永庆所缴定金是不必退还的。但厦门市领导认为这不是人力所能掌控的，1000万美元定金应退还王永庆。但王永庆方面认为，“901”工程未能实施，这是他们的原因，定金绝对不能收回，态度极为诚恳。时任厦门市市长洪永世向王永庆提出两条建议，一是退还，二是如果坚持不收，就以王永庆名义，用这笔定金捐建公益项目，具体项目包括海沧医院、厦门眼科中心大楼、集美大学教学大楼，王永庆接受了第二条建议。

王永庆先生参观集美大学新建的综合教学大楼和工商管理学院大楼，看到奠基石上有“王永庆捐建”字样，非常满意。

集美大学新建的这两座大楼所需成本当时至少是8226万元，远远超过王永庆先生捐赠的5000万元（折合），不足部分都由厦门市财政垫支，之后在每年的省、市共建经费800万元中扣除。正是在厦门市委市政府的支持帮助下，才有了集美大学最初的发展。

2018 年 9 月 16 日
距离
2018 年 10 月 20 日
集美大学百年校庆
还有 34 天

弘扬嘉庚精神 为体育强省而努力

——记集美大学体育学院人才培养丰硕成果

作者：高楚兰，体育学院院长

集美大学体育学院经历近 60 年变化发展过程。从 1959 年在福州创办的福建体育学院到 1994 年 10 月与集美学村五所院校合并组建为集美大学至今，全体教职员工勤勤恳恳，兢兢业业，为福建省体育事业的发展做出不可磨灭的贡献。

▲ 体育学院办公楼（原航海俱乐部）

目前，体育学院共有教职工 150 多人，全日制在校生 1600 余人。学院有专任教师 120 余人。教授 16 名，副教授 60 名；教师中国际级裁判员 9 名，国家级裁判 25 名。学院现开设体育教育、武术与民族传统体育、社会体育指导与管理、运动训练四个本科专业，拥有体育学一级硕士学位授予权。其中民族传统体育专业被评为福建省特色专业，体育学一级学科为福建省重点学科，2011 年被确定为福建省社会体育专业人才培养创新实验区。

为贯彻习近平同志提出的建设福建体育强省的号召，近二十年以来，体育学院历任领导十分重视体育人才的培养，不断深化教学训练改革，优化人才培养机制，为福建省培养大量体育工作者、优秀运动员，为建设体育强省做出应有的贡献。

近 20 年来，学院培养的学生在世界、亚洲及全国比赛中取得丰硕的成果，其中世界冠军近 20 人次，亚洲冠军近 10 人次，全国冠军近百人次。

▲ 汤星强，训练 1516，里约奥运会男子 4X100 m 接力第四名，第三届世界田径接力赛 4X100 m 接力第三名

2018 年 9 月 17 日
距离
2018 年 10 月 20 日
集美大学百年校庆
还有 33 天

夕阳伴随着青春成长

——教学督导工作的点滴体会

作者：雷芗生，教学督导员，原体育学院体育系主任

2003 年我从教学岗位退休后，在集美大学和集美大学诚毅学院任教学督导员，继续从事教学管理和教学监督与指导工作。这段经历是我老年生活难以忘怀的重要内容，也记载着我一生从事教育工作的经历，值得回味追忆。

教学督导是对教学全过程的督促、指导和服务，它不同于一般教学管理，不能简单依靠行政手段命令式督导，督导员不应以“监督者”“检查者”“裁判员”自居，对教师的辛勤劳动指手画脚，求全责备。随着知识经济和信息社会的到来，各种理念和思潮涌入高校，青年教师是时代的弄潮儿，他们具有很大的优势：外语水平较高，获取学科前沿信息较快，信息科学技术和现代化教学手段运用能力较强，接受新事物快，思想活跃敢于创新、创业和创造，视野开阔，思路新颖，这对于我们来说，有很大差距。要清醒地认识到过去所学的知识有些已老化，不应囿于旧思想的束缚，思维固化，要有自知之明，自己“识相”，摆正位置，甘当小学生，虚心学习，赶上时代步伐。

自担任教学督导工作以来，经历了学校所有全部学科的文科、理工科和术科六个组 19 个学院（中心）的轮转，对有些专业的课程比较生疏，只能按照教学要求，帮助缺乏教学经验的青年教师制定教学计划，撰写规范教案，介绍教学方法，探讨课堂教学的艺术与技巧，提高驾驭课堂能力，根据教育教学规律和一般教学常规，提出评价意见和评分。我唯恐评价不准，在填写评估反馈意见表时，把“优点和缺点”栏目改成“主要优点、不足与商榷”，给评价留有余地。

▲ 2015 年 3 月 2 日上午，新学期开学第一天，时任学校教学督导组的副组长陈佳荣（左一）在检查航海学院教学情况时心脏病突发，倒在工作岗位上，因抢救无效，不幸逝世，充分体现了“生命不息，战斗不止”的不懈追求。

在日常教学中尊重教师，把教师当成服务对象，争取机会为他们服务，如：向校院教务部门反映课程安排欠合理；教材缺乏；教学设备陈旧；教室光线太暗等。有时多媒体发生故障，便联系楼管员及时调换教室，找管理员修复；有时教室日光灯管脱钩吊在半空中摇晃，找电工修好；有的教室没有粉笔或黑板擦，替教师去教学楼值班室取用；有时在课间送杯开水给老师喝；夏天有的考场炙热便端水泼洒降温……做的事情很小，但反应不错。

▲ 教学督导组检查教学工作档案

为了改变“知识内存不足”状况，我努力学习，勤跑图书馆，常进阅览室，上网搜索和查阅资料，涉猎有关专业知识。每学期开始，对所负责督导学院的课程都要作进一步了解，向图书馆和老师借来教材，先对内容提要、序、前言、章节编排作一一浏览，再细读绪论，了解该课程的定义(概念)、研究对象、任务和方法、与相关学科的关系，对课程的核心内容和重点章节有一梗概，为后续听课“开窗口”“留接口”。

在评价课堂教学效果时，做好四件事：（1）阅读教学大纲和教学计划，了解本节课的教学目的要求、重点、难点和教学设计。（2）认真听讲，注意观察课堂动态，力争把该节课的主要内容听懂，留下印象，着重领会教师的教学方法，考察教师对学习方法的传授，独立思考和提出问题、解决问题能力的培养。爱因斯坦曾指出：“发展独立思考和独立判断的一般能力，应当始终放在首位，而不应当把获得专业知识放在首位”。注意观察授课教师能否不拘泥于“授一受”的单一教学模式，充分调动学生积极参与教学的热情，勇于发表见解和提出问题。（3）及时反馈，提出要求：美国教育评估研究专家L.D.Stuffobcan 指出“评价最主要的目的不是证明，而是改进”，课堂评估与帮助改进是教学督导的两大要点，前者是手段，后者是目的。在处理课堂评价的期末反馈与即时反馈时，我更重视课后即时反馈，把听课后的心得体会和授课老师平等、友善地交流，保护他们的教学热情，着重其教学个性，没有听懂的地方虚心讨教，提出意见和建议，要求教师每节课后自我反思，做好教学后记，他们对所提的意见都虚心接受，有的教师说：“你提的意见很中肯，好专业啊！”（4）观察后效，激发潜能：有的学者说，教学是一种“留”的艺术，教育 30% 是启发，70% 是等待，我认为有一定的道理。在第一次听完课后，除当面反馈外，通过电话、电子邮件或微信交流，把收集到的学生反映告诉他，下次再听他的课时，着重比较上次存在问题的改进情况，肯定其进步。除一般教学常规按规范要求执行外，鼓励教师在教学上的创新和个性发展，发挥和施展其专业技术技能特长。

我除了向任课老师学习外，也诚心实意向督导组同仁学习。督导组成员来自不同学院、不同专业，学历不同，阅历迥异，有缘走在一起组成“异质共同体”，给督导工作带来一定优势，同仁们在本专业的教学中都有丰富的经验，可以指点和带领其他不同专业成员提高，获得“鲶鱼效应”，使教学评价更科学，更准确。

▲ 教学督导组组长蒋有经（左二）、副组长辛振兴（左三）、副组长陈佳荣（左四）现场检查教学准备工作

调查研究，从实际出发，是做好教学督导工作的基础，学校为使课堂教学效果评价更科学、更合理，改变不分学科一律采用同一评价标准的单一模式，将课程分为理工类、文科类和术科类，分别按不同指标进行评价，委托我起草术科（音乐、体育、美术）评价指标。为了完成任务，我几次到相关学院收集意见，参考温州大学、成都大学等十八所高校相应专业课程课堂教学质量评价指标（内容），初稿拟就后再请各学院领导和教学管理部门提出意见并分发至各教研室讨论，经过反复讨论修改，数易其稿，报教务处审批后实行。从此，学校三大类学科的教学评价有了新的更具针对性的标尺。我不但从中学到许多新知识，也为学校课堂教学效果评估建设做了一件有意义的工作，心中感到欣慰。

教学督导工作涵盖面广，我着重抓课堂教学、教学纪律和期末考场巡查。日常教学规律反映教师的教学责任心和敬业精神，严格遵守学校制定的教学秩序管理条例，是对任课教师的基本要求，我在巡查中发现有的教室没有师生上课，便即刻报教务管理部门查实情况；有的老师上课迟到或提前下课，就提醒他们要听铃声按时上、下课，超过三分钟的便及时记录上报，不徇私情。查课的时段一般在上午第一或最后一节课，下午第一节或最后一节课，节假前一天和后一天更要加强力度；对于“踩点”急忙进教室上课的老师，也温馨提醒要提前进教室候课，做好课前准备，保证按时开讲不误教时。几个学期下来，绝大部分老师都自觉遵守条例，教学纪律执行良好。

期末考试是检查学期的教学成果，也反映学风、教风和校风建设的好坏。我对考场巡查工作格外重视，在两小时考试时间内不停歇到各考场巡查，对违反考纪的不良行为零容忍：有一次发现有一考生请外校“枪手”替考外语，我立即向主考通报核实后将情况上报，该考生和“枪手”都受到处理；又有两次发现学生复习资料中有和试卷完全相同或很小更动并附有答案的复印件，当即写成书面材料，将缴获的原件向教务处汇报。为防患于未然，杜绝考试不良行为的发生，开考前我问监考：“你在宣读《考场规则》时是否复习过《监考须知》?”他们知道话中有话的警醒，不敢懈怠。在严肃工作的同时也不忘活泼，有次巡查到《对外汉语》（外汉）考场时，用诙谐的口吻对监考说：“要认真监考，我是这门课程毕业的。”他先是为之一惊。“但是，我是门外汉专业毕业的，考试课程名称把‘门’字漏掉了。”他们随后便大笑“你好幽默啊”，气氛一下子轻松活跃起来。近年来经过大家的努力，自觉遵守《监考须知》和严格执行《考场规则》，我负责巡查的考场没有出现重大考试违纪现象。

2018 年 9 月 18 日
距离
2018 年 10 月 20 日
集美大学百年校庆
还有 32 天

劳模风采·三尺讲台尽显风采

——福建省“五一”劳动奖章获得者赵玲

作者：林海峰，工会副主席

赵玲留给学生的印象：架着一副眼镜，总是带着微笑，温文尔雅，像一位知心大姐。

2006 年，她从西安电子科技大学应用数学专业硕士毕业，入职集美大学理学院担任教师，至今恰好一轮十二年。

作为一名年轻讲师，她在学院承担本科高等数学、线性代数、概率论与数理统计、数学建模与数学实验等课程教学工作。她很自豪自己是大学教师，从她上第一堂课开始，到后来参加各类教学竞赛，三尺讲台，成为她青春里最闪光耀眼的舞台。

说她是教学竞赛中的一颗明星，一点也不夸张。

2014 年，赵玲首次参加集美大学青年教师教学技能比赛，便脱颖而出，获得理科一等奖。她被推荐参加 2016 年福建省第三届青年教师教学竞赛，获得理科组特等奖。接着，她代表福建省高校青年教师选手，参加在华东师范大学举行的第三届全国高校青年教师教学竞赛决赛，获得理科组二等奖，这也是福建省历年参赛的最好成绩。

在此之前，她还曾经获得首届全国高等学校数学类微课程设计全国一等奖，华东赛区特等奖。不仅自己参赛获奖，她指导学生参加全国大学生数学建模竞赛，曾获国家二等奖 4 项；福建省一等奖 4 项、二等奖 6 项的好成绩。

对赵玲来说，最难忘怀的是全国青年教师的决赛，那次竞赛，共有来自

▲ 赵玲老师指导学生

全国 31 个省（区、市）78 所高校的 93 名选手参加。比赛要求每个选手报名前须完成参赛课程 20 个学时的教学设计和与之相对应的 20 个教学节段的 PPT，进入赛场后再现场抽签决定讲哪一个教学节段。

赵玲坦言“压力非常大”，自始至终不敢有丝毫的懈怠。她也很自信，一分汗水一分收获。赵玲在教学竞赛中的出色表现，正是源于她对教学的严谨认真，一丝不苟。

赵玲常说：上好一堂课并不难，难的是上好每一堂课，上好一门课。

大学高数，一直都是学生觉得很难的科目。如何上好“抽象、枯燥”的数学课，她有着自己的思考和实践。

她说：首先要提高的学生的学习兴趣，我要做的不仅要让学生听懂高数，还要让学生喜欢听。

她精心设计互动案例增强趣味性，有意识地以学生为主体、教师为主导，通过案例教学，运用视频图片等多媒体教学手段，充分调动学生的学习兴趣和积极性，让学生树立对数学学习的自信心。

讲课是一门学问，也是一种艺术，这就是教师职业的魅力，春风化雨，艰辛而愉悦。

2016年，赵玲被评选为厦门市优秀教师，2017年，赵玲荣获福建省“五一”劳动奖章。

▲ 省总工会副主席郭立新（左一）来我校为赵玲老师颁发省“五一劳动奖章”，右一为我校党委副书记、工会主席叶美萍

面对荣誉，她既欣喜也不安。当问及有什么获奖感言时，她淡然一笑，回答：“我觉得这份殊荣，不仅仅属于我一个人，更属于那些常年奋战在集美大学教学一线的老师们和一直在帮助我成长的老师和各级领导。”

赵玲给人的印象，总是那么的低调、谦逊，无论哪一次比赛获得的成绩，她总是忘不了自己的学院，不会忘记自己的数学团队。

微信扫码查看此文

福建省教学名师——高楚兰

作者：潘淑云，教务处质量管理科科长

高楚兰，女，汉族，中共党员，现为集美大学体育学院院长、教授、硕士生导师。国际级武术裁判；2008年奥运会“北京武术比赛”执行裁判；2008至2018年被国际武术联合会聘为“国际级武术晋级考试培训班主讲教师”；参加最新《武术竞赛规则》的修订工作；担任第十五、十六、十七届亚运会武术比赛裁判长；连续四届担任福建省大学生主教练；所带学生获得全国大学生运动会武术比赛女子南拳冠军。连续四次获得福建省“体育教学成果一等奖”，第六、第七批厦门市拔尖人才，“武术专项与理论”省级精品课程负责人，“民族传统体育专业”福建省特色专业建设点负责人，2010年被评为“福建省第六届高等学校教学名师”，2014、2016年分别担任世界太极拳锦标赛裁判长，2016年担任世界杯总裁判长，2017年担任亚洲青少年武术锦标赛总裁判长，为中华传统武术的全球推广做出贡献。

▲ 高楚兰

作为集美大学民族传统体育专业学科带头人，指导和帮助中青年教师不断提高授课水平，重视教学队伍建设，鼓励青年教师进一步深造，为每个青年教师配备一名高级职称的教师，确定相应的责任与义务；要求青年教师参加体育社会科学特别是民族传统体育的研究与实践，在实践中提高自身素质与研究能力；为青年教师提供参加各种学术交流活动的时间和经费，在国内外的学术交流中汲取营养，开阔学术视野，提高水平；聘请国内外著名专家学者来校讲学、举办短期培训，提高全体教师的知识水平与教学研究能力；输送部分有潜力的青年骨干到国内著名学府进行高一级的学历教育，提高学历层次。

近年，体育学院武术教研室引进1名博士，有8位教师获得硕士学位，4位教师成为国际裁判，5位教师成为国家级裁判，引进世界武术冠军、武术专业硕士等担任民族传统体育专业教师，形成结构合理的教学梯队、教师在本专业领域具备高水平的教师队伍，对提高教学训练效果，培养学生获得优异运动成绩做出重要贡献。通过自身的不断努力，专业能力在国内及国际得到认可。2010、2012年担任世界青少年武术比赛裁判长；在第七、八、九届全国大学生运动会武术比赛中担任福建省大学生武术队主教练，连续三届夺得全国大学生运动会武术比赛南拳冠军，为福建省大学生在全国大学生运动会上实现了金牌零的突破。

在教学改革方面，参考国内外高校民族传统教育相关经验，依本专业特点及当前就业趋向，对民族传统体育专业的教学计划、教学内容以及培养方式等方面进行进一步的研究与修订。同时，注重学生综合素质的培养。组织学生进行各类教学实习、竞赛组织、团体操武术表演、对外武术教学交流等，使学生在技术水平、组织教学的能力方面有显著成效。近年多次组织指导1000余位菲律宾华人中小学生回祖国学习文化团体的教学工作，为学生教学实践提供良好机会。同时，组织学生参加各类比赛，参加竞赛的组织与裁判工作，先后为国、内外来宾进行近百场次的武术表演，拓宽了学生的视野，提高了学生的技术水平与实践水平。除此之外，依托于优秀的师资队伍，开展广泛国内外的专业交流活动。先后组织并接待了新加坡、台湾、日本、韩国、美国、加拿大、菲律宾等国家和地区的武术团体和专家来我院进行访问和交流。2011、2012年分别在集美大学成功举办“全国大学生武术锦标赛”和“ 全国武术套路锦标赛（太极拳）”，来自全国49所高校和28个省市武术代表队（其中包括40多名世界冠军、全国冠军）参加比赛。为本校民族体育专业在全国高校和东南沿海地区拥有较广泛影响做出贡献。

▲ 高楚兰在德国教学

名师寄语 ——高楚兰

“爱”是工作的动力、创新的源泉

爱学生，引导学生德、智、体、美全面发展，成为社会主义事业的接班人与建设者，教师要为人师表，必须严于律己，要做好表率作用，教师的一言一行都潜移默化的影响着学生。爱学生，需要诚心与尊重，友善的态度是教育的真正动力，只有用真心和爱心对待每一位学生，才能引导学生积极向上，热爱和善待学生不仅表现为关心他们的生活和学习，也表现在听取学生的不同见解和意见。教育既是科学也是艺术，只有真诚爱学生，才有不断创新的教育方法，能使平常教学升华到艺术的境地。

爱专业，热爱自已从事的事业，才能有不断更新知识提高技能的动力，武术是技术，不仅要讲解，还要亲自示范，艺无止境，岁月流失仍保持武术演练韵味不减，来自日积月累，来自对中国传统武术真诚的喜爱。在武术技术教学上，身教重于言传。爱专业，始终要有危机感，现代知识更新快，技术进步迅速，要不断丰富自己，刻苦钻研，要做到爱岗敬业，只有不断学习新知识充实自己，才能使自己的教学真正成为艺术。

新校区建设债务得到根本性化解

作者：邱吉福，财务处处长

2009年以来，学校面临发展和民生双重压力和困难，尤其是学校新校区建设债务压力沉重。学校充分利用政府化债政策，积极争取政府重点支持，努力筹措资金偿还银行债务，帮助学校发展轻装上阵。

▲ 2012年8月22日下午，《福建省人民政府、厦门市人民政府共建共管集美大学协议书》签字仪式在集美大学举行

2010年11月，《财政部教育部关于减轻地方高校债务负担化解高校债务风险的意见》（财教〔2010〕568号）提出“切实减轻地方高校债务负担，化解财务风险，促进地方高校健康发展”，实施相应奖补政策。从2012年开始，

全国教育经费突破 GDP 的 4%，教育经费总量增加为解决高校债务提供有利条件。福建省高度重视高校化债工作，积极建立 2011—2012 年省属高校化债奖励补助机制，引导省属高校化解债务风险。福建省提出，到 2012 年年底，使高校债务下降至合理负担。

▲ 时任省委常委、厦门市委书记于伟国和省委常委、副省长陈桦出席签字仪式

在集美大学发展面临困难的时候，省市政府给予特殊关心和关怀。2012 年 8 月 22 日下午，《福建省人民政府、厦门市人民政府共建共管集美大学协议书》签字仪式在集美大学举行，时任省委常委、厦门市委书记于伟国同志和省委常委、副省长陈桦同志出席签字仪式并见证集美大学这一重要历史时刻。根据共建共管协议，省市加大财政支持力度以及争取中央财政奖补资金，共同帮助集美大学化解银行贷款债务，共同筹集 6 亿元支持学校化解债务，连同学校领导努力，通过各种渠道化解 2 亿多债务，截至 2016 年，学校共化债 8 亿多元。学校债务得到根本性解决，教职工福利也得到不断改善。

从 2014 年起，连续三年到校科研经费超过 1 亿元，省部级及以上平台达 11 个；交通部和福建省各支持 8000 万元支持学校建造 6.4 万吨级航海实习船“育德”轮，解决了航海类学生上船实习问题，学生宿舍全部安装空调。学校还从国家文物局、集美区政府、集美校委会等争取嘉庚建筑修缮经费 1 亿多元，推进嘉庚建筑修缮工作顺利进行。学校通过多方争取资金来源，有力推进学校事业发展。

▲ 福建省委书记于伟国 2012 年时任省委常委、厦门市委书记在签字仪式上发表讲话

▲ 省委常委、副省长陈桦同志在签字仪式上发表讲话

微信扫码查看此文

2018 年 9 月 21 日
距离
2018 年 10 月 20 日
集美大学百年校庆
还有 29 天

引育并举大力实施人才强校战略

作者：陈萌，人事处副处长

人才队伍建设是实施“人才强校”战略，实现学校事业发展目标的根本保证。校党委、校行政高度重视人才队伍建设，学校人才队伍建设工作紧密围绕学校战略定位和发展目标，牢固树立人才资源是第一资源、人才优势是最大优势、人才竞争力是最核心竞争力的理念，大力实施人才强校战略，引进与培养并举，以全面提高教师队伍整体素质为中心，以培育学科带头人和骨干教师为重点，以引进和培养高层次人才为突破口，实施了一系列人才队伍建设工程，形成结构合理、与学校定位相适应的师资队伍，为学校事业发展提供人才支撑。

▲ 我校召开 2017 年务虚会，会议主题为“加强队伍建设，推动学校发展”

截至 2018 年 8 月，学校专任教师 1349 人，其中，教授 186 人，副教授 539 人，副高级以上职称的教师占专任教师数量的 53.7%；具有博士学位的教师 464 名，占专任教师总数的 34.4%；具有 6 个月以上海外学习工作经历的教师 351 名，占专任教师总数的 26%。现有双聘院士 2 人，国家引进海外高层次人才人选 1 人，国家“百千万人才工程”人选 1 人、享受国务院政府特殊津贴专家 39 人；省引进海外高层次人才人选、省科技创新领军人才、省哲学社会科学领军人才、省企事业人才高地领军人才、省杰出科技人才、省优秀人才、省青年科技奖获得者、省高等学校教学名师、闽江学者奖励计划人选、省“百千万人才工程”人选等 145 人；国家级教学团队 1 个、省人才高地 1 个、省高校创新团队 5 个、省引进海外高层次创新人才预备团队 1 个、省级教学团队 7 个、博士后科研流动站 1 个。

围绕学科建设目标，加强高层次人才队伍和创新团队建设。根据学科布局和学科发展，加强人才队伍建设的统筹，明确不同学科引进人才目标任务、重点领域和优先次序，采取有针对性的政策支持和资源配置，分类施策，精准引进。具有博士学位授予权学科和博士点培育学科重点引进高端人才和高层次学术团队；具有硕士学位授予权和硕士点培育学科重点引进学科方向带头人和学术骨干。根据专业建设和专业调整改造的需要，大力引进海内外高水平大学和科研院所的优秀博士和博士后出站人员，加强和充实人才队伍，适应优势特色专业、新增专业、应用型专业群建设和专业调整改造等需要。

▲ 2017 年我校召开人才工作推进会

完善引进高层次人才工作机制和优惠政策。通过破格聘任、契约管理、年薪制协议工资等方式，开辟专门渠道，简化引才流程，分类施策，实现精准引进。通过提高引进高层次人才的科研启动金、安家费和购房补贴，提供一定年限的免租金过渡房，加大高层次人才引进的优惠力度。经过多年来的积极争取，我校引进人才于 2018 年享受厦门市保障性商品房政策等，有力推进引进高层次人才工作。

学校预留部分编制和高级专业技术职务岗位，用于高层次人才的引进和专业技术职务聘任，引进的高层次人才三年不占学院的编制和高级专业技术职务岗位。建立高层次人才专业技术职务聘任快速通道，增设引进高层次人才专业技术职务直聘资格认定环节，具备直聘资格的，按照简易程序办理。建立人才优先发展服务保障机制，为引进高层次人才提供全程、全方位服务。2009 年 9 月以来，共引进专任教师 184 人，其中具有博士学位的教师 123 人。

▲ 学校引进的国家海外高层次人才叶秋波教授（前排右二）指导青年学生

积极探索新的培养方式，构建定位明确、层次清晰、衔接紧密、促进高层次人才队伍可持续发展的人才培养支持体系。通过设置科研特聘岗位和人才特聘岗位，造就学术造诣高深、对本学科建设具有创新性构想和战略性思维、善于培养青年人才并注重学术梯队建设的学科带头人。2014 年人才特聘岗位设置以来，共 12 位教师入选人才特聘岗位，享受每人每年 20 万元人才特聘

岗位津贴，享受期限三年。实施青年拔尖人才支持计划，用5年时间，从校内外选拔、培养100名左右品德优秀、学术上崭露头角、创新能力强、发展潜力大的青年拔尖人才，使之成长为我校所在学科领军人才，积蓄学科发展后劲。推进创新团队建设，培养和建设一批人才结构合理、业务水平较高、学术思想活跃、发展态势良好的创新团队和优秀群体，学校现有福建省高校创新团队5个。

建设教师发展平台。2014年学校获批设立水产学博士后流动站，学校加强博士后流动站建设，完善博士后薪酬保障和业绩考核机制，做好服务工作，吸引更多优秀博士毕业生进站工作，支持在站博士后潜心科研，获得高水平的成果。2016年，学校水产学科通过审批成为福建省首批“企事业人才高地”。

以职业生涯发展规划为导向，以不同师资类型为培养方向，构建分类分层次青年教师培养体系。发挥教师发展中心的作用，加强教师培训和专业化培养力度，提升青年教师的思想政治素质和业务能力。实施新入职教师岗前培训制度，对新教师开展入职培训，培训内容主要有嘉庚精神与学校历史文化，职业道德规范，教学理念及教学技能，现代教育技术在教学中的应用和专题讲座、教学示范课、参观陈嘉庚纪念馆等。推行青年教师导师制度，为青年教师配备思想作风正派、治学严谨、有较丰富的教学科研经验的指导导师，对青年教师的教学理念、方法、技能及职业规划等方面给予指导，构建老中青相结合、传帮带一体化的梯队建设体系，充分发挥教学名师和优秀教师的示范、帮扶和引领作用。鼓励青年教师尽快定位研究方向，融入学科专业团队，形成人才+项目+团队的青年教师一体化的培养模式。

实施青年教师学位提升工程。发挥政策导向、机制引领作用，支持和鼓励青年教师到海内外重点高校、科研机构攻读博士学位或本学科最高学位。为考取攻读博士学位人事关系需转出的教师保留职位，对教师在规定的学习年限内取得博士学位的给予6万元奖励和2万～5万元的科研经费资助。人事关系转出的教师，另行按三年国家工资标准发放安家费。2020年起，1976年1月1日以后出生的未取得博士学位或本学科最高学位的青年教师，不具备竞聘教师高级职务资格，增强青年教师攻读博士学位的积极性和主动性。2011年实施青年教师学位提高工程以来，共128教师攻读博士学位，已有55位教师取得博士学位。通过培养和引进，具有博士学位教师占专任教师数的比例从2010年的8.5%提高到34.4%。

实施“青年教师海外研修工程”。利用国家、福建省海外访学资助项目和学校青年教师海外研修工程项目，每年资助一定数量的优秀青年教师到海外知名高校和学术研究机构培训、访学、攻读博士学位，追踪学科发展前沿知识，提高学术水平和教育教学能力。加强教师英语培训工作，使更多教师的英语水平达到国家与福建省资助派出的条件，获得更多的资助机会。2009年以来，学校共选派187位教师赴海外访学。通过培养和引进，具有6个月以上海外学习工作经历的教师占专任教师数的比例从2008年的5.5%提高到26%。

夯实学科带头人和骨干教师后备梯队建设。依托福建省高等学校新世纪优秀人才支持计划、福建省高等学校杰出青年科研人才培育计划等项目，通过实施学校青年拔尖人才支持计划，加大对青年教师的培育力度，培养青年优秀人才。从国际化培养、参与重大科研项目研究和重要学术活动、教学实践等方面完善综合支持体系，对具有发展潜力的优秀青年教师进行重点培养扶持，促使青年教师迅速成长、脱颖而出，成为学科带头人和骨干教师的后备力量，培育学科后发优势。学校共有38位青年教师入选福建省高等学校新世纪优秀人才支持计划、46位青年教师入选福建省高等学校杰出青年科研人才培育计划。

实施优秀教师选优和择优高聘专业技术职务工作，优化教师成长环境。学校每年在高级专业技术职务高聘工作中设置一定数量岗位用于优秀教师选优和择优高聘专业技术职务，引导教师潜心教学科研，完善师德为先、教学为重、科研为基的考核评价机制。这项工作实施以来，73位教师通过选优或择优高聘专业技术职务工作机制晋升高级专业技术职务，有效地促进了教师的发展。

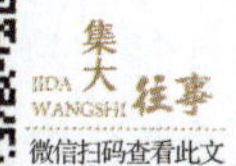

劳模风采·潜心科研 逐梦未来

——厦门市劳动模范蔡慧农

作者：林海峰，工会副主席

“如果让我重新高考填报志愿，我还会选择生物学。”

蔡慧农教授说得很坚决，因为这是他一生孜孜以求、追逐梦想的事业。

他从1978年考取厦门大学生物学系微生物学专业开始，便与“生物学”结下不解之缘。研究生时，他选择发酵工程系工业发酵专业，毕业后进入厦门水产学院食品工程系任教师，直到后来从集美大学生物工程学院的教授岗位退休，几十年时间，都在从事生物工程专业的教学与科研工作。

▲ 蔡慧农劳模创新工作室授牌

蔡慧农是集美大学科研特聘岗教授，食品发酵工程学科带头人，先后担任食品与生物工程学院院长，学院党委书记。同时，他也是厦门市拔尖人才，享受政府特殊津贴专家，兼任福建省食品微生物与酶工程重点实验室主任、厦门南方海洋研究中心“经济海藻资源化利用与深加工重点实验室”负责人、厦门市食品生物工程技术研究中心主任。

2011 年 5 月，蔡慧农获厦门市政府授予的“厦门市劳动模范”荣誉称号。

生物工程学院教学大楼内，有一个由厦门市总工会授牌、以蔡慧农名字命名的“蔡慧农劳模创新工作室”，在这里，他带领着一支朝气蓬勃的科研团队，长期以来，以严谨的作风，充分运用现代生物学技术和化学工程原理开展创新研究和技术服务，取得丰硕的成果。

许多跟蔡慧农接触过的同事认为他谦和、宽容、平易近人、不事张扬，总是给人很舒服的感觉。他担任学院行政领导工作后，教学、科研与行政事务集于一身，担子更重，工作繁杂，他却从不懈怠，始终没有离开过自己热爱的讲台和实验室。

▲ 蔡慧农教授科研团队

蔡慧农拥有几十年的教学科研经历，他常常思考，高校具有科研优势，应该通过搭建与地方经济发展对接的平台，开辟一条高校服务地方经济发展的有效途径。他说：我所追求的，就是能使自己的科研成果在实际应用中发挥更大的作用。

近年来，蔡慧农和他的团队，专门致力于蜜柚果汁脱苦酶的发酵生产与蜜柚综合加工利用产业化技术、天然虾青素的发酵生产及其产业化应用、海藻胶提取与加工专用酶的发酵生产、经济海藻深加工与应用技术等方面的研究。

他的每一项研究课题，都与社会生产密切相关。

平和蜜柚是漳州的地方名果，至今已有 500 多年的栽培历史，早在清乾

隆年间就被列为朝廷贡品。它味道酸甜，营养成分丰富。

但是因为种植量大，出现市场滞销，只能依靠罐头等产品加工贮存和销售。

一次偶然机会，蔡慧农从当地的一位朋友处获悉，他们想将蜜柚制成饮料，然而，直接榨成果汁后却夹杂着浓涩的苦味，难以入口。

蔡慧农从中受到启发，如果能将蜜柚加工成果汁，无疑可以为蜜柚的加工利用提供一条有效的途径。蜜柚与其他水果不同，在深加工时，柚子中的一些物质会转化为苦味物质，产生浓重的苦味。首先必须解决"脱苦"难题。

从此，蔡慧农率领他的团队，开始了蜜柚的脱苦研究。经过多年努力，蔡慧农教授主持蜜柚果汁脱苦酶发酵生产技术与蜜柚综合加工利用技术研究，取得突破性进展，他们利用现代酶工程技术，成功解决"蜜柚脱苦"的关键技术问题。他们的研究成果，为柚子资源的加工利用提供了一条有效的解决途径，得到社会和企业的广泛认可。蔡慧农不无自豪地说："以后在市面上，市民将能购买到蜜柚果汁饮料和无苦味的蜜柚原果汁了。"

2017年11月18日，由农业部、国台办、国家林业局、中国贸促会、中国食品工业协会和福建省人民政府共同主办的第九届海峡两岸现代农业博览会暨第十九届海峡两岸花卉博览会在漳州花博园举行，集美大学与平和县人民政府签订"平和县人民政府—集美大学科研协作框架性协议"，蔡慧农教授的"琯溪蜜柚 NFC 果汁加工关键技术"与福建国农农业发展有限公司签订项目研究合作协议。

该项目被国家教育部科技发展中心和漳州市人民政府联合纳入"漳州市'蓝火计划'产学研优秀项目"。

一生笃志于学，潜心于研，退休之后，蔡慧农教授闲不住，他时常回到学院实验室，继续发挥自己的"生物学"余热。在他的影响下，他的女儿、侄儿都先后毫不犹豫地选择生物工程专业。

这不仅是一项事业的传承，更是高校科技工作者的精神传承，生动地诠释了新时期劳模的时代内涵。

2018 年 9 月 23 日
距离
2018 年 10 月 20 日
集美大学百年校庆
还有 27 天

集美大学辉煌发展中的一朵浪花

——继续教育学院（原成人教育学院、船员培训中心）牢记使命培养实用人才

作者：朱光钛、蔡苗，继续教育学院

1996 年 5 月，集美大学成人教育学院正式由福建省教育委员会批准挂牌成立。二十几年过去了，学院的发展在集大百年校史中也许只是平凡普通的一段时光，但也是集大辉煌发展中的一朵浪花。

▲ 继续教育学院 2018 届电商、财务、市营、工商（专科段）毕业生合影

追溯源头，集美大学合并前的组成部分中，厦门水产学院是隶属于农业部的本科学院。但很多人却并不清楚，集大还有一个机构与农业部息息相关，那就是中央农业管理干部学院厦门水产学院分院。管理干部分院在特定的历史时期，履行它的使命，对干部在职素质能力的提高起到重要作用，培养了大量杰出人才。原农业部、全国部分农口高校和科研单位的许多人员都在这个学院

培训过，回到原单位后得到很好的发展，相当一部分人担任了领导干部或成为科研骨干。

▲ 全国高等农业成人（继续）教育院（处）长高级研修班合影

1999 年 5 月，农业部人事劳动司农（人编）〔1999〕25 号《关于中央农业管理干部学院部分分院更名的批复》，同意：中央农业管理干部学院厦门水产分院更名为中央农业管理干部学院集美大学水产分院。事实上，集美大学合并后，伴随管理体制和机构规格的变动，管理干部分院是唯一直接与农业部联系的纽带。这个部门几经更名，现为中央农业干部教育培训中心集美大学分院，一直与成人（继续）教育学院合署办公，历任的最高行政领导都由时任校长兼任。

1999 年，随着集美大学的实质性合并，部属高校改为省属高校，集美大学招收的第一批成人高等教育全日制大专的计划指标就是由农业部的指标转来划拨给福建省教育厅的。那几十个宝贵的招生计划指标，犹如星火燎原的种子，带动了成人教育学院之后十余年的招生、办学。2005 年前后，学院进入快速发展期，招生规模连续几年，每年递增千余人。随之而来的是经济效益与社会效益的双丰收，与学校普通教育相辅相成，形成双腿走路的和谐办学格局。

随着集美大学的实质性合并，我校成人高等教育逐步改变以往层次低、规模小、办学形式单一的状况，全面依托学校雄厚的师资力量和先进的科研、仪器设备等，充分发挥多科性综合大学的整体优势，为实现跨越式的发展提供了坚实基础。1999 年 8 月，学院举行成人高等教育 6 个专业专升本的论证会，经专家论证获通过，上报省教育厅被批准。同年，自学考试也首次实现本科专业主考。本科层次实现“零”的突破，改变了我校成人高等教育只有专科的历史。

21 世纪初期开始，集美大学成人高等教育办学红红火火，生机勃勃。教学质量获得社会的普遍认可，取得良好的信誉，逐渐扩大学院的社会影响力和知名度，初步创立集美大学成人教育学院的教育品牌。2004 年，学院被中国成人教育协会评为“成人教育先进单位”；2007 年，学院被全国高等教育自学考试指导委员会评为“全国高等教育自学考试先进单位”；集美大学首届校运会中学院拿了全校团体总分第一名。

成人教育学院为社会培养了不少人才，时至今日，仍然陆续有校友来学院开具各种证明或补办档案材料。因为学习性质等各种原因，不是所有在成人（继续）教育学院学习过的学生都有毕业证等学历证明，但只要在这里学习、培训过，就是一种经历，浸染了嘉庚精神，受到“诚毅”校训的洗礼，影响终生。

在校党委、校行政的正确领导下，经历了打基础、拓规模、上档次的发展过程，从几乎一无所有到卓有成效、蒸蒸日上。近十年来，学院始终坚持抓教学质量和学生素质的提高，在教学质量方面严抓考风考纪，学院严格的考风考纪，在福建省内是出了名的，这反过来又督促学生重视学习；在学生素质提高工作中以“学会学习、学会做人、学会做事，提高素质”为主线，开展大量的教育、谈心、引导和学生课外活动工作，让每个学生以宿舍为“家”，以课堂为“班”，以同学为“友”，以活动为“平台”，以老师为“榜样”，锻炼自己，提高自己，砥砺自己。学会如何成长，如何发展，如何成事。

据不完全统计，学院开办至今培养各类学生近两万人，他们当中做出大事业的人可能为数不多，但大多数同学走到社会上都能找到自己满意的工作，能够在社会的不同层面发挥作用。从各地校友反馈的信息知道，毕业的校友中有自己创业的，有在国家单位工作的，有在基层当村官的，有行政机关公务员、警察、村干部、总经理、部门经理、职员等，各行各业工作的校友都有。校友们借助集美大学的平台为事业起点，努力进步，奋发有为，为社会做出了应有的贡献！

在近两万名校友中择其点滴折射出学院培养实用人才在社会发展中的作为：

01 级航海技术本科班毕业的胡从池校友，毕业后上过船，现任交通部水运科学院厦门华洋海事有限公司总经理。从池校友关注母校，时刻不忘“诚毅”校训，热心组织同学为母校做力所能及的事，关心母校百年校庆，组织捐赠，组织活动！

04 级计科班刘良昌校友，毕业后先后从事过电商、建筑、工程监理等工作，2016 年进入北京、河北、辽宁、云南等地从事石油化工行业，加盟中国石油、中国石化、中国能源等企业。在知道母校百年校庆时，主动表示感恩母校培养，要积极回报母校。

10 级电商班蔡志宏校友毕业后到云南创业，现任蒙自滇南大商汇总经理，志宏校友热爱母校，毕业刚出校门就为母校捐款 5000 元植树，在母校百年校庆之际又联系校友发起为母校百年校庆奉献爱心并慷慨捐款。

11 级电商班丁永强校友毕业后继承家族产业，现负责“晋江金献织造有限公司”的业务，产品以织造业为主，公司实力雄厚，产品出口 32 个国家和地区。永强校友热爱母校，积极为母校做贡献！

11 级人力班郑守荣校友现任福建自贸试验区厦门片区郑氏水产有限公司总经理，不久前还为学校捐款。他说，捐，是发自内心的感恩，是“嘉庚精神”的向导，“嘉庚精神”深植我心，即使我穷困潦倒，我也会挤出一些（作）捐款。郑守荣是学院校友中第一个在母校百年校庆之时第一时间捐款超过 2000 元的学生，他说他还要继续捐。

12 级销售班吴炜俊校友毕业后自主创业，现任泉州街头巷尾餐饮管理有限公司总经理，业务延伸到安溪、昆明等地，创造自主品牌“吴鼎记养生锅”声名远扬。炜俊校友热爱母校，无忘母校的培养，在母校百年校庆之际积极联络校友，与泉州校友发起捐赠祝贺母校生日！

15 级工商专升本学生张明珍 2017 年上半年一毕业即投身到创业中，虽然家在陕西，却在泉州创业成立“珍好晚礼服服装商行”，现为 Grace 国际奢华晚装泉州区总店董事长并成为形象品牌代言人，目前在全国有18家分店。张明珍乐善好施，在母校百年校庆之际主动捐赠以表达爱心。

09级网络杨文兴（莆田天兔贸易公司总经理）、12级市营张泽扬（厦门优科达润滑油有限公司总经理）、12级人力李锦松（福建省微信食品有限公司总经理）、11级采购吴国伟（村党支书、南平市舒蔓贸易公司总经理）、10级电商李必生（漳州鹭乡亲食品有限公司总经理）等校友都自主创业，有自己的公司和主营业务，有很好的经济效益。他们主动响应学院号召，分别担任莆田、泉州、福州、南平、漳州等地的校友召集人（副会长），在母校百年校庆之际积极组织校友活动并为母校献爱心！

还有许多优秀的校友，如黄洲萍（02会计，厦门胜兴龙进出口有限公司财务总监）、宋阿茹（04计科，中国银行厦门某支行行长）、姚华山（09软件，凯天国际集团）、陈凤（10采购，福建七彩世家装饰工程有限公司总经理）、欧子翔（11电商，漳州芗城昌盛家具有限公司总经理）、陈文水（12市营）、吴荣峰（12市营，泉州炬星金属制品工贸有限公司总经理）、黄逸楠（12电商，艾曼电子科技有限公司副总经理）、庄阿海（12电商）、陈志贵（13财务）、王振林（12市营）。他们在自己的岗位上勤勤恳恳、开拓创新、勇于拼搏，用自己的智慧和肯干创造财富，服务社会，也热心关注母校，为母校的建设与发展尽力。

继续教育学院在新时代响应党中央和习近平总书记的号召，坚持“助你成才，服务社会”的办学理念，办好继续教育，培养更多人才！

福建省教学名师——刘菊东

作者：潘淑云，教务处质量管理科科长

我校刘菊东博士、教授，2009 年获福建省第五届高等学校教学名师奖 。福建省高等学校教学名师奖是根据《教育部 财政部关于实施高等学校本科教学质量与教学改革工程的意见》（教高〔2007〕1 号）文件精神，为表彰在教学和人才培养领域做出突出贡献的教师而组织开展的。评选从教师风范与教学经历、授课情况与教学水平、教学梯队建设与贡献、科学研究与学术水平、外语水平等五个大指标来考量。

▲ 刘菊东教授（右二）

刘菊东教授1985年7月毕业于西安交通大学机械制造工艺设备及自动化专业，同年分配到原厦门水产学院渔业机械系（现集美大学机械与能源工程学院）任教。长期承担本科教学任务，先后主讲“金属切削原理与刀具”“金属切削机床”“机械制造技术基础”“数控技术”“机械制造装备设计”等本科课程，并承担生产实习、课程设计、毕业实习、毕业设计（论文）等实践教学任务。2008年起，担任集美大学硕士研究生导师，主讲”切削磨削理论”等研究生课程。从事高等教育33年来，遵纪守法，爱岗敬业，关心集体、乐于助人、团结协作，积极肯干、责任心强。

▲ 刘菊东教授给学生上课

教风端正，注重创新，对待教学始终坚持“每课必备、每课必新”的原则。努力提高课程建设水平和教学质量，主讲的“机械制造技术基础””机械制造装备设计”等课程获批校级精品课程；认真指导学生课外科技活动，促进学生自主创新兴趣和能力的培养，负责指导的多项大学生创新创业训练计划项目获国家级、省级立项；积极主持或参与学校工程训练中心以及机械设计制造及其自动化专业、学科、教学团队和机械工程一级学科硕士授权点建设工作，为省级实验教学示范中心、省级第一类特色专业、省级服务产业特色专业、省级人才培养模式创新实验区、省级教学团队、机械工程一级学科硕士学位授权点的

建设做出贡献。同时，积极开展实践教学改革研究，努力推进实践教学模式、内容、方法、手段的改革与创新，主持或参加完成多项国家级、省级教改项目。2009 年获第六届福建省高等教育教学成果二等奖（排名第一）、福建省第五届高等学校教学名师奖，入选集美大学第一层次优秀青年骨干教师。

诚信育人，为人师表，关爱学生；对待学生态度和蔼，尊重学生人格；在教学上对学生高度负责，充分调动学生的学习积极性与主动性，努力引导学生成才，教学效果优良。他的师德师风得到学生的肯定，也赢得广大学生的信任和尊敬。多次获得集友陈嘉庚教育基金会奖教金和南顺奖教金。

治学严谨，成果丰硕，刘菊东教授长期从事高效精密加工技术、机械制造装备设计及金属材料表面改性等技术领域的研究工作。针对磨削加工、表面淬火等机械制造过程中存在的效率低、自动化程度差、成本高以及环境污染等突出问题，以高效、节能和洁净加工为主要目标，在国内率先开展磨削加工与表面淬火集成制造新技术的研究，取得系列创新成果。先后主持或参与完成国家“863”重大专项子课题、国家自然科学基金、福建省自然科学基金、厦门市科技创新资金等项目近 20 项。在国内外学术期刊发表论文 70 余篇，其中 SCI、EI、ISTP 检索近 40 篇；获得授权发明专利 10 余件，出版学术专著 1 部。2007 年获江苏省优秀博士学位论文奖，2011 年获福建省科技进步二等奖 1 项，2014 年获福建省专利奖三等奖 1 项。

▲ 刘菊东教授做实验

刘菊东说，教师是个神圣的职业，培养学生是教师的天职。作为一名高校教师，不仅要有广博的知识，还要有丰富的教学经历、教学经验和教学实践，以及创新的教学改革、灵活的教学手段和深入的教学研究；同时要把教学与科研有机结合起来，把教学内容引伸到学科的前沿，把研究成果丰富到教学内容之中。给学生一杯水，自己要有一桶水，学高才能为师，才能“传道、授业、解惑”。

求真务实，严谨治学，热爱教学，关爱学生，是教师的职责。作为一名高校教师，不仅要有良好的师德、个人素养和人格魅力，还要敬业奉献、宽以待人。只有严以律己，规范自己的行为，身正才能为范，才能“为人师表”。

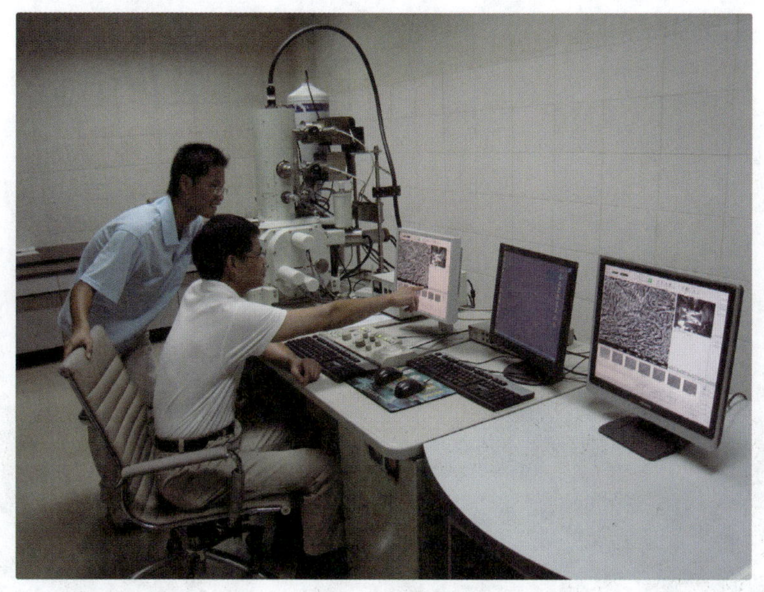

▲ 刘菊东教授给学生上课

集美大学第三次党代会

作者：黄煜，学校办公室副主任

2015年7月2日上午，倍受广大师生瞩目的中国共产党集美大学第三次代表大会在我校尚大楼105报告厅隆重开幕。

▲ 集美大学第三次党代会隆重开幕

第二次党代会以来，在省委的正确领导下，校党委牢牢把握社会主义办学方向，抓住重大机遇，带领全体共产党员和师生员工，奋力拼搏，真抓实干，各项事业得到较快发展，圆满完成第二次党代会提出的目标任务。尤其是通过广大师生的共同努力，学校取得一系列突破性成绩：以优秀成绩通过本科教学工作水平评估、完成新校区建设、跻身本科第一批次招生、成为博士学位授予单位、拥有国家和省部级科研平台、银行债务得到根本性化解等，显著提升了学校的整体实力和办学水平，学校呈现强劲的发展态势。第三次党代会，是在我校深入贯彻落实党的十八大精神、全面落实从严治党之际召开的，也是在我校大力推进内涵建设、谋划“十三五”事业发展的关键时期召开的一次重要会议。

在这次大会上，校党委书记辜芳昭同志代表中共集美大学第二届委员会向大会作题为“坚持内涵发展、特色发展、和谐发展，为建设有特色、高水平、国内知名的大学而奋斗”的报告，全面回顾和总结了学校第二次党代会以来取得的成绩和经验体会，提出今后五年学校工作的总体要求和奋斗目标，对学校事业发展和党的建设、思想政治工作作出全面部署。

▲ 校党委书记辜芳昭作党委工作报告

大会选举产生中国共产党集美大学第三届委员会、中国共产党集美大学第三届纪律检查委员会。在随后召开的校党委三届一次全会上，选举产生新一届党委常委，通过纪委三届一次全会的选举结果。辜芳昭同志当选为校党委书记，叶美萍同志当选为校党委副书记，童建福同志当选为校纪委书记，庄惠龙同志当选为校纪委副书记。

第三次党代会确定我校今后一段时期的发展蓝图：坚持内涵发展、特色发展、和谐发展，加快建设有特色、高水平、国内知名的大学，为实现国家战略和服务地方经济社会发展做出更大贡献。为实现这一宏伟目标，大会提出“两步走”的构想：第一步，从现在到“十三五”末，稳固提高学校在福建省重点建设高校中的位置，展现有特色、高水平、国内知名大学的各项内在指标全面提升，为实现宏伟目标奠定坚实的基础。第二步，再用十年左右的时间，到 2030 年，在全国同类高校中实力显著提升，在省重点建设高校中优势更加明显，特色更加突出，若干学科达到国内一流水平。

▲ 新当选的校党委委员合影

大会号召全校各级党组织和全体共产党员，高举中国特色社会主义旗帜，深刻认识学校所面临的形势，深刻领会所肩负的使命，深刻把握重大机遇和挑战，充分发挥领导核心、战斗堡垒和先锋模范作用，齐心协力，开拓进取，团结带领广大师生员工为集美大学更加美好的明天努力奋斗！

▲ 中国共产党集美大学第三次代表大会胜利闭幕

微信扫码查看此文

2018年 9月26日
距离
2018年10月20日
集美大学百年校庆
还有 24 天

文明创建 永远在路上

——我校第一届省级文明校园创建工作纪实

作者：义家波，宣传部校园文化建设科副科长

2018年7月18日，是学校值得纪念的一天。这一天，全省精神文明建设工作暨先进命名表彰大会在福州召开。会上表彰了2015—2017年度省级文明城市、文明村镇、文明单位、文明校园、文明社区、文明家庭和第五届省级道德模范，我校名列其中，荣获“福建省第一届文明校园”称号，为学校百年华诞添上浓墨重彩的一笔。

▲ 郑传芳、辜芳昭、李清彪共同为马克思主义学院揭牌

我校于2015年开始新一轮省级文明校园创建工作。12月3日，召开创建第十三届省级文明学校（即福建省第一届文明校园）动员大会。会议强调创建省级文明校园是全面贯彻党的教育方针、优化育人环境、推进学校内涵式发展的有效载体，是推动高素质人才培养工作和学校改革发展的强大动力。要以新一轮文明校园的创建工作为契机，以文明创建为各项工作的总抓手，进一步

提高学校办学水平，以饱满的热情和高度负责的态度，夯实创建基础，着力在巩固成果、提高水平、拓展深化、增强实效上下功夫，不断把创建工作引向深入，推动学校各项工作新发展。正是有这样的战略定位和坚定决心，全面发动、全员参与、全力争创新一轮省级文明校园的战役全面打响。

学校成立创建省级文明校园领导小组，实行党政双组长制，由校党委书记和校长任组长，这为创建工作的顺利开展奠定组织和领导基础。学校将文明校园创建工作列入学校年度工作计划，分年度提出实施意见和创建工作要点；定期召开全校性工作会议，对各学院、各部门创建工作进行专门部署；坚持“党委统一领导、党政齐抓共管、各单位各负其责、师生积极参与”的领导体制和工作体制，发挥民主党派和群团组织的作用，营造齐抓共管长效机制。此外，学校每年拨款 100 万专项经费，为文明校园创建提供了充裕的经费保障。

创建期间，我校按照教育部、中央文明办的要求，认真贯彻落实中央、省委关于精神文明建设的精神，紧紧围绕学校中心工作和改革发展稳定大局，把创建文明校园工作与落实立德树人根本任务紧密结合起来，认真对照文明校园标准，加强领导班子、思政教育、师德师风、校园文化、环境建设、活动阵地等方面的建设；把嘉庚精神融入多渠道、全方位、立体化的育人格局，赋予文明校园创建独特的内涵；加强日常督查，推动文明创建工作规范化和常态化。创建工作稳步有序推进。

▲ 我校召开会议传达学习党的十九大精神

创建期间，我校遇到了前所未有的困难，莫兰蒂台风正面袭击厦门，我校遭遇台风重创。暴风骤雨过后，曾经美丽的校园满目疮痍、一片狼藉。行道树倒伏、折断甚至被连根拔起，交通阻塞，通讯中断，大部分校区停水断电，校舍更受到不同程度损坏，学校灾情严重。虽逢中秋假期，但在校的领导、老师和同学们忍着心里的痛惜之情顶着风雨自觉先行，积极投入抗灾自救的行列中去。一周的时间，全体集大师生历经了台风前的防范，台风中的坚守，台风后的抗灾自救、恢复重建过程，在校党委的坚强领导下，齐心协力，众志成城，在抗击“莫兰蒂”的过程中，共同见证了集大速度和集大人的大爱情怀，充分展示了我校文明校园创建的底蕴和成果。

抗击“莫兰蒂”只是我校文明校园创建过程中的缩影。三年来，集大人不畏艰难砥砺前行，在创建征程上取得一个又一个的优秀成绩。学校成为“全国大中专学生志愿者暑期‘三下乡’社会实践活动优秀单位”，获得“第二届‘唱响青春中国梦’全国高校‘校园好声音’大赛全国总决赛优秀组织奖”，成为“中国极地考察先进单位”“第一届全国青年运动会志愿者组织工作先进集体”“第四届高校校友工作优秀单位”“全国高等农业院校伙食管理工作先进单位”。2017 年，获得第十三届全国学生运动会高校“校长杯”殊荣，是福建省唯一获奖高校。学校主页被评为“全国百家优秀校园网站”，官方微信被授予“中国大学新媒体百强之优胜高校”。学校办学过程中的好做法和师生的先进事迹多次在中央、省市主要媒体登载。在举世瞩目的厦门金砖会晤上，我校团委被福建省委、省政府授予厦门会晤筹备和服务保障工作“先进集体”，4 名志愿者被评为“先进个人”。

▲ 校领导带队检查我校创建省级文明校园迎评工作落实情况

2017 年 11 月 20 日，我校迎来第一届省级文明校园考评专家组，接受全方位考评。考评组对我校进行认真的实地检查，走访了新老校区，查看了校园景观、学生宿舍、实验室、食堂、教学楼、图书馆、文化场馆等考察点，观看了我校体育文化精品展示，深入全面地考察了我校文明校园创建工作。考评专家组对我校精神文明创建工作给予高度肯定。在全校师生的共同努力下，我校交出一份优异的答卷。

文明创建，永远在路上。创建期间，校党委、校行政带领全校师生，将每一次出发都当作追求幸福的一次新征程，在创建文明学校的征程上不懈努力，以持之以恒的韧劲和执着，将文明校园创建一次次推向新境界。这一切的卓绝努力，不仅改善着校园的面貌，也让广大师生内心经历一次次的文明洗礼，让每个集大人心中文明的种子生根发芽，让集大校园处处闪耀着文明之光。

2018 年 9 月 27 日
距离
2018 年 10 月 20 日
集美大学百年校庆
还有 23 天

护航亚丁湾 集大人有作为

作者：苏文土，航海学院办公室主任

亚丁湾，是位于也门和索马里之间的一片阿拉伯海水域，东连阿拉伯海，西经曼德海峡通往红海，以也门的海港亚丁为名。亚丁湾是印度洋通过红海和苏伊士运河进入地中海及大西洋的海上咽喉，战略地位十分重要。全球 11% 的石油通过亚丁湾和苏伊士运河到达当地的炼油厂，每年通过苏伊士运河的船只约有 1.8 万艘，其中大多数都要经过亚丁湾。由于该地区海盗猖獗，所以亚丁湾又叫做“海盗巷”。

1991 年来，索马里海盗力量不断壮大，人数已从 100 人以下发展到 1100 人至 1200 人。途经亚丁湾、索马里海域的船舶频繁遭到海盗袭击或劫持。索马里海盗已成为一大国际公害，对国际航运和海上安全构成严重威胁。据联合国国际海事组织统计，2008 年以来，索马里附近海域已经发生 120 多起海上抢劫行为，超过 30 艘船只遭劫，600 多名船员遭绑架。

为保证国际航运、海上贸易和人员安全，联合国安理会一致通过决议，授权有关国家和国际组织可以在索马里境内“采取一切必要的适当措施，制止海盗行为和海上武装抢劫行为”。2008 年 12 月 26 日，中国海军首批护航编队鸣笛起航，开始实施亚丁湾护航行动。截至目前，已派出 30 批护航编队，成功为 6000 多艘中外船舶实施护航。在这项维护世界和平的重大行动中，集美大学一直积极参与。先后涌现邵哲平、张兴杰、方琼林等一批优秀的护航船长，为亚丁湾护航行动做出积极贡献。截至第三十批护航编队，交通运输部共派出 40 位护航船长，其中 1/5 出自集美大学航海学院。

2010年6月30日至2011年1月7日，邵哲平随中国海军第六批护航编队参加亚丁湾护航任务，共完成护航任务49批次，护送商船615艘次；驱离疑拟海盗小艇29艘次；接护被索马里海盗劫持的新加坡籍商船“金色祝福”轮。因表现突出，邵哲平院长先后被交通运输部海事局授予中国海军亚丁湾护航二等功和护航船长事迹报告团三等功。

▲ 集美大学航海学院院长邵哲平船长

2012年11月2日至2013年5月23日，张兴杰随中国海军第十三批护航编队参加亚丁湾护航任务，共完成37批166艘中外商船的护航任务。任务结束后，编队指挥所向集美大学发来感谢信，称赞“张兴杰船长能够发挥专业理论水平高、实践能力强的优势，认真履职尽责、积极主动作为、发挥作用明显，得到官兵的一致好评”。

2014年12月2日至2015年7月11日，方琼林随中国海军第十九批护航编队参加亚丁湾护航任务，共完成36批109艘中外商船的护航任务。期间，也门局势严重恶化。2015年3月26日，根据习主席和中央军委命令，第19批护航编队启动也门撤侨行动。自3月29日起，护航编队分5批撤离中外公民共897名（中国612人，外国公民285人）。其中方琼林所在潍坊舰一次性撤离中外公民 455 名（中国 449 人，外国公民 6 人），创造了海军舰艇一次性撤离人员最多的记录。鉴于方琼林的突出表现，先后被评为“护航之星”“撤侨尖兵”，这是地方人员第一次获得此类荣誉。

▲ 集美大学航海学院教师方琼林船长（未戴钢盔者）与海军陆战队队员合影

亚丁湾的淼淼烟波，见证了集大人劈波斩浪的飒爽英姿。在与海军护航官兵同舟共济、并肩作战、共同执行护航任务的过程中，集大人始终以自身的专业特长和坚毅品质，不负重托，不辱使命，在护航过程中发挥不可替代的作用，谱写了一曲曲热爱祖国、报效祖国的动人乐章，诠释和丰富了爱国奉献的民族精神和时代精神。

2018年9月28日
距离
2018年10月20日
集美大学百年校庆
还有 22 天

师范教育 百年传承

作者：王娟，教师教育学院党委书记

百年起点

1918年3月10日，著名爱国华侨领袖陈嘉庚先生创办的集美学校师范部开学，是集美大学师范教育百年的起点。那年招收了三年制的师范讲习科两个班级、五年制的师范预科两个班级，就此拉开集美大学师范教育的序幕。

▲ 科学馆为集美师范旧址，现为集美大学美术学院

师道绵延

历经百年，集美大学的师范教育经过集美师范学校、厦门师范专科学校、厦门师范学院、厦门师范学校、集美师范专科学校、集美师范高等专科学校、集美大学师范学院等历程。

2004年4月，集美大学进行新一轮学科专业调整，集美大学师范学院调整为集美大学教师教育学院。学校赋予教师教育学院继承嘉庚先生开创的师范教育事业、高举师范教育大旗的使命，同时文学院、理学院、外国语学院、音乐学院、美术学院、体院学院继续发挥学科专业优势，办好具有优良传统的师范类专业，承担培养中小学师资的任务。目前学校设有学前教育、小学教育、汉语言文学、数学与应用数学、英语、音乐学、美术学、体育教育等师范类专业，分布在上述学院，培养了一批又一批福建省优秀教育人才，如厦门市教育局原局长赖菡、福建师大音乐学院教授陈新凤博士、厦门第一中学校长周君力等。

▲ 新师楼为原集美大学师范学院教学楼

▲ 吕振万楼现为集美大学教师教育学院行政办公及实验大楼

持续发展

为了统一协调学校师范类专业人才培养工作，学校成立集美大学教师教育教学工作委员会，推进全校师范人才培养工作。全校各师范类专业不断加大培养和引进高层次人才力度，加快学科建设步伐，教学科研整体实力不断增强，在多个学科专业领域中，形成具有教师教育特色的研究方向，取得较丰硕的科研成果。

学校获批福建省教师教育类实验示范教学中心、卓越小学教师培养基地、小学教育综合改革试点基地等。2014 年我校取得教育硕士专业学位研究生培养资格，提高培养层次，目前招收学科教学（思政、语文、数学、英语、音乐、体育、美术）和小学教育两个领域的研究生（含全日制、非全日制），可以推荐免试研究生。

2017 年，我校教育学获批福建省应用型学科立项建设项目。我校师范生的培养方案切合实际，培养过程重视理论联系实践，在厦门市和省内多地优质学校设立大批实习教学基地；师范专业学生素质高，本科生和硕士生在各级各类教学技能大赛中屡获佳绩。

▲ 获省高校师范生教学技能大赛一等奖

服务社会

学校坚持做强社会服务工作，积极为福建省基础教育和职业教育服务。被省教育厅授予“福建省中小学教师教育技术能力省级骨干培训基地”“福建省中小学教师信息技术应用能力提升工程培训基地”“福建省小学语文和小学数学学科教学带头人培养基地”“福建省小学骨干教师培训基地”“福建省幼儿园骨干教师培训基地”等；获得“福建省实施中小学教师继续教育工作先进集体”荣誉称号。

为进一步加强校地在基础教育与职业教育领域的协同创新，推进“人文集美建设”，学校与集美区政府共建设立“集美大学基础与职业教育协同创新中心”，充实完善集美区教育培训体系，满足社会经济发展对基础教育和职业教育人才的需求；学校获批成为厦门市教育立法与政策研究基地，积极参与厦门市教育立法与重大政策的前瞻性和专项课题研究，为厦门市教育发展提供智力支持。

展望未来

春华秋实，教泽流长；百年师范，续写辉煌。今天，集美大学将在习近平新时代中国特色社会主义思想的指导下，继续弘扬嘉庚精神，秉承百年师范的优秀传统，集天下之美，育诚毅之师，为培养“四有”好老师而努力奋斗。

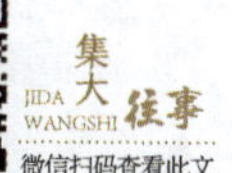

2018年 9月29日
距离
2018年10月20日
集美大学百年校庆
还有 21 天

弘扬嘉庚精神进 编织财经人才摇篮

作者：陈志鸿，财经学院党委副书记

1920年，校主陈嘉庚先生创办集美大学财经学院的前身——集美学校商科。长期搏击商海的切身经历，让嘉庚先生深刻认识到，要改变民族商业不振、工商业发展受制于人的艰难局面，要在激烈的世界商贸大战中取胜，急需“学习西式簿记知识”“改变国内默守陈规的商业经营方式”，培养一大批具有世界眼光和现代商业知识的工商业人才。于是，他在1920年创办集美学校商科，对商科的公民教育、实验实践教学等方面提出要求，付诸积极的实践。可见，商科的创办从一开始就寄托着校主殷切的商业救国梦，强调应用型人才实践能力的培养，强调学生“牺牲服务”精神的教育，其办学具有极

▲ 1955年12月25日，陈嘉庚与集美财经学校毕业班侨生合摄于敬贤堂前

强的针对性、务实性和前瞻性。

近百年来，集美财经教育一直坚持贯彻校主办学理念，弘扬嘉庚精神，秉承“诚毅”校训，办学成绩显著，已经发展成为拥有1个国家级特色专业、6个本科专业、1个一级学科硕士点、1个二级学科硕士点和2个专业型硕士点的集美大学财经学院，培养了一大批财经人才，他们有的成为地方党政一把手，有的成为知名的优秀企业家，更多的是成为财政、金融、税务系统的业务骨干，为母校赢得“福建财经人才的摇篮”“企业家的摇篮”等美誉，有力地促进了地方经济社会发展。

▲ 福建省委常委、厦门市市委书记裴金佳校友（前排左五）、厦门市市长庄稼汉校友（前排右四）到财经学院看望老领导、老教师代表

新的时代，经济全球化和“互联网+”对财经专业人才提出更高要求，不仅强调人才的专业能力和素养，而且越来越倚重人才的创业精神和创业能力。因此，高等教育越来越重视学生创新精神和创业素质的培养，这是大势所趋。学院因应这种时代需求，传承与光大嘉庚精神，适时调整人才培养战略，将财经专业教育、创业教育、“诚毅”品格教育进行深度融合，精心构建三位一体的人才培养体系，即以财经专业教育为核心、以创业教育为特质、以“诚毅”品格培养为支撑的“创业型高级财经专业人才培养体系”。该体系厘清创业教育、品格教育与财经专业教育的关系，力促创业教育、品格教育同财经专业教育的有机融合。这是地方财经院校走特色发展道路、培养应用型财经专业人才

的新使命和新探索。

在这个人才培养体系的指引下，财经学院扎实推进内涵建设。财政学专业成为国家级特色专业，财经专业实验教学中心成为省级示范实验教学中心和省级虚拟仿真实验教学中心。

▲ 集美大学党委书记辜芳昭（左二）、校长李清彪（左四）到财经学院检查工作

财经学院适应当前时代和社会发展的需求，加大创业教育的力度，弥补原有的人才培养方案更侧重于专业教育的不足。经过近五年的发展，形成以创业课程、创业导师、创业论坛、创业训练营、创业基地和创业基金组成的系统的创业教育体系，巩固和助推应用型财经专业教育的发展。此外，学院注意传承办学历史沿革下来的优良传统，注重培养学生的诚毅品格，比如，今天学院依然保留早操早锻炼的制度，培养学生严谨的生活作风；依然用学院前身——高级商业学校的“十大训条”启发引导学生。

特色是学校科学发展的重要保障，是学校综合实力的生动体现，是学校之间竞争的重要法宝。以梁新潮教授为学科带头人的集美大学地方财政绩效研究中心入选福建省高校特色新型智库，进一步提高我校社会服务水平。

对于地方高校来说，特色就是生命线。财经学院创业型高级财经专业人才培养体系，以培养德智体美劳全面发展的、适应区域经济发展的财政、金融、经济、贸易方面的人才，尤其是福建自贸区所需要的人才，为目标，突出人才培养的行业优势和职业特色，同时注意发挥我校所处的区位优势和地方特色，发挥我校的涉海优势和两岸特色，对我校财经人才培养和学科专业发展发挥了极为重要的指引作用。

我校财经学院创业型高级财经专业人才培养体系的探索对地方财经院校内涵式发展也具有重要的参考价值，它将人才培养目标定位于高层研究型人才与基础技能人才之间的“中间型人才”，适应大众化教育阶段对人才的需求，这种人才培养理念体现积极适应市场经济发展规律、寻求自身发展合理坐标的科学态度，有很强的务实性和针对性，在未来人才市场竞争中有着广阔的适用空间。

▲ 清流县域经济创新发展研究基地揭牌仪式

习近平总书记在今年视察北大时的重要讲话中把“形成高水平的人才培养体系”列为高校的三项基础性工作，可见这项工作对人才培养的重要性。学院将不断探索和完善创业型高级财经专业人才培养体系，使培养出来的财经人才更接地气、更有特色、更有竞争力！我们有理由相信，陈嘉庚先生一手创办的财经教育必将在新的时代里不断发展壮大，必将对经济和社会发展做出新的更大贡献！

2018 年 9 月 30 日
距离
2018 年 10 月 20 日
集美大学百年校庆
还有 20 天

安得广厦千万间

——集大学生宿舍变迁记

作者：朱光钛，继续教育学院党委副书记，曾任学生宿舍社区管理中心主任；
方泽宏，资产与后勤管理处副处长

2008 年以前在校工作和学习的师生们看到此标题，必定感慨万千。

1994 年集美大学挂牌组建时，在校学生数 6847 人，1999 年集美大学实质性合并后，学生数快速增加。第一个十年，学生数就超过 2 万人。如今已形成本科生 26500 多人，研究生 1200 多人，海外教育 1500 多人，成人教育 2500 多人的规模，总数超过 31000 人，如果加上诚毅学院，学生数将近 5 万人。

▲ 集美学校委员会捐建的集友楼学生公寓

两个“八年”学生住宿条件大为改善

集美大学合并初期，全校学生宿舍楼仅有 21 栋，总建筑面积约为 5.4 万平方米，全部床位数才 7800 个。

▲ 集美大学常务校董吴端景先生捐建的端景楼组团

为解决学生住宿问题，学校可谓费尽心思，甚至“不近人情”。在校园周边，先后租用过：太源花园套房、月亮河套房、工商银行老办公楼、春麟酒店、龙舟池商城、铁路休养所；在校内，通过改造边角场所作为临时学生宿舍：财经食堂二楼、体院食堂后楼、校内农科楼套房、体育学院办公楼后座、原师范学院图书馆南北楼、第五社区 21 间大开间自习场所改造为 12 人间宿舍；“挤占”教职工住宅：整合出乐安新村套房、麒麟居套房、水院 4 号楼、水院 6 号楼等教工宿舍楼改造为学生宿舍。

“先改善学生住宿条件，再改善办公条件”成为历任校领导的共识。2001 年起，学校开始在新校区建设学生公寓，经过七年建设，新校区 25 栋学生公寓拔地而起，电话、网络、淋浴间、卫生间、公寓式组合家具等配套齐全，大大改善了学生住宿条件。

2013 年起，学校启动早期宿舍改造工程，老校区的 17 栋学生宿舍焕然一新。如今，全校新老校区共新建新增学生宿舍 46 栋，加上合并初期的 21 栋，扣掉 3 栋学生宿舍改造为其他用途，现有学生宿舍 64 栋，总建筑面积超过 25 万平方米，基本消除 8 人间宿舍，全部床位数超过 36000 个，如果加上诚毅学院的学生宿舍，总床位数超过 55000 个。

2013 年起，学校为了改善学生宿舍淋浴热水问题，启动空气源热泵供水系统改造，实现淋浴热水即时供给。

2014年，学校采用租赁方式，所有的学生宿舍都安装空调。2016年建成投入使用的两栋留学生公寓是目前条件最优的学生宿舍。

今年伊始，学校又启动新一轮老旧宿舍改造，新校区的第一栋宿舍楼“引桐楼”焕然一新，第五园区的宿舍都换装电子门禁入户系统。

十年助力——难忘的学生宿舍社区教育管理模式

合并第一个十年，为适应集美大学的快速发展，学校打破常规，成立集“教育、管理、服务”为一体的“学生宿舍社区管理中心”，实现学生宿舍以社区为基础对学生实施教育、管理、服务一体化工作。

实现学生思想政治工作进公寓社区。社区建立和健全“社区教育管理工作”制度，汇编成工作手册发到学院、辅导员、学生手中；社区在各楼制作思想政治工作宣读栏，编印“集美大学社区教育管理”小报发到各宿舍；学院和社区联合在公寓社区的附属用房设立“党员活动室”“辅导员工作室”“学生素质活动工作室”；学生社区每月在一个社区召开一次学生社区工作座谈会；社区每周一个晚上全体社区工作人员都要下到学生宿舍同学生交流。社区每学年根据学生在社区的综合表现给出品德分并与学生奖评挂钩。这些措施使社区有浓厚的思想政治教育氛围。

在社区开展文化建设，营造良好的文化成长氛围。社区向社会征集有爱心且热爱教育的书画家无偿为社区提供高水准的书画作品，至今还保留着著名书法家高怀先生于九十高龄为社区题写的“集美大学社区教育管理”。

社区始终坚持开展公寓“文化宿舍”建设活动，规范“文化宿舍”建设的内容，通过评比大大地改变学生社区公寓内的环境；开展社区学生活动，如集邮、征文、舍歌比赛、心理健康活动、小沙龙以及大型的“宿舍文化节”等。

在社区开展安全工作。为确保学生宿舍社区安全，社区和学院联手，开展安全文化教育；进行安全检查督导；进行安全演练；排查化解安全隐患；组织学生安全管理工作队开展安全工作。社区联合公安派出所在各社区成立“警务室”。由于工作认真、到位，学生公寓社区的安全保障良好。

开展服务学生的工作。社区倡导“宿舍是我家，建设靠大家”，以“家”的建设为工作的着力点，饮水、通讯、邮件、停车、安保、煎药、就医、维修、门锁管理、生活扶困、情绪稳定、矛盾化解、寒暑假住宿，以致“一针一线”，

都提供极好的服务和帮助，贴心的服务同学生建立了较好的人际关系，给学生充分的人文关怀。

▲ 继续教育学院温馨的女生宿舍

社区管理中心的工作为集美大学创建福建省“文明学校”做出了应有的贡献，由于工作的成效得到兄弟院校的高度认可，集美大学成为全国高校公寓专业委员会常委单位，成为福建省高校后勤公寓专业分会主任单位。

2006 年，学校顺应后勤社会化趋势，在福建省内，率先引进珠海丹田物业进驻学校，提供校区物业服务，学生宿舍社区完成历史使命，但社区育人的经验还在省内外同行中传播。

现如今集美大学学生宿舍逐步形成“职能部门和学院主抓管理和宿舍文明建设，通过竞争上岗的社会物业单位提供高品质服务”的模式，这一模式责权清晰，管理到位、服务高效，逐渐成为现在各高校采用的宿舍管理服务模式。

2018 年 10 月 1 日
距离
2018 年 10 月 20 日
集美大学百年校庆
还有 19 天

集大新校区嘉庚建筑名扬全国

作者：黄海宏，基建处处长

2009 年 10 月 29 日在北京人民大会堂，集美大学新校区工程与北京天安门广场建筑群、长江三峡水利枢纽工程、中国载人航天发射场工程、青藏铁路、北京鸟巢、国家体育场等重大工程一同入选新中国成立六十周年百项经典暨精品工程。

▲ 集美大学新校区尚大楼群

集美大学新校区工程也是全国唯一入选的高校建筑，福建省仅有的两项入选工程之一，另一项入选的是厦门海沧大桥工程。时任集美大学校长苏文金赴京参加了这一盛大的发布会。

▲ 集美大学新校区入选新中国成立六十周年百项经典暨精品工程

集美大学新校区从 2003 年 10 月开始动工，历时五年，在 1100 余亩的土地上兴建总面积达 60 万平方米，新校区绵延 2 公里，规模宏大，气势磅礴。

2004 年 10 月 19 日，厦门市领导到集美大学现场办公，同意将集美大学和诚毅学院之间的 12 号公路改为校内道路规划建设，要求学校要在新一轮的校园建设中形成自己的建筑风格和气质，这就保证集美大学新校区建设的整体性，形成今天这样独具嘉庚建筑风格特色的魅力。

▲ 捐建新校区的各位校董和嘉宾参加集美大学 90 周年校庆日举行的新校区落成典礼

2008年10月20日上午8点学校隆重举行集美大学新校区落成典礼，李川羽先生代表校董会副主席李尚大先生和各位新校舍的捐资人发表了热情洋溢的讲话，称赞学校在一片滩涂上建成校舍巍峨、景色怡人的美丽校园，对集美大学九十周年校庆暨新校区落成，表示最热烈的祝贺。

▲ 2008年10月20日，集美大学校长辜建德在新校区落成典礼上致辞

▲ 2008年10月10日，集美大学校董会副主席李川羽在新校区落成典礼上致辞

从今天开始，我们将系统介绍集美大学新校区建设工程各幢大楼的特点和捐建各幢大楼背后校董的故事。使大家知道作为近代建筑史上有其不可磨灭地位的嘉庚建筑有着怎样的继承和发展。

2018 年 10 月 2 日
距离
2018 年 10 月 20 日
集美大学百年校庆
还有 18 天

勿忘亭·感恩亭

作者：陈茂才，后勤集团副总经理

在集美大学新校区，有一片白鹭栖息地，每当春暖花开的季节，白鹭在湖畔飞舞，成了一道靓丽的风景线。在临近嘉庚图书馆的湖水中，从岸上延伸出的一个九曲栈桥，连接了一座小亭，亭名“勿忘亭”。这座小亭，铭记着集大人对新校区建设者的勿忘与感恩之情。

▲ 九曲栈桥

自 2003 年 10 月起历时 5 年，集美大学在 1100 余亩新校区土地上兴建总面积达 60 万平方米的各类建筑，建成包括教学大楼、行政大楼、图书馆、文科大楼、理科大楼、实验中心、学生公寓、生活中心、礼堂、体育馆、田径场等诸多建筑和设施。新校区绵延 2 公里，建筑规模宏大，气势磅礴，入选新中国成立六十周年“百项经典暨精品工程”。

新校区的建设，凝聚了无数人的智慧和心血。正如辜建德校长在新校区落成典礼上讲话时动情所说："我们不会忘记历届省市领导为这块校园的选址、规划、征地、投资所做的重要决策和贡献。我们不会忘记广大校董、校友和集美校委会为弘扬嘉庚精神，办好集美大学所给予的各种捐赠。没有他们的支持，也就没有这样宏伟的建设。我们不会忘记这片美丽校园的设计者、建设者，没有他们日日夜夜的辛劳，也就没有这片富有嘉庚特色，令众多白鹭留连忘返的美丽家园。"

▲ 白鹭栖息

俗话说得好："滴水之恩，涌泉相报。"正是为了要让集美大学的所有师生世世代代继承嘉庚精神，遵循"诚毅"校训，铭记所有校董、校友、乡贤和建设者为建设集美大学美丽家园所付出的一切艰辛和贡献，学校决定建造"勿忘亭"，在此亭上勒石为记，正面碑文为《勿忘亭记》，背面镌刻着校董、校友、乡贤、公益机构等捐赠者的芳名，以此感谢各位捐资者慷慨解囊，为建设新校区所做出的重大贡献。要让所有集大人勿忘先贤德泽、校董厚望、校友情谊。

《勿忘亭记》碑文，六易其稿，才得以完成。先由辜建德校长拟第一稿，后经任镜波老师修改一稿，再由梁振坤老师、陈经华老师各写一稿，仍觉未尽其意。最后，约请文学院王人恩教授、苏涵院长再各写一稿。经学校审定，最后采用的是第六稿，是由文学院苏涵院长撰写的。

碧水白鹭，绿树红亭，如今的"勿忘亭"已经成为新校区一处美丽的风景点，一处莘莘学子休闲与读书的好地方。

▲ 勿忘亭

勿忘亭记

此亭名曰勿忘，取自校主陈嘉庚先生亲定之《集美学校校歌》，亦缘于我校发展历史中必当铭记之一页。

二零零三年孟春，学校在各级政府和社会各界支持之下，开始一千一百亩土地上的新校区建设。至二零零八年仲秋，集大人与各方建设者几经辛苦，历克艰难，终使六十万平方米校舍巍然而成。从南至北，迤逦两公里，楼群屹立蓝天之下；至东向西，横亘双水滨，学舍巧植花园之中。高檐红顶，延承嘉庚建筑风格；碧水白鹭，续存自然田园意趣。文脉远绍，天人相合，开我校建设之新局。

徜徉新区，令学子神情怡朗；流连校园，使来人胸次豁然。

盛举如斯，不能有忘，遂筑此勿忘亭于湖之一隅。其意则在昭告后人，铭记社会各界支持之力，牢记海内外贤达解囊之功，勿忘嘉庚精神与诚毅校训，竭诚尽智，共同创造我校美好之未来。

殷殷之心，言难以述。勒石为记，期其流布。

集美大学

二〇〇八年十月二十日

集美大学新校区建设捐赠芳名录

李尚大：捐建尚大楼 1200 万元

王景祺：捐建景祺楼 1000 万元

陈永栽：捐建陈延奎图书馆 600 万元

李陆大：捐建陆大楼 500 万元

黄　晞：捐建章辉楼 400 万元

庄汉水：捐建庄汉水楼 300 万元

吕振万：捐建吕振万楼 200 万元

陈守仁、陈金烈、陈仲昇：捐建中山纪念楼 200 万元

林龙安：捐建禹洲楼 300 万元

厦门建发集团有限公司：捐建建发楼 300 万元

福建泉州美岭集团公司：捐建美岭楼 300 万元

新加坡李氏基金：捐建光前体育馆 1000 万元

萧学忠、庄秀纯：捐建庄重文夫人体育中心 400 万元

吴端景、何锦霞：捐建端景楼、锦霞楼 600 万元

厦门建安集团有限公司：捐建建安楼 300 万元

厦门路桥建设集团有限公司：捐建弘毅楼、道远楼 900 万元

蔡良平：捐建月明楼 200 万元

庄炳生：捐建材涂膳厅 200 万元

集美学校委员会：捐建集友楼 2300 万元

2018 年 10 月 3 日
距离
2018 年 10 月 20 日
集美大学百年校庆
还有 17 天

百项经典精品工程——尚大楼

作者：王建，学校办公室主任、国际合作交流处处长

尚大楼，楼高 124 米，共 24 层，建筑面积地下 7000 平方米，地上部分 30270 平方米，是集美大学标志性建筑。2006 年 3 月开工，2007 年 12 月竣工。新校区的建筑工程融合西洋和中国传统风格，融合园林、绘画、雕刻等各种艺术形式，尤其是闽南风味的燕尾脊，“嘉庚瓦”坡屋面，红色墙砖配以精雕细琢的石材墙面，西洋风格的窗套、窗楣，富有韵律的廊拱，形成鲜明独特的“嘉庚建筑”风格，特别是 24 层的尚大楼，除了顶部，并没有采用更多的浓烈色彩，因为那样会显得突兀、有压迫感，相反，运用了一些线条，白色线条从楼顶倾泻而下，极富动感，充满韵律，使建筑与环境更加协调。

▲ 尚大楼群

李尚大先生是践行嘉庚精神的典范，他在集美大学发展的各个阶段所起的作用和贡献是无可替代的。在李尚大先生艰苦创业的几十年中，尚大夫人

吴灿英女士始终是他生活的贤内助，又是他事业的坚定支持者，李尚大先生家族决定分别为尚大楼和灿英楼的建设捐资 1200 万元和 400 万元。灿英楼，于 2003 年 10 月 22 日奠基，2005 年 10 月 20 日举行落成典礼，总建筑面积 10821 平方米。

在庆祝集美学村建校九十周年的大喜日子里，李尚大先生回到阔别三年的故乡，亲自参加灿英楼的奠基仪式，时任福建省副省长汪毅夫同志也参加灿英楼落成典礼。

以李尚大先生和吴灿英女士的名字命名集美大学的这两幢大楼，表达了学校对尚大先生和夫人的无限敬仰和感激之情，也是对李尚大伉俪几十年风雨同舟、相濡以沫、坚贞爱情的最好见证和永久纪念。

▲ 集美大学食品与生物工程学院行政办公与教学大楼——灿英楼

如今李尚大先生捐建的学校行政主楼尚大楼和食品与生物工程学院大楼灿英楼将连同尚大先生践行嘉庚精神的丰功伟绩一起，永远矗立在集美的大地上，永远铭刻在每一代集大人的心中。

这宏伟的建筑将向后人述说着集美学村和集美大学的发展历史，诉说着我们集美大学全体师生对尚大先生永远的怀念，这宏伟的建筑也将见证集美大学百年办学的风风雨雨，它也象征集美大学的未来，预示着集美大学一定会成为顶天立地的巨人，为国家、为民族、为人民、为教育做出更大的贡献。

▲ 尚大楼夜景

2018年10月4日
距离
2018年10月20日
集美大学百年校庆
还有 16 天

百项经典精品工程——陆大楼

作者：辜建德，原集美大学校长

走进集美大学新校区，迎面而来的是大气雅致的学校大门，顶着红瓦燕尾的“盖头”，两侧的回廊内仿古漆柱与镂空窗花相得益彰。穿过大门可见人工湖畔茂密的银合欢树丛林，形成天然的湿地景观。每年春暖花开时，可见几十只白鹭的身影在飞翔，呈现一片田园风光。站在人工湖畔，可见陆大楼。楼高33.1米，共五层，建筑面积9783平方米，是计算机工程学院行政办公及教学实验楼。

▲ 陆大楼是计算机工程学院行政办公及教学实验楼

同济大学建筑设计研究院副院长王文胜和他的团队，负责集美大学新校区的设计工作，他说："嘉庚建筑具有中西合璧，洋为中用的特点，在中国建筑学上自成一派，他上部汲取闽南民居的形态和特色，下部则采用西化处理的手段。" 王文胜说：" 环境宜人，教育建筑设计的校园人文环境是我们努力遵循的法则之一。" 陈嘉庚当年建设校园时，起用的是闽南民间工匠，嘉庚建筑带有民间艺术的某些特征：稚拙、自发、天真、混杂，特别是具有很强的亲民性。同济大学的团队在设计时非常重视这一点，比如底部根据建筑功能的不同，采用架空等不同的形式，让学生有活动的空间，交流的场所，也适应南方雨多潮湿的特点。

李陆大先生视察陆大楼时，就非常喜欢这些建筑风格。他说集美大学新校区，不仅淋漓尽致地展现嘉庚建筑风格，而且注重内涵，充分体现以人为本的理念，处处为学生着想，既大方又实用，十分养眼，令人欣喜。他多次带着自己的女儿、我校常务校董李鸣羽和亲友参观校园，每一次他都亲自介绍解说，如数家珍，他说集美大学新校区是最美的校园，没有之一。

新加坡和声有限公司董事长、我校常务校董李陆大先生曾在我校财经学校任教，他和胞兄李尚大先生一起，多年来为家乡安溪、厦门等地捐资兴学，扶贫济困和赞助公益事业，做出很大贡献。李陆大先生的一生是行善的一生。有人说"爱国建学校，爱民建医院"，李陆大先生的一生都朝这两大目标努力，最难能可贵的是，他为他的人生信念做出贡献时不求回报。其无私的精神，崇高的品德让人敬佩。

李陆大先生具有一颗诚毅的心，他经常说："作为集美大学的校友，我永远不会忘记嘉庚先生为集美学校制定的'诚毅'校训两个字，我离开母校在海外拼搏几十年，靠的也是'诚毅'这两个字，诚信做人，果毅做事，它是我成功的秘诀，也是我的人生信条。"

李陆大先生具有一颗感恩的心，他说："陈嘉庚先生兴办教育，恩泽桑梓，我才获得了读书的机会，自己永远感念先生的恩德。" 他又说："中国是我的故乡，我在这片土地上出生成长，这里是我的根之所在，当我在海外创业略有成就时，最大的心愿就是能为故乡和故乡的父老乡亲奉献绵薄之力。" 怀着这样一颗感恩的心，李陆大先生先后投巨资在故乡兴办学校，建医院和修路建桥。

▲ 李陆大先生是集美大学常务校董，多次到集美大学视察参观

李陆大先生具有一颗慈善的心，他事业有成后不忘家乡父老乡亲，十多年来每年春节在家乡为老人们举办“迎春敬老宴”，捐建老人活动中心和设立“老人基金”等资助老人活动。1994 年，李陆大先生慷慨解囊，向中国扶贫基金会一次性捐赠 100 万美元，用于帮助贫困地区发展经济和文化教育事业，为表彰他对中国扶贫事业做出的巨大贡献，中国扶贫基金会于 1996 年 4 月特向中国科学院紫金山天文台郑重推荐，经国际小行星中心批准，将该台首先发现的编号为“3609”号的小行星命名为“李陆大星”。

李陆大先生同样非常关心支持集美大学的各项建设事业的发展，2006 年捐资 500 万元人民币，支持学校新校区计算机工程学院大楼的建设，学校决定将这座大楼命名为陆大楼，以纪念李陆大先生对集美大学建设发展的贡献。

李陆大先生 2006 年 12 月 23 日亲笔题训：“为善最乐，你能够帮忙人家就是好事，你在内心上在精神上都会感到很舒服的。”这是他留给子孙最后的亲笔函书，也印证了他一生崇高的品质，不凡的抱负：行善最乐。

2007 年 2 月 16 日，李陆大先生在新加坡逝世，享年 85 岁。李陆大先生逝世后，学校委派党委副书记曾讲来专程赶赴新加坡，参加李陆大先生的追悼会。2007 年 3 月 9 日，曾讲来同志代表学校在李陆大先生的追思悼念会上致悼词，表达了全校师生的无限哀思和沉痛悼念。同一天，在集美福南堂也举行了李陆大先生追思悼念会，集美各校师生代表 1000 多人参加了追思悼念会。李陆大先生的逝世，是故乡人民和母校无可挽回的重大损失，他对故乡、对集美大学的卓越贡献，将永载史册，李陆大先生的英名和精神将如同闪耀在太空中的李陆大星一样，永世长存！

▲ 2007 年 3 月 9 日，在集美福南堂举行李陆大先生的追思悼念会

李陆大先生永垂不朽！

2018 年 10 月 5 日
距离
2018 年 10 月 20 日
集美大学百年校庆
还有 15 天

百项经典精品工程陈延奎图书馆

作者：刘葵波，图书馆馆长

集美大学陈延奎图书馆于 2007 年 9 月建成，11 月投入使用。总建筑面积约两万平方米。该馆座落于荣获新中国成立六十周年“百项经典暨精品工程”的集美大学新校区，尖顶红墙，设计风格融合嘉庚建筑的特点，美观大方，端庄稳重，与集美大学新校区建筑群的格调和谐统一，曾多次被评为国内“最美高校图书馆”之一。

▲ 陈延奎图书馆

2007 年之前，我校仅有新校区的嘉庚图书馆和老校区的三处旧馆舍，馆舍总面积不足，为此，学校规划在新校区再建一座图书馆。因建设资金不足，经学校领导积极争取，我校校董会顾问、菲律宾著名华商陈永栽先生慷慨捐赠 600 万元资助陈延奎馆的建设。新馆建成后，以其父之名“陈延奎”命名。

陈永栽先生是菲律宾航空公司董事长、联盟银行董事长、菲华商总会名誉理事长，被誉为“烟草大王”“啤酒大王”“航空大王”……陈永载对发展实业和中华文化格外钟情。他曾经说过：“我是从做实业开始的，我认为办实业，稳扎稳打，基础牢靠，一步一个脚印，心里踏实。中华文化是孕育了五千多年的文明结晶，是世界文化宝库珍贵的财富，源自中国，却属于全世界。”

据福布斯排行榜《福布斯》杂志 2004 年 9 月公布东南亚 40 名富豪，70 岁的陈永栽以 16 亿美元资产列第 12 位，为菲律宾首富。

▲ 陈延奎先生（左二）任集美大学校董会顾问

陈永栽先生是集美大学校董会顾问，关心支持集美大学建设。早在 2001 年，陈永栽就发起并资助“中国寻根之旅——菲律宾华裔学生学中文夏令营”，18 年来，培训了 12275 名菲律宾华裔青少年学生，仅集美大学就承训 5579 名。

2005 年，为帮助集美大学解决菲华学生住宿难的问题，陈永栽先生捐赠 500 万元用于建设集美大学“陈延奎楼”。

2007 年 4 月 4 日，陈永栽博士捐建的陈延奎楼在集美大学财经学院揭牌，为菲华学生培训提供了更加舒适的住宿条件。他同时向我校捐赠 600 万元用于图书馆数字化建设。为表达对陈永栽先生的感激之情，学校将位于新校区的图书馆命名为陈延奎图书馆。

陈永栽先生曾多次应邀回国参加重大活动。2015 年 8 月 25 日，陈永栽先生应邀登天安门城楼观礼并出席招待会，2016 年受邀参加中国人民抗日战争暨世界反法西斯战争胜利七十周年纪念活动，在北京参加阅兵观礼。为加强中菲友谊和两国人民的友好往来做出贡献。

为迎接即将到来的本科教学工作水平评估，图书馆全体员工齐心协力，积极奋战，在新馆交付后的一个月内完成所有图书设备的搬迁和整理工作，于 2007 年 11 月 30 日正式对外开放。2007 年 12 月 9 日，陈永栽先生亲临陈延奎馆视察，对新馆的建设情况表示十分满意。2007 年 12 月 16 日，陈延奎馆迎来教育部评估专家的现场考察，得到评估专家的充分肯定。

▲ 2007 年 12 月 9 日，陈永栽先生（右一）视察新落成的陈延奎图书馆

陈延奎馆为五层框架结构，采用大开间、全开放、无障碍式布局，实行藏、借、阅、咨一体化管理，功能齐全。大楼有高大宽敞的中庭空间，屋顶是

通透的玻璃天篷，气势壮观的大台阶引导读者进入知识的殿堂，节节向上的阶梯既寓意着人类文明的积淀，又象征人类向知识高峰不断攀登。大台阶下方则是一个能容纳 500 人的学术报告厅。作为文科馆，目前陈延奎馆收藏的文科类中外文图书已达 120 多万册，拥有清代古籍近 800 册，民国文献 2600 多册，嘉庚文献 300 多册，集大文库 1000 多册，以及《四库全书》《续修四库全书》《民国丛书》等多部影印版文史典籍。

陈延奎馆的建成使用，进一步改善了师生的学习条件，为读者提供了良好舒适的借阅环境。近十年来，陈延奎图书馆接待了无数的师生读者和来访嘉宾，在我校本科教学评估、博士点立项建设、文明校园建设等各项重大活动中均发挥重要的作用，为我校教学科研、学科建设和人才培养提供良好的文献资源保障与服务。

除了资助陈延奎馆的建设，陈永栽先生还捐赠了两套文渊阁版《四库全书》影印本给我校，均收藏在陈延奎图书馆内，一套用于珍藏，一套供师生借阅。为广传陈永栽先生之嘉行义举，弘扬中华传统文化，图书馆和文学院于 2009 年 5 月联合举办“《四库全书》与古代文学”学术研讨会，邀请国内有关古代文学和文献学专家学者围绕《四库全书》的成书与流传、版本考证以及史学价值等开展深入的交流研讨。

微信扫码查看此文

百项经典精品工程光前体育馆

作者：郑旭旭，原体育学院院长

座落在校园本部的光前体育馆，楼高41.9米，建筑面积地上15588平方米、地下7587平方米，比赛场地达2200平方米，落成于2008年9月。馆内可容纳约5000名观众，建筑体内还有各类会议室、嘉宾室、运动员休息室、综合力量练习房等附属设备。

▲ 光前体育馆

北向大门，四根罗马柱支撑着呈三角型的屋顶，拾阶而上是宽阔的门厅。青石、红砖墙体、红色燕尾式的屋檐，沉稳中透着一股壮实的力量。2008年落成以来，光前体育馆成为师生重大活动聚会的室内场。日常是学生公共课的教学室内场，我们在这里开设羽毛球、乒乓球、篮球、武术、舞龙、举重、跳绳等课程。新生入学的军训动员，开学第一课也经常在馆内举行。

▲ 2010 年全国大学生武术套路锦标赛

我们还在光前体育馆承办 2010 年全国大学生武术套路锦标赛、2012 年全国武术套路锦标赛（太极拳）、2013 年福建省高校第五届老年人体育健身大会、2014 年 10 月福建省第八届少数民族运动会、全省教育系统老健会等比赛。2015 年举办海峡两岸龙狮夏令营暨海峡两岸青少年龙狮邀请赛，2017 年举办“中国体育彩票杯”海峡两岸青少年龙狮交流赛。厦门建霖有限公司等集团企业也经常借助光前馆举办集团集会。

2014 年，中国男子乒乓球队将之作为出征东京世界乒乓球团体赛模拟赛场，引来附近众多乒乓球爱好者，省政协副主席、农工民主党主委陈绍军路过集美闻讯专程前来观看，世界顶级水平的对抗赛，引发众多粉丝尖叫与掌声。模拟赛结束，热情的学生们围住乒乓队员所乘客车，纷纷举起手机拍照，不愿散去，几经劝导，客人们得以离开。据负责安排模拟赛的厦门乒乓球协会人士传回消息，集大学生的热情，给中国男子乒乓球队留下深刻印象，这届东京世界锦标赛上，中国男乒发挥出色，几乎没有遇到强劲对手，实现中国男子乒乓球七连冠。2015 年 4 月中国乒乓球“国球进校园”再次来到光前体育馆。

光前体育馆以陈嘉庚先生女婿、新加坡李氏基金会创立人李光前先生命名。李氏基金继承嘉庚先生遗志，在集美大学捐赠了多个项目。饮水思源，而最先为我校联系上新加坡李氏基金会的，则是新加坡国术协会的陈玉和先生。

▲ 2004 年 8 月时任集美大学校长辜建德（左三）向陈嘉庚先生外孙、李氏基金主席李成义先生报告建设光前体育馆的设想，得到李成义主席的大力支持

陈玉和祖籍安溪，1936 年从新加坡回国入南京国术馆修习国术，1937 年抗日全面战争爆发，他中断学业回到新加坡，后长年在新加坡从事国术教学与传播。

1989 年，体育学院在集美举办“石化杯海峡两岸武术邀请赛”，陈玉和从亲戚处偶然得知，欣然客串前来参加，从此与集美大学的武术教育结下不解之缘。当年体育学院场馆落后，看到武术专项学生们在破旧的场地仍生龙活虎训练，陈玉和先生主动回新加坡向李氏基金会提出资助建设体育学院武术馆要求。据说，李光前先生曾经患有胃病，陈玉和先生教他习太极拳与向后行走，治愈了病根，光前先生叮嘱儿子，以后陈先生要办的事，你们要支持。在富有传统美德传承之家，一诺千金。在体育学院与李氏基金会还未直接接触之前，捐赠落实，两年后，一座面积 1600 平方的两层“竞武馆”落成。1992 年，体育学院竞武馆在全国体育学院中算是最好的武术训练专用馆。陈玉和先生经常回乡，为集美大学的发展与李氏基金的联络牵线搭桥。促成多项教育捐赠，在新加坡时，只要知道有集美大学的客人来访，他总要出面引见或作陪。

▲ 从 1999 年到 2004 年，每一年陈玉和老先生（左一）都会陪同访问新加坡李氏基金的集美大学校长辜建德（右一）拜会李成义先生

陈玉和是受人敬重的谦虚、简朴、实在的老人，睿智而幽默，乐观而慈爱。他长年一人生活，出外时，带着他从事建筑设计的外甥来照顾日常起居。古稀之人，在体育学院作讲座，回忆当年求学南京国术馆，正值抗日战争前夕，老师们将岳飞“满江红 怒发冲冠”谱成成套曲子，激励青年保家卫国。他边唱边练，将一整套 40 余个动作一气呵成。

2010 年，他以 90 高龄在新加坡安详离世。陈玉和先生本身并不富裕，但他一腔热血为家乡教育事业的情怀与努力，一直被人们所记忆。

2018 年 10 月 7 日
距离
2018 年 10 月 20 日
集美大学百年校庆
还有 13 天

李氏基金心系集美大学　恩重如山

作者：辜建德，原集美大学校长

在纪念集美大学建校一百周年的喜庆日子里，我们对校主陈嘉庚充满敬意和感恩。如果没有陈嘉庚先生倾资办学的爱国主义情怀，就没有今天的集美师范教育、集美航海教育和集美财经教育，也就更没有今天的集美大学。陈嘉庚先生逝世前，曾立下遗嘱，集友银行的红利和利息应主要用于集美学校。我校也因此在新校区建设和修缮嘉庚建筑的工程中，得到很多集友银行的分红和利息的资助。从 1996 年校董会成立到现在，总计收到捐赠已有 5 亿多人民币，其中李氏基金的捐赠已达 7400 多万元人民币。

▲ 李氏基金创始人、陈嘉庚女婿李光前先生

李氏基金是著名侨领李光前先生于 1952 年建立的。李光前先生是一位反法西斯的英勇战士、新马人民民主运动的先驱，是杰出的教育家、社会活动家。

他既是“华侨旗帜、民族光辉”陈嘉庚先生的爱婿，又是陈嘉庚先生倾资兴学最得力的襄助者。为了办社会公益，服务文化教育和社会福利，李光前先生最初从他创建的南益集团划出一部分资产，专门设立李氏基金。1964 年，李光前先生又将他名下的南益集团的股权全部献给李氏基金，至此，李氏基金占南益集团 48%的股权。李光前先生的长公子李成义先生，接任南益集团和李氏基金主席后，同胞弟李成智、李成伟一起，继承和发展南益集团和李氏基金。正如李成义先生曾说过的，“先严毕生致力发展文化教育事业，冀望梓里千秋伟业，亘古常青，源远流长”，“吾当爱我双亲之所爱”。他们积极贯彻光前先生确立的李氏基金的宗旨，竭尽所能，继续为教育和慈善事业孜孜奉献。多年来，李氏基金在南洋各埠、在中国都有巨大的贡献。

李氏基金对集美大学的最早捐赠是 1992 年捐赠人民币 150 万元，建设体育学院“竞武馆”，同时捐给体院中巴车一部。1994 年 10 月集美大学组建成立后，黄金陵校长率团访问新加坡，得到李氏基金主席李成义先生捐资 200 万元港币，设立李氏基金集美大学学科建设基金，每年用来奖励优秀的青年教师。

▲ 李氏基金主席李成义先生（左三）、李成智先生（左四）亲切会见时任集美大学校长辜建德（左二）、时任集美大学外办主任叶光煌（左一）

1999 年，我和时任集美大学外办主任叶光煌第一次到新加坡访问，见到李成义先生。这是一位温文尔雅，充满智慧的老人。他总是微笑着耐心倾听来访者的讲述。在听完我对学校情况的介绍后他轻轻的问道，我们能帮助做些什么？因为是第一次见到这样平易近人的亿万富翁，我十分紧张，毫无思想准备，一下子不知道该如何回答。幸好边上的一位朋友提醒："老先生在问学校有什么困难需要帮助？"我赶快想起体院的综合训练馆，因为缺乏资金，工期已经拖延很久了。希望李氏基金能够在过去支持过体育学院的基础上，继续支持修建学校的综合训练馆。李成义主席听完汇报后，立即慷慨表示捐赠400万港元。帮助我校体育学院建设综合训练馆和网球场。

从2000年到2004年，我每年都会到新加坡访问，每次的时间很短，都得到李氏基金三兄弟的热情接待，李成义主席总是露出和蔼谦和的笑容，很认真地听取我们对上一个项目建设完成情况的汇报及新的请求。

李成义先生不止一次对我说："先外祖父的事业就是我的事业，我一定会尽力帮助把集美大学办好。"在这期间，李氏基金为我校第一座以嘉庚先生名字命名的嘉庚图书馆捐资600万港元。

▲ 2004年10月29日，李氏基金主席李成义、张治华伉俪（前排左三、前排左二）视察集美大学，前排左四为集美大学常务校董、陈嘉庚侄儿陈共存先生

2004年10月29日，李氏基金主席李成义到集美大学视察，他兴致勃勃地参观学校刚落成不久的嘉庚图书馆，听取学校建设新校区的报告后，原则同意支持我校第一座以李光前先生名字命名的建筑物光前体育馆的建设。83岁高龄的李成义先生坐着轮椅在集美大学的校园里，走了又走看了又看，依依不

舍之情溢于言表。

2005—2009 年，我们到新加坡访问李氏基金，基本上都是李成智先生和李成伟先生接待我们。

这期间除了捐赠人民币 1000 万元支持我校建设光前体育馆外，还分别捐赠支持集美大学工商管理学院英语专项基金总计 100 万元和集美大学老人活动基金 30 万元。

从 2010 年开始，李氏基金每年捐赠 100 万新币共十年，总计 1000 万新币，折合人民币 5000 万元。支持我校陈爱礼国际学院的建设，作为李氏基金向集美大学一百周年校庆的贺礼，将国际学院命名为陈爱礼国际学院，表达了学校对李氏基金创始人李光前、陈爱礼夫妇的敬仰和感激之情。

在迎接集美大学百年华诞的喜庆日子里，我们更加想念李氏基金三兄弟，三位可敬的李氏基金会主持人，更加感激李氏基金多年来对集美大学恩重如山的捐赠和关爱。

令人痛惜的是，李氏基金主席李成义博士于2016年5月11日逝世，享年95岁。李氏基金主持人、新加坡华侨银行前董事长李成伟先生于2015年8月7日逝世，享年85岁。李氏基金对集美大学的关爱和支持将永载史册，李成义先生和李成伟先生继承外祖父陈嘉庚先生的事业所留下的光辉业绩，光照人间，他们都将永远活在我们心中。

2018年10月8日
距离
2018年10月20日
集美大学百年校庆
还有 12 天

乒乓世界冠军到集大备战世锦赛

作者：李晓飞，校友会办公室科员

2014年4月17、18日晚，由国家乒乓球羽毛球管理中心、厦门市人民政府主办的2014年备战（东京）第52届世锦赛中国男子乒乓球队热身赛在我校光前体育馆举行。国家乒乓球队总教练刘国梁率领国乒奥运冠军、世界冠军走进我校，与我校学子交流互动。

▲ 张继科与马龙花式乒乓球表演赛

热身赛令集大学子欢欣鼓舞，争相观看，也引来附近众多乒乓球爱好者，世界顶级水平的对抗赛，引发众多粉丝尖叫与掌声。

▲ 辜芳昭与刘国梁为比赛开球

17 日晚，校党委书记辜芳昭与国家乒乓球队主教练刘国梁为热身赛开球，开球仪式结束后紧接着便是赠球活动。国乒领队黄飚刚说出：“现在开始球员赠球环节。”观众观众席立即沸腾起来，一些后排的同学立即起身冲向前方，在围栏边上奋力拍手呼喊，前排同学也纷纷站起来举手欢呼，生怕自己慢了一点就与球擦肩而过。

▲ 现场热情高涨的观众

王皓、马龙、张继科等球员迅速挥舞手中球拍，那飞入空中的白色小球如同风向标，它飞向哪里，观众的目光就转向哪里。看到观众情绪如此高涨，球场内的国手们也加快挥拍赠球的速度。

在18日的决赛正式开始前，张继科和马龙带来夺人眼球的花式乒乓球表演赛，令观众们伸长脖子，掀起小高潮。

模拟赛结束，热情的学生们围住乒乓队员所乘客车，纷纷举起手机拍照，不愿散去，几经劝导，客人们才得以离开。据负责安排模拟赛的厦门乒乓球协会人士传回消息，集大学生的热情，给中国男子乒乓球队留下深刻印象，这届东京世界锦标赛上，中国男乒发挥出色，几乎没有遇到强劲对手，实现中国男子乒乓球七连冠。

2015年，为备战第53届世界乒乓球单项锦标赛，中国乒乓球男队于3月3日到厦门封闭集训。经过38天紧张而高效的训练，在即将完成此次集训之际，为回馈厦门人民的大力支持，检验集训的效果，增加实战经验，国乒队再次选址我校安排此次顶尖水平的热身赛。比赛由国家乒乓球羽毛球管理中心、厦门市人民政府主办，厦门市体育局、湖里区人民政府和我校承办。

2015年4月10—11日，2015备战苏州53届世锦赛中国男子乒乓球队单项热身赛在我校光前体育馆举行，这是国乒队第二次在大赛前来到我校练兵。

当主持人依次报出热身赛参赛选手的名字时，场上的尖叫声、欢呼声此起彼伏。现身我校赛场的不仅有张继科、马龙、樊振东、方博等现役“大咖”，还包括乒乓球界老牌“男神”刘国梁、马琳、王励勤等，每一位都极具“粉丝效应”。比赛时，观众席上，师生们的喝彩声不绝于耳。嘉宾席上，大家对照赛程安排观看运动员的比赛，热烈讨论国手比赛的战术。每当有一方落后时，场上的观众就会自发为其加油，场面十分热烈。

毋庸置疑，这样的明星效应确实使得乒乓球这项运动更加深受集大人的青睐，也推动我校校园体育掀起新的热潮。

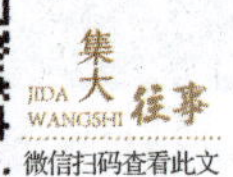

百项经典精品工程——吕振万楼

作者：辜建德，原集美大学校长

集美大学百年校庆即将到来，这一年也是陈嘉庚先生创办师范教育一百周年。不少师范老校友回校参加同学聚会，走进集美大学新校区，穿过南校门广场，沿着人工湖畔的大道，来到教师教育学院所在的行政办公和教学大楼。会看到一座楼高 32 米，建筑面积 9775 平方米的五层大楼矗立在湖畔。学校为了感谢吕振万先生的慷慨捐资，将这栋富有嘉庚风格的大楼命名为吕振万楼。

▲ 吕振万楼是教师教育学院行政办公及教学楼

吕振万是旅港著名侨领、社会活动家、实业家、教育家、慈善家，是集美大学常务校董，他在海外经商，不忘养育他的祖国大陆，中国改革开放之初，吕振万先生看好祖国的大好前景，果断作出决策，实行战略转移，迅速把投资发展实业转向国内，投入祖国的建设事业。他生前对教育和其他公益事业的捐赠超过 1.5 亿港币，有 11 所大学、22 所中学、123 所小学、5 所幼稚园和 21 个其他公益项目得到吕老的捐赠。吕振万先生继承、发扬、光大嘉庚先生爱国重教的传统，为我国特别是福建的教育事业做出杰出贡献。吕振万先生对祖国、对家乡人民、对教育事业的巨大贡献，得到人们对他的无比热爱、无比崇敬。福建省政府把他作为对福建教育贡献最大的海外名人之一予以表彰。2000 年 12 月 19 日，《福建日报》把陈宝琛、陈嘉庚、梁披云、吕振万评为八闽四大杰出教育家。

我从 1999 年第一次拜访认识吕振万先生开始到 2009 年我在校长任上最后一次见到吕振万先生，每一次见面都能深深感受到他老人家对祖国、对家乡、对教育的热爱，尤其是对集美大学有着特别深厚的感情。

▲ 集美大学常务校董吕振万先生（左二）亲切接见时任集美大学校长辜建德（左一）、集美大学外办主任叶光煌（左三）

吕振万除了捐赠 200 万元资助建设吕振万楼以外，还非常关心集大的学科建设和新校区绿化建设。他除了担任集大常务校董还担任集大名誉教授并且推荐集大财经校友王友钊先生和其他一些好友担任集大名誉教授。吕振万先生对校园绿化建设情有独钟。早年就曾经为厦门大学捐过洒水车，而且在他所捐赠的许多中小学和企业中都提倡建成花园式的单位。他在和我的交流中多次提出要十分重视新校区的绿化建设，要多种树，种大树。

我们也永远不会忘记吕振万先生在他和王友钊先生接受集美大学的聘书后所谈的一段深情的话。吕振万先生说："虽然本人获得不少高等学府的教授荣衔，但能受聘担任集美大学的名誉教授，意义特殊，倍感亲切。一是因为中国政府大力支持集美大学的建设发展，这是对海内外华侨为祖国教育事业所做贡献的一种肯定；二是因为集美大学位于福建家乡，有生以来对集美就有一种特别的家乡情怀。希望集美大学大力弘扬嘉庚精神，办成一所有特色的学校，充分体现海内外华人关心支持中国教育事业的传统和美德。"

2015 年 4 月 5 日，吕振万先生因病于香港逝世，享年 91 岁。吕振万先生的逝世牵动着千万人民的心，我们怀着无限悲痛的心情，哀悼这位伟大的老人。4 月 27 日，受学校委派我们一行赶到香港，参加吕振万先生的葬礼，为吕老先生送行。一束束淡雅清新的鲜花，一首首庄严肃穆的圣歌，寄托着人们的哀思，诉说着所有亲人、好友、以及千千万万受到吕振万先生恩泽的孩子们对他老人家不幸逝世的悲伤。

最近为了庆贺集美大学的百年华诞，吕振万先生的公子、我校常务校董吕荣义又捐赠我校人民币 100 万元，他说今后一定要继承父亲的遗愿，继续关心和支持办好集美大学。

安息吧！吕振万先生，我们会永远怀念您，您永远活在我们心中！

2018年10月10日
距离
2018年10月20日
集美大学百年校庆
还有 10 天

百项经典精品工程——景祺楼

作者：叶光煌，诚毅学院院长

在集美大学诚毅学院校区西北侧，矗立着一幢高大的砖红色建筑物。该建筑物总高度107米，地下一层，地上19层，是一幢集行政办公、教学、图书馆于一体的多功能综合大楼，占地5400平方米，总建筑面积为43000平方米。

▲ 景祺楼是集美大学诚毅学院集行政办公、教学、图书馆于一体的多功能综合大楼

该大楼是集美大学新校区的重要组成部分，建筑构造颇具特色。其外观融合中西两种不同建筑风格，采用西洋式屋身，中国闽南式屋顶。建筑的正面与背面不求统一，不仅注重每个立面与所对应建筑立面相协调，还注重建筑空

间与环境相协调；立面采用西方建筑柱式和拱嵌的模式，而在屋顶细部刻画上，又掺杂闽南建筑飞檐起翘流动曲线和色彩鲜艳琉璃瓦坡屋面。整个外观既秉承了嘉庚建筑风格又富有现代楼宇气息。

▲ 王景祺先生

学校将诚毅学院这幢标志性建筑命名为“景祺楼”，以感谢王景祺先生对集美大学的关心厚爱和巨大贡献。“景祺楼”是由著名的同济大学建筑设计院研究设计的，获得建设部2008年度设计优秀奖，还获得2010年度福建省“闽江杯”优质工程奖。“景祺楼”三个遒劲传神的大字是由世纪老人著名书法家梁披云先生手书。

王景祺先生是印尼BSG集团主席，久享印尼船王盛名。他出生印尼，少年时曾回厦门鼓浪屿读书，深受中华文化的熏陶和影响，热爱桑梓，心系祖籍国。担任集美大学常务校董以来，他十分关心支持集美大学的事业发展。

2001年，他在集美大学设置“王瑞庭海上专业助学奖学金”，资助家庭困难的学生，15年来有1000多位学生受益，资助总金额为512.98万元。

受资助的贫困学生，感受到嘉庚精神的伟大和王景祺先生博大的胸怀。他们十分珍惜王先生给的每一分钱，纷纷传承这种爱心。张维同学在给王景祺先生的信中写道：“先生的崇高品德将是我永远也读不完的书，我将鼓励自己像先生一样，做一个有善心的人，做一名优秀的国际海员，为中国海员争光。”2007年，工作不到一年的张维，给王瑞庭海上专业助学金管理小组寄来6200元，希望帮助更多的同学。王胜科同学在给王景祺先生的信中写道：“今年我们家的生活条件有了一定的好转，我想将自己争取的那份助学金让给更需要它的同学，让您的这份爱心能传递下去，让多一个同学顺利完成学业。”

▲ 2002 年 3 月 27 日，“王瑞庭海上专业助学金”获助同学与管理小组成员合影

王景祺先生只要回厦门，必定要到学校看望受他资助的学生。他说：“同学们不要感谢我，我之所以这样做也是受嘉庚精神的影响，受李尚大先生的影响，我本身也是搞航运的，对航海有特殊的感情。大家把身体锻炼好，把事业搞好，就是对我最好的感谢。”王景祺先生在给学生颁发的获奖证书上写道，“航行更安全，海洋更清洁”，表达了对航运事业的深厚感情和无限希望。

▲ 李川羽（前排右三）、王景祺（前排右一）等领导参观诚毅学院陈嘉庚语录碑廊

2002 年，当王景祺先生得知集美大学要创办独立学院时，他表示积极支持并倡议向校董募集建校基金。集美大学诚毅学院成立后，王景祺先生担任诚毅学院副董事长，2007 年慷慨解囊 1000 万元，捐建诚毅学院主楼“景祺楼”。鉴于王景祺先生热心公益、造福桑梓的崇高善举，福建省人民政府对王景祺先生进行了表彰，授予他“福建省捐赠公益事业突出贡献奖”金质奖章牌匾和荣誉证书并立碑纪念。

▲ 王景祺先生在景祺楼揭幕仪式上讲话

一个企业家成功与否，物质财富只是表像，社会责任感才是衡量的标杆。尤其作为出生在海外且长期在海外生活的华人，王景祺先生能把社会责任扛在肩上，让大爱精神在祖籍国发扬光大，实属难能可贵，值得我们学习和颂扬。

2018年10月11日
距离
2018年10月20日
集美大学百年校庆
还有 9 天

劳模风采・孜孜以求 默默奉献

——福建省劳动模范晏卫根

作者：李海川，教务处综合科科长；林海峰，工会副主席

“我喜欢数学，喜欢读书，喜欢研究，研究数学是件体力活，除去那一星半点的灵感，更多的是努力与勤奋。聪明的人总想找捷径，而研究数学要的是一步一个脚印”，因为这份喜欢，这份执着，晏卫根教授几十年如一日，攻坚克难、开拓创新。

▲ 晏卫根教授

晏卫根是集美大学理学院教授、教务处长。2010年和2013年，先后获得厦门市劳动模范和福建省劳动模范的荣誉称号。

晏卫根教授的研究方向是组合数学与图论，现为中国组合数学与图论学会理事，福建省数学会副理事长。他始终关注学术领域内的最新进展，及时吸收最新的研究成果，时刻站在学术前沿从事创新性研究，取得丰硕的成果。

他于 2009 年获得福建省科学技术奖一等奖。新加坡南洋理工大学、澳大利亚墨尔本大学、Newcastle 大学、台湾“中央”研究院数学研究所等科研院所邀请他进行学术访问。近年来，他在 10 种国际重要期刊上发表学术论文 40 多篇，完成的论文被广泛引用，其中被 SCI 期刊引用超过 200 次。

▲ 晏卫根教授接待国内专家

作为学科带头人，晏卫根所带领的研究团队为学校申请到数学一级学科硕士点起到重要作用。他所带的专业团队已取得 10 项国家自然科学基金项目，他本人完成多项国家自然科学基金面上项目。

“一个好的老师对学生的影响是非常大的”，晏卫根教授不仅在科研上潜心耕耘，在人才培养上也事事躬亲，言传身教。他从不因为科研、行政工作的繁忙而减少教学工作和减低教学质量。

自执教以来，他始终把“学高为师，德高为范”当作座右铭，以“爱心、耐心、细心”贯穿教学工作始终，关心每一位学生。

▲ 晏卫根教授与他的学生们

工作的间隙，办公室里经常都能见到他和学生的身影。无论多忙，他每周都会抽出时间与学生们在一起，他努力创新多种形式的教学活动，从教他们阅读文献到一起探讨课题，手把手传授他们从事研究的正确方法和诚信的治学态度，他不仅让学生在学业上有所收获，更让学生学会如何做人。

他很“享受”这个过程，他也深受学生的喜爱。

2009 年，晏卫根入选集美大学第一层次优秀青年骨干教师；作为团队主要成员（第二）获得福建省教学成果一等奖；作为主要参与人的“高等代数”为省级精品课程立项项目；是“信息与计算科学”专业省级实验教学示范中心项目的主要建设者。此外，他积极组织领导并参与全国大学生数学建模竞赛活动，帮助学校在全国大学生数学建模竞赛中取得好的成绩，实现全国一等奖零的突破。

晏卫根身为科研骨干潜心研究，身为一线教师言传身教，身为教务处处长也兢兢业业。

“晏卫根教授来教务处担任处长的四年，是我们教务处融洽相处的四年。”同事这样评价他。在这四年里，他宽以待人，低调谦和，营造出和谐向上的处室团队氛围。

在他的心里，时刻都惦记和关心着自己的团队。同事在工作和生活中遇上困难，他都会想方设法努力帮助解决，对下属在工作中存在的这样那样的问题，总是晓之以情，动之以理，工作中的任何挫折、失误和缺点，他总是第一个站出来担当，即使自己受到委屈或误解，他都会以平常心坦然面对。

▲ 毕业典礼上，学生向晏卫根教授献花

近年来，学校的教学工作取得丰硕成果，新增国家级实验教学示范中心 1 个，国家级虚拟仿真实验教学中心 1 个；新增教育部首批新工科研究与实践项目 1 项；新增国家级创业类慕课 1 门；新增教育部产学合作协同育人项目 27 项；获评省级创新创业教育改革示范高校。2016 年和 2018 年，学校顺利通过本科教学工作审核评估和整改回访。这一切，教务处长晏卫根功不可没。

在他的带领下，教务处屡获殊荣。2017 年被福建省教科文卫体工委评为“五一先锋号”，被厦门市总工会评为“工人先锋号”，教务处党支部 2016 年被中共福建省委教育工委评为“先进基层党组织”。先后多人获得福建省、厦门市和学校的各项表彰嘉奖。在机关作风与效能建设网络测评的每个季度，教务处都是“最佳单位”之一。

人们常说“榜样的力量是无穷的”，的确，当集美大学工会精心打造具有集大特色的劳模文化时，晏卫根任劳任怨，孜孜以求的精神；爱岗敬业，乐于奉献的品格，不仅得到同事和学生们的广泛点赞，也成为嘉庚精神、对“诚毅”校训的最好诠释。

百项经典精品工程——陈章辉楼

作者：余顺年，机械与能源工程学院教授

陈章辉楼，楼高33.1米，共5层，建筑面积9209平方米，是理学院行政办公及教学实验楼。

▲ 陈章辉楼

新校区建设工程也具有嘉庚建筑“穿西装，戴斗笠”式中西合璧的特色，同时又使这种风格得到新的演绎，表现在陈章辉楼的屋顶就与传统的红瓦燕尾屋顶有所不同，加上镂空处理，其所使用的“出砖入石”工艺也不单体现为石柱上的砖与石的变化，而是以整面砖红色的墙体为背景，点缀灰色的砖石，陈章辉楼的落地玻璃窗中映衬着颇具现代感的回旋楼梯，这对现代组合旁边则是考究的雕花镂空窗，从花型的镂空中能窥见用玻璃与铁艺制造的欧式田园风格楼窗。所谓“出砖入石”是陈嘉庚独创的建筑工艺，他利用厦门盛产的多色花岗岩，在建筑主体和立面以及格子上使用彩色花岗石镶成图案，色彩本原，美观大方。

▲ 2013年10月20日，在集美大学诚毅学院隆重举行“福信楼”揭牌仪式，集美大学常务校董、集美大学诚毅学院副监事长、福信集团董事长黄晞（左二），集美大学校董、福信集团总裁吴迪（左四），厦门市委常委、统战部部长黄菱（左三），原集美大学党委书记张向中（左一），原集美大学校长辜建德（左五）参加揭牌仪式

“陈章辉”楼是由福信集团捐建的，同时捐建的还有“福信楼”和“大唐楼”。福信楼位于集美大学诚毅学院，延续嘉庚建筑风格，屋高6层，建筑面积8500平方米，是诚毅学院实验楼。

“大唐楼”始建于1977年，建筑面积为7300平方米，为6层建筑，集行政、教学和实验中心为一体，集美大学组建成立后加以重新装修，按嘉庚风格新建屋顶。

福信集团创始人陈章辉先生及其夫人，时任福信集团董事长、集美大学常务校董黄晞女士，福信集团总裁、集美大学校董吴迪，均为集美大学校友。

吴迪校友还曾在大唐楼学习过，他们对集美大学都有深厚的感情。

▲ 2015 年 12 月 30 日，在集美大学隆重举行“大唐楼”揭牌仪式，校长苏文金（左六），福信集团总裁、大唐房地产集团董事长吴迪（左七）等参加了揭牌仪式

福信集团不仅捐赠了 800 万人民币支持创办诚毅学院和集美大学新校区建设，在集美大学新校区建设资金最困难的时候，黄晞董事长还向校领导表示，一旦集美大学有燃眉之急，福信集团必将尽己所能给予全力支持。福信集团的深情厚谊，是新校区建设战胜一切困难的坚强后盾。为了感谢福信集团对集美大学教育事业的关心和支持，继新校区陈章辉楼落成后，学校又将诚毅学院和机械工程学院的教学实验楼分别命名为福信楼和大唐楼，并分别于 2013 年 10 月 20 日和 2015 年 12 月 30 日举行隆重的揭牌仪式。时任集美大学校长苏文金教授和福信集团董事长黄晞女士、大唐房地产集团董事长吴迪先生出席了揭牌仪式并相继发表热情洋溢的讲话。

1982 年 9 月，与千千万万大学生一样，吴迪怀揣梦想来到著名侨乡——集美学村接受高等教育，在进行专业知识学习同时受到嘉庚精神熏陶。

在这里，他遇到对他一生产生重要影响的恩师陈章辉老师。“陈章辉先生于我来说，亦师亦友。”吴迪回忆说，无论是他在大学任学生干部期间还是毕业后回东北进入体制内工作的阶段，他与陈章辉先生时常探讨国家的未来发展。“做利国利民的事”成为他们的共识。

大学期间，吴迪校友曾担任班长及系学生会主席。那时起，他就表现出非凡的组织和管理才能，对事物有着独特的看法和超前眼光。在同学们的眼中，吴迪“能干、肯干、实干”。作为班长，入学之初，班级即成立党章学习小组，这在当时的全国大学生中也比较少见。1983年，正值集美学村成立七十周年，该事还被《中国青年报》报道。毕业后，吴迪校友依然关心班级同学工作和生活，同学有任何困难都会尽全力帮忙。在他的倡导和班主任陈扼西老师的亲切指导下，2000年，即毕业十四年后所在班级于厦门举办毕业后第一次的同学聚会。从那以后，所在班级坚持每十年聚会两次。每次同学聚会，吴迪校友不仅在经费方面给予大力支持，而且无论多忙都会亲自到场，与同学们见面交流。在他的大力支持下，班级聚会办得有声有色！

经会长吴迪校友的倡议，厦门水产学院厦门校友会在集美大学设立“嘉恩助学金”。该项目一方面帮助那些学习优异但经济条件比较困难学生完成学业，另一方面以此弘扬嘉庚精神，感恩母校培养。该项目第一年就颁发出五万元，而且为学校绿化捐赠五万元。如今，该项目提高到10万元。吴迪校友表示：“今后不管情况如何变化，助学金项目一定会坚持做下去。”

福信集团创立于1993年，经历25年发展壮大，业已形成以金融为引擎，房地产为主业，高科技产业为导向，包括贸易及文体产业在内“五业并举”的发展格局，是享誉国内的大型综合性民营企业。大唐地产源自台湾，兴于厦门，2009年大唐地产获得福信集团战略投资，与福信集团旗下地产板块战略整合，成为集团旗下地产核心品牌。大唐楼也是福信集团创始人及多位大唐地产高层管理人员求学及工作的场所，记录着大唐人奋斗的青春，孕育着大唐人最初的梦想。福信楼、大唐楼的命名和揭牌，既是对集美大学的美好祝福，也是集美大学与福信集团、大唐房地产集团的情谊见证，是双方加强校企合作、共同发展的新起点。

我们为拥有陈章辉、黄晞、吴迪等这样优秀的校友感到自豪和骄傲！

2018年10月13日
距离
2018年10月20日
集美大学百年校庆
还有 7 天

劳模风采·追求卓越，砥砺前行

——厦门市劳动模范何宏舟

作者：叶自鼎，工会办公室副主任

“为者常成，行者常至”，这句话当是何宏舟教授这几十年来的真实写照。

何宏舟是集美大学科研处处长、博士生导师，福建省科技创新领军人才，福建省优秀科技工作者。曾先后获得厦门市优秀教师、福建青年五四奖章集体（负责人）等荣誉称号。2017年被评为厦门市劳动模范。

▲ 何宏舟教授

何宏舟长期战斗在科技工作第一线，带领研究团队攻艰克难，围绕着福建省资源能源的开发利用，积极开展无烟煤的清洁燃烧、工业过程高效节能、海洋可再生能源利用与海水淡化技术等一系列的研究，建成完整的能源利用体系，弥补了福建省能源方面的空白。

他先后主持和承担国家海洋局海洋可再生能源项目、国家自然科学基金项目、国家科技部星火计划项目、国家海洋局海洋经济区域创新示范项目及省科技工业产学合作重大项目等省部级以上课题10多个，获资助经费近3000

万元。同时，他先后获得福建省科技进步奖二等奖和福建省专利奖二等奖，以及 2017 年度中国商业联合会科学技术奖三等奖 。他以第一作者（通讯作者）在国内外权威学术期刊发表研究论文 40 多篇；授权发明专利近 40 个。研究工作得到国内外学术同行高度认可。

▲ 何宏舟教授参加学术论坛

回首来时路，何宏舟总是感慨万千。团队建设的不足、课题的缺乏、人才培养模式的制约、平台的局限……一个又一个问题如同大山一般横在前头，面对如此困境，他带领团队一路披荆斩棘，自主创业，实现从无到有，从粗到精的飞跃突破，成就今日的辉煌。正可谓“栉风沐雨砥砺行，春华秋实满庭芳”。

作为高校一线教师，何宏舟认为教师的首要任务就是上好课，在课堂教学中“授人以鱼，不如授人以渔”，他将教学相长作为其教学实验最重要的一环，在对学生的创新实践能力提出高要求的同时，他本人亦不断学习，与时俱进，尽力给学生带去更充实更有价值的课堂。

他总是将科研思维融于课堂中，以达到提高学生学习兴趣，激发学生创新意识和创新热情的效果，向学生传递执着的科研实干精神，帮助学生提高处理问题能力。

他与校外的多家企业有良好的合作关系，为学生们提供实践的舞台，让他们有更多的实践经验和丰富的社会阅历。

何宏舟称此为“科研对教学的反哺”，在他看来教学不仅是教学本身，亦是科学与哲学的统一，是情怀与责任的结合。

生活中，何宏舟对自己的诠释仅有“乐观”二字，在他看来，乐观是积极向上的精神风貌，是作为团队核心人物不可缺失的重要特质，只有乐观向上积极开拓的精神才能给予团队不断进取的力量。主动作为，营造良好氛围，是他多年来在科研管理方面的经验。

在团队中，何宏舟主张个人应具有使命感和自我实现的价值追求，这是个人的立身之基，亦是团队成员的统一诉求，有了这一点，团队方能更加强大团结。

何宏舟说：工作几十年来，“诚毅”二字是他奉行如一的准则，是他精神的脊梁。诚，以真才实学为人民服务，不弄虚作假，踏实做学问；毅，遇到失败百折不挠，愈挫愈奋，再接再厉。“诚毅”二字，让他受益匪浅。

他主张发现每个人的美。发扬“集美”精神，即“集心集力集智，集天下之大美”，有了这种意识，才能惟贤是举，因材施教，充分发挥每个人的价值。他力求“以好的作风带人，带出作风好的人”，以个人起表率作用，用自身的魅力去感染团队人员，以达到团队集心集力的效果。

面对各类荣誉称号，何宏舟表示：这些均属于过去，是对过去成果的肯定，亦是对未来的激励与鞭策。它们不是属于个人的荣誉，而是外界对于团队中的每一位成员努力付出的认可。生命不息，奋斗不止，荣誉终归只是一时的，唯有对科研孜孜以求的精神永不停息。

何宏舟的科研之路仍在继续，他的每一步都在努力走向绿水青山，碧海蓝天的明天，让我们跟随他一同展望美好未来！

2018 年 10 月 14 日
距离
2018 年 10 月 20 日
集美大学百年校庆
还有 6 天

集大国宝

作者：方泽宏，资产与后勤管理处副处长

都知道集美大学嘉庚建筑美轮美奂，殊不知这些建筑群中藏着八栋“国宝”、一栋“市宝”；都以为旧貌新颜赏心悦目，殊不知修旧如旧更具风貌；都看到大楼修缮之后的焕然一新，殊不知过程和细节才成就当前的和谐统一。

▲ 尚忠楼

宝贝诞生记

2006 年，集美学村 17 栋嘉庚建筑、厦门大学 15 栋嘉庚建筑入选第六批全国重点文物保护单位和“首批中国 20 世纪建筑遗产”名录，其中 8 栋位于集美大学校区内，分别是：尚忠楼群的尚忠楼、诵诗楼和敦书楼，允恭楼群的即温楼、允恭楼、崇俭楼和克让楼，以及科学馆。2015 年诚毅楼入选第六批市级文物保护单位。原国家文物局副局长童明康指出：“嘉庚建筑具备文物的五大价值，形成建筑上独一无二的嘉庚门派，具备了世界遗产的要素和普遍价值，有成为世界遗产的潜质。”

除了这九栋楼，集大还有福东楼、海通楼、科学馆南楼、航海俱乐部等嘉庚早期建筑以及按原样重建的明良楼、军乐亭。这些嘉庚建筑加以保护，迟早会成为市宝、省宝、国宝。

宝贝修缮记

▲ "集美学村嘉庚建筑—敦书楼"修缮工程落成仪式

经历了抗战期间日军飞机轰炸，解放前夕国民党炮击损坏，多次修复，九栋建筑至今依然屹立。1998 年，尚忠楼、诵诗楼、敦书楼进行了楼面翻修。2000 年崇俭楼、允恭楼、克让楼、科学馆按原状进行维修。2001 年即温楼维修。

▲ 允恭楼新貌

但是，毕竟经历近百年风雨的侵袭，集美大学的早期嘉庚建筑都已出现不同程度的缺失和损坏。为了保留好历史留下的每一分宝贵财富，为了更好地弘扬嘉庚精神，2011 年，学校在争取到国家文物局、省财政厅、厦门市文广新局、集美区政府、集美学校委员会的支持前提下，决定“遵守不改变文物原状、最小干预等原则”，对校内 13 栋嘉庚建筑全面进行保护性修缮并重建明良楼和军乐亭。

至今，历时六年有余，15 栋嘉庚建筑以崭新的面貌迎接学校的百年校庆。

宝贝修缮轶事

不说争取资金的艰难，不说立项审批、采购招标的繁杂，不说参与者们的艰辛，只简单记录下你所不知道的几件轶事。

你知道吗？嘉庚建筑的修缮最难的是结构加固，需要加强原有地基和墙体的整体性。

你知道吗？为了保留“出砖入石”的特色，工人师傅将拆下的废弃砖石，研磨成分、兑以胶水、逐块粘贴，让砖石焕发出棱角的魅力。

你知道吗？尚忠楼群在修缮前门窗都是绿色的，而且掺杂铝合金和铁件，这次全部恢复朱红木结构。

你知道吗？明良楼重建后，为了使屋顶更接近当年的“三翘脊硬山顶，燕尾式脊尾”特色，曾拆除再建。

据说中标的修缮单位公司来头不小，曾经参与故宫的修缮。

据说为了确定允恭楼是恢复三层建筑还是四层建筑，学校掀起一场嘉庚早期建筑考证热。

据说科学馆中央第四层为气象台的木质楼梯朽坏，差点使现场考察的领导摔一跤。

据说为了找到“嘉庚瓦”，学校派专人到九龙江边的龙海市平宁村严溪头一带，寻找当年生产集美砖瓦厂的厂家，希望重启旧瓦窑。

轶事和据说，希望你到集大参观考证后往下传说。

2018年10月15日
距离
2018年10月20日
集美大学百年校庆
还有 5 天

劳模风采·人生的常态，应是步履不停

——访厦门市劳动模范：我校副校长曹敏杰教授

作者：罗旻敏，宣传部科员

曹敏杰，集美大学副校长，教授，博士生导师，“食品科学与工程”一级学科硕士点负责人，福建省“百千万人才工程”人选，福建省“优秀教师”，厦门市“优秀留学回国人员”，厦门市“劳动模范”，国务院政府特殊津贴专家。

曹敏杰从教以来三十多年的生涯里，他始终以认真、细致、严谨、勤奋的工作态度要求自己，为学生诠释“诚毅”精神的内涵。

▲ 曹敏杰教授获得厦门市“劳动模范”荣誉称号

我的职业，首先是教师

“我的职业，首先是教师。”曹敏杰长期扎根教学第一线，出色完成各项教学工作。他给大一新生上导论课，帮助学生了解专业的发展方向和发展前景，培养他们热爱本专业、参与科研的兴趣。“我注重培养学生的动手能力、思维能力，希望学生能自己提出问题、积极思考、通过实验解决问题。”作为分管教学

的副校长，他特别重视本科教学并积极参与。

除了给本科生上课外，他还担任班主任工作。让他感到骄傲的是，他担任班主任的生工1411班四年学习期间没有一位同学考试作弊，有5名同学考上研究生继续深造。他还是硕士生和博士生导师，至今已经培养了72名研究生。今年6月，由曹敏杰培养的我校首位博士后顺利出站。

曹敏杰对待教学始终是用心的，由他主讲的本科课程“生化工程”曾获评福建省精品课程。在授课中，他将基础知识的传授和学科的最新发展结合起来，不断更新授课内容，了解国际发展前沿，“本科教育不能马虎，所有的工作都应该围绕学生来做”。在指导本科学生从事毕业论文工作时，他一方面为学生提供最新的国内外动态，设计有挑战性的课题；另一方面，他特别重视培养学生的独立思考能力、问题解决能力、实验结果分析能力等，提高他们的综合素质。

科研，应远离个人利益

“无论带哪个层次的学生，我都要求他们以实事求是、精益求精的态度对待科学实验，希望他们在这个过程中培养百折不挠的精神，这不仅是科研的精神，也是对人生的态度。”自2003年回国，曹敏杰未停止过科研的脚步。他说：科研不能围绕个人利益开展，科研是一个由现象探求本质的过程，从疑惑到清晰，不断探寻更深层次的问题，研究工作取得进展的喜悦，是利益无法替代的。

▲ 曹敏杰教授参加学术研讨会

他先后主持国家自然科学基金项目6项、国家“科技支撑计划项目”子课题3项，国家海洋局公益性项目、福建省科技厅重大专项、福建省科技重点项目等30多项科研课题。

迄今为止，已在国际刊物发表学术论文100余篇，被国际同行引用1000余次；以第一发明人申请发明专利22项，获授权10项，担任30余家国际刊物的审稿专家。今年，他还参与《水产食品学》一书的编写工作，将自己的研究成果及时融入教材中，为教学事业贡献自己的力量。

让科研真正服务于社会

曹敏杰的科研工作注重实际应用。作为“水产品深加工技术国家地方联合工程研究中心”负责人，近年来，他研究的重要方向是贝类加工副产物综合利用。福建省的牡蛎产量全国第一，加工过程产生的大量副产物——牡蛎壳已成为严重的环境问题。在发现牡蛎壳煅烧后制肥能有效提高酸性土壤的pH值后，他将这一研究成果试用于福建平和柚子种植中，有效地改善土壤的酸碱度，改善柚子的品质。此外，牡蛎壳灰对土壤中的重金属还有吸附作用，能将受污染土壤生产的大米中重金属含量降低40%，这一成果已在湖南、江西等省份推广使用。他的研究从海洋到陆地，从水产品到农产品，跨度很大，但乐在其中。

“科研的价值不仅在于推动经济发展，也在于能为科技的发展提供理论支持。”针对我国海参养殖量不断上升，海参附加值高，但在高温下自溶作用强，加工难度大等特点，曹敏杰开展相关研究。他发现，海参自溶主要原因是体壁胶原蛋白的降解。海参内脏中的丝氨酸蛋白酶(SP)和体壁中的基质金属蛋白酶(MMP)是与胶原蛋白降解密切相关的蛋白酶。

他通过现代生化分离手段从海参内脏和体壁中分离纯化了关键蛋白酶SP和MMP，详细分析了它们的生物化学和食品学特性。从原理上揭示了由SP和MMP引起的海参胶原蛋白分解代谢等生化特性与规律。这项研究结果弥补了我国在海参这类高附加值海洋生物资源高效利用基础理论研究方面的不足，也为海参的科学加工提供了理论依据。

每个人都该认真对待自己的工作

教育是立国之本，曹敏杰在本职工作之外也关注着福建省教育政策的发展方向，他多次在省政协提出使中学教育和大学更好地衔接的提案；随着国家

海洋战略的推行，需要越来越多的海洋人才，他也提出在集美大学增加研究生学位点、增加博士研究生指标，为国家海洋战略贡献力量。

作为校领导，曹敏杰最关注的是学生的学习体验。“学校时刻以学生为中心，我们所有的工作都应围绕学生展开，要让学生选择集大，热爱集大。教育部对本科教育的要求不断提高，我们对自己的教育工作也要提出更高的要求，严格规范。教师积极地教，学生更努力地学。”对教学工作严谨，对管理工作负责，曹敏杰对“劳模”二字有自己的理解。在他看来，他只不过是努力做好自己应该做的工作，兢兢业业不仅是自我价值的实现，也是对社会和国家的回报。“每个人都该认真地对待自己的工作。人生的常态，应是步履不停。”

2018年10月16日
距离
2018年10月20日
集美大学百年校庆
还有 4 天

浓浓爱校情　拳拳校友心

作者：潘晓华，校友会办公室副主任

2009年9月19日，集美大学古龙大礼堂在财经学院隆重揭牌。

古龙大礼堂建筑面积3377.37平方米，高度20.25米，工程投资约1500万元，共四层，内设有可容纳1000多个学生的多功能礼堂，健身房、表演舞台以及音控室、化妆室、更衣室等配套用房。这座大礼堂的建设改善了集美大学老校区的办学条件，方便老校区师生开展大型活动。整座大楼巍峨典雅，雄伟壮丽，既保留嘉庚建筑风格，又融入现代设计元素，为集美大学老校区增添了一道亮丽的风景。

▲ 古龙大礼堂揭牌仪式

古龙大礼堂的建设，得到厦门古龙集团有限公司的大力支持和300万元人民币的慷慨资助，是古龙集团有限公司热心公益，捐资兴学的义举。其中也融入原古龙集团有限公司董事长杨景成等校友对母校的浓浓校友情。

▲ 杨景成校友（左二）返校作报告

杨景成校友 1975 年毕业于我校财务会计专业，是一位有着传奇经历，才华横溢又有坚定意志的企业家。“不为官而累，不为名而累，不为钱而累”是杨景成的三不原则，在他领导下，古龙集团创立古龙品牌，把濒临亏损的企业发展成为有过硬产品质量和良好信誉的著名企业。2006 年 10 月 20 日，厦门轻工集团有限公司董事长、党委书记杨景成担任集美大学校董，从此杨景成校友就更加关心母校的发展和建设。他在百忙中应邀回母校，到财经学院参加“弘扬嘉庚精神”专题报告会。2010 年 10 月，集美大学校友会和财经学院联合举行陈嘉庚先生创办财经学校九十周年纪念活动，杨景成等众多校友回到母校参加活动，看望他们亲爱的老师，怀念他们在学校度过的青春美好时光。

谈起古龙大礼堂，我们想起杨景成校友；谈起杨景成校友，我们想起许许多多同样对母校饱含深情、充满期待的优秀财经校友……

林龙安校友 1988 年毕业于我校基建财务专业，后深造于中国科技大学并获得工商管理硕士学位，现任禹州集团董事长、禹州地产董事局主席。林龙安是集美大学常务校董、香港厦门联谊总会理事长、香港福建社团联会副主席、中华全国工商联第十二届执行委员会常委、中国民间商会副会长、中国民主建国会第九届中央委员会委员、中华全国归侨华侨联合会常委。2017 年 7 月，林龙安校友获香港特区行政长官委任“太平绅士”，同年，获得“亚洲社会关爱领袖奖”及“最佳上市公司 CEO 奖”。2017 年 12 月，当选香港特别行政区第十三届全国人大代表。林龙安校友在个人事业获得成功的同时不忘回馈社会，始终热心于各项社会公益事业，截至 2017 年 6 月，在香港捐赠超过 8000 万元港币；在内地捐赠 5000 万元用于合肥市教育公益事业；捐赠 4000 万元以上用于支援灾区扶贫等项目；捐赠文教事业 4000 万元以上，其中，向母校集美大学累计捐赠 600 多万元人民币。

▲ 杨华辉校友（左一）返校作报告

杨华辉校友 1988 年毕业于我校税务专业，后深造于中国人民大学、西安交通大学并获得硕士、博士学位，现任兴业证券股份有限公司党委书记、董事长，兴业国际金融控股有限公司董事局主席。2018 年 6 月 15 日，杨华辉校友为在校师生带来一场以“新时代 新使命 新征程”为主题的报告会，表达了对母校深深的眷念和感恩，分享自己对人生的独到感悟，强调“诚毅”校训对自身事业发展的巨大作用。2018 年 9 月 30 日，兴业证券与集美大学签署全面战略合作协议，成立“兴业证券—集美大学教育基金”，通过奖教金、奖学金、科研支持金等形式，持续助力集美大学打造优秀教师队伍，培养优秀精英人才，推动学科建设与科研进步。

黄金琳校友 1981 年毕业于我校财务会计专业，现任华福证券有限责任公司党委书记、董事长。他以优异成绩毕业后又攻读硕士、博士学位，始终提醒自己“天赋才华更酬勤，吃苦精神造人才”，撰写几十篇财经学术论文，为财务工作和经济发展提供了理论参考，为集大学子树立了榜样。

▲ 陈志平校友（右二）返校做报告

陈志平校友 1986 年毕业于我校财政专业，现任厦门港务控股集团党委书记、董事长，2018 年获评“改革开放 40 年物流 40 人”荣誉称号。厦门港务控股集团是集美大学校董单位，原任董事长郑永恩是集美大学校董，曾捐赠 50 万元支持集美大学建设。2018 年 9 月 5 日，陈志平校友回校为在校师生做了一场以“崛起中的厦门国际航运中心”为主题的报告会，深受在校师生欢迎。

黄文洲校友 1985 年毕业于我校财务会计专业，现任厦门建发集团有限公司董事长。厦门建发集团有限公司是集美大学校董单位，多年来关心支持集美大学建设，校董王宪榕、吴小敏在担任建发集团董事长期间都曾多次会见校领导和访问集美大学，先后捐资 300 万支持集美大学新校区建设建发楼；捐资 600 万支持集美大学恢复重建航海学院校区的明良楼，为集美大学的建设发展做出很大贡献。黄文洲校友历任建发集团财务部副经理、经理，总经理助理，

副总经理，总经理等。2014 年，接替吴小敏女士出任建发集团董事长。

郭聪明校友 1987 年毕业于我校财务会计专业，现任厦门国贸控股集团有限公司党委副书记、总经理。厦门国贸控股集团有限公司是集美大学校董单位，原董事长何福龙、现任董事长许晓曦均为集美大学校董。厦门国贸集团长期以来关心支持集美大学建设，曾捐资 300 万元建设集美大学新校区；集美大学将诚毅学院一幢实验教学楼命名为国贸楼，以资纪念。

温建怀校友 1993 年毕业于我校投资经济管理专业，是金牌橱柜股份有限公司创始人之一，现任金牌橱柜董事长，同时担任我校财经学院“创业教育导师”。2012 年 3 月 18 日，金牌厨柜与集美大学财经学院正式达成了合作，并举行校企合作授牌仪式，随后梁新潮院长代表学院向金牌厨柜授予 " 集美大学财经学院产学研究实践基地 " 牌匾。2015 年 10 月 28 日，温建怀应邀返校以“品牌企业的创业理念与创业行动”为题作报告。2017 年 5 月 2 日，金牌橱柜在上交所首次公开发行 A 股，成功挂牌上市，成为今年第四家上市的定制家居企业。

这样优秀的校友还有很多很多 ......

自陈嘉庚先生 1920 年创办集美学校商科以来，学校已培养了数万名中高级财经人才，财经校友分布全球，密布八闽大地，他们中不乏一心为民的政界骄子、驰骋商场的企业精英、成绩卓越的优秀学者，更有无数校友在各自的工作岗位上辛勤耕耘、默默奉献。财经校友对母校的感情真挚、热烈，他们把母校看作是心灵的故乡，带回来一声声问候，送来一份份关爱。校友们的每一棵感恩树，每一场讲座，每一条建议，每一笔捐款，都包含着对母校的深厚情谊，也充分表达了众多校友对母校未来发展前程的美好祝愿。

2018 年 10 月 17 日
距离
2018 年 10 月 20 日
集美大学百年校庆
还有 3 天

大爱无言

作者：洪妍妮，校团委办公室主任

造血干细胞捐献，也被称为骨髓捐献。对很多人来说，是很陌生的事情，不少人一知半解甚至心有抵触，但是在集美大学，就有这样的一群青年人，他们用“热血”助他人重燃生命之火，用人性最为朴素的恻隐之心，延续了另一个生命的脉动。

截至目前，我校一共有 9 名学子捐献了造血干细胞，为 10 名血液病患者延续生命。他们分别是生物工程学院童天盛、轮机工程学院林松铸、法学院赵东喆、航海学院李溢新、工商管理学院黄凯成、信息工程学院吴少威以及陈荣昊、工程技术学院徐越、水产学院黄琳。

从他们的故事中，我们能看到集大人对生命的敬畏，也能看到集大人无私奉献的大爱。

传承大爱

2010 年的尾声，集美大学生物工程学院环境 0711 班有一位名叫童天盛的同学在福建省肿瘤医院顺利完成造血干细胞的捐赠，成为我校首位成功捐赠造血干细胞的志愿者，也是厦门第 20 例、全省第 54 例造血干细胞捐赠者。他说：“捐赠造血干细胞对自己的身体没有伤害，又能挽救一个生命，何乐而不为呢？”

2011 年 2 月，轮机工程学院林松铸同学血液 HLA 高分辨结果与一名 23 岁的男性血液病患者配型成功，他在福建省肿瘤医院顺利完成造血干细胞的捐赠，成为我校第二位，厦门第 21 例捐赠造血干细胞的志愿者。他说：“我只是做了一件该做的事。”

2012 年 8 月，法学院赵东喆在厦门红十字会志愿者的全程陪伴下，完成了捐献，成为厦门第 36 例、福建省第 100 例造血干细胞捐献者。这个大男孩平时就热心公益，经常参加义工和志愿者活动。“助人自助，用生命影响生命”这一社会学工作理念一直深深的影响着他。他说，他从来没有 “平时捐出一滴水，难时拥有太平洋”式的期望，只是觉得“送人玫瑰，手有余香”。

2015 年 5 月，航海学院李溢新同学在福州完成造血干细胞捐献。成为福建省第 132 例，厦门市第 46 例造血干细胞捐赠者。5 个月后，由于患者病情复发，他再次接到求助电话，没有丝毫犹豫，甚至没有告诉舍友，他再次踏上捐献之路。在七个月内，他先后捐献造血干细胞和淋巴细胞，两次救助同一名血液病患者，成为厦门首位既捐献造血干细胞又捐献淋巴细胞的志愿者。

▲ 李溢新

他说：“我想做自己的超级英雄，以我之力爱这个世界。”

2014 年，工商管理学院黄凯成，捐赠了造血干细胞。当得知匹配成功后，连续四个小时的采集也没吓退他。

2016 年，信息工程学院吴少威捐献造血干细胞成功，他在回忆捐献过程时说到：“采集过程持续了将近四小时，而且采集完成后，采集用的针头不能马上拔出来，要等确认采集成功后才能拿掉。虽然过程很艰难，但是可以挽救一个人的生命，还是值得的。”

2017 年，20 岁的陈荣昊在厦门大学附属第一医院接受造血干细胞采集，

成为首位在厦门采集造干的捐献者。陈荣昊也是我省第 169 例、厦门第 61 例造干捐献者。陈荣昊认为，助人为乐是件再平常不过的事。

▲ 徐越

2018 年 8 月 7 日，刚从集美大学毕业的徐越在厦门大学附属第一医院进行造血干细胞采集捐献，他所捐献的造血干细胞已被山东齐鲁医院的两名医生搭乘最早的航班带回医院，送到等待手术的患者身边。由此，徐越也正式成为中华骨髓库第 7542 例、福建省第 203 例造血干细胞捐献者。他说："毕竟是献一份爱心，我觉得非常好，一个人最大的品质就是他的善良。我觉得自己并不伟大，我在这个捐赠过程中只是一个小小的角色，真正伟大的，是一直默默奋斗在捐赠造血干细胞这个岗位上的医务人员和那些志愿者们，他们是最值得歌颂的。"

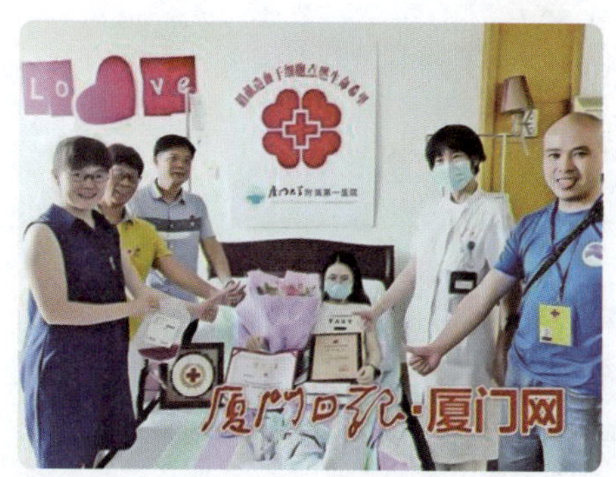

▲ 学校老师前往医院看望黄琳（右三）

2018 年 8 月 14 日，水产学院黄琳在厦门市一医院进行造血干细胞采集捐献，她所捐献的造血干细胞，为远在浙江的血液病患儿送去生的希望。由此，她也正式成为中华骨髓库第 7550 例、福建省第 205 例、厦门第 73 例造血干细胞捐献者。她说："造血干细胞配型成功的概率那么小，既然匹配上了，这就是命中注定的缘分。对方还是个孩子，我希望我的捐献能够延续他幼小的生命。"

践行诚毅

然而故事并不都是顺利的，在捐赠的路上，也会遇到一些比较棘手的问题。比如采集过程的艰难与疼痛。

在病床上躺了四个多小时，采集到200毫升造血干细胞需要14000毫升的血液循环量，而李溢新周身血液只有4000毫升左右。也就是说，他体内的血液，顺着管子，流到离心机，再回到他身体，来回走了3.5趟。

又或者面对重重压力，他们只能孤身前行……黄琳在完成造血干细胞捐献时，她身边除了市红会的工作人员以及医务人员，并没有亲朋在侧。原来，她是瞒着家人专程赶回厦门捐献的。她之前跟父母提到要捐献造血干细胞的事，但父母担心会影响身体健康，不同意她这么做。接到市红会工作人员的通知后，她对父母说要在厦门实习，便提早赶了回来。

正是他们这份赤诚滚烫的无私之心，方才成就了一个个生命的奇迹。无论是一个人还是一群人，都用他们的故事为我们诠释了"诚毅"的品质，也正用自己的行动演绎属于集大人特有的情怀和担当。

大爱无言

我们常说"赠人玫瑰，手有余香"
这些年集大学子以身作则
送去的不仅仅是芬芳
更多的是生的希望
没什么比生命律动的声音更加动听
没什么比赤子情怀更加动人
他们用真诚的关爱谱写着深沉的歌
把温暖传递

当时感觉自己很伟大，做了一件了不起的事，有机会挽救一个生命，但现在想起来也觉得只是尽了自己的一份力量，一份绵薄之力而已，应该做的。

——黄凯成

校训中提到的“诚以待人，毅以处事”我觉得真的是这样，做任何事情都坚持这个原则，也许不一定就会马上成功，但一定会得到自己想要的结果。

——徐越

我觉得其实每个人都可以尽自己所能多去帮助别人，生命中有无数的可能，当你有能力去帮助别人的时候就去做吧，这真的很有意义。

——赵东喆

诚毅校训，不只是豪言壮语，
更是流淌在大地的无私之爱。
有一天，如果你也有条件帮助别人，
请伸出援手，帮助那些需要帮助的人。
在我们奉献着爱的同时，也沐浴着爱。
赠人玫瑰，手有余香。

2018 年 10 月 18 日
距离
2018 年 10 月 20 日
集美大学百年校庆
还有 2 天

开拓校友工作 传承嘉庚校园文化

——追记集美大学校友会十年工作

作者：王小军，学校办公室副主任兼校友会副秘书长

集美大学校友会成立十年来，旨在加强校友和母校之间以及校友之间的联系，激励校友弘扬嘉庚精神，秉承诚毅校训，凝聚校友力量，为集美大学的发展，为国家及社会的进步贡献力量。

每一位校友最宝贵的青春岁月是在大学度过的，大学时光是每一个青年长知识、长身体最难忘的时光，而且每一个青年学子在大学期间，通过潜移默化和不断的学习积累，受到大学精神和校园文化的熏陶，形成了自己的世界观、人生观，同时也培养了自己对母校的深厚感情，培养了校友之间纯洁而珍贵的手足情。

▲ 2008 年 6 月 15 日，集美大学召开校友会成立大会

对于集美大学来说，最重要的就是坚持“嘉庚精神立校，诚毅品格树人”，

这是我们总结的集美大学鲜明的办学特色，也就是集美大学的大学精神。我校的校友工作正是围绕着如何开拓和传承这个嘉庚校园文化精神开展的。

2008 年 6 月 15 日，来自全国各地的近百名校友回到母校，参加和见证了集美大学校友会的成立仪式。从此，集大人多了一个海纳百川、互通有无的大平台。

2008 年，集美大学校友会同时启动地方校友会组织建设工作，各地校友纷纷积极响应和主动推进。集美航海学院广州校友会率先加挂“集美大学校友会广州分会”，这一举措成为其他各地校友借鉴的模式；集美航海学院汕头校友会在 2008 年 7 月 5 日更名为“集美大学校友会汕头分会”；集美航海学院上海校友会 2016 年加挂“集美大学校友会上海分会”。

福建省内各地市也纷纷新成立集大人的大平台或规范名称；我国沿海城市均成立当地校友平台。

与此同时，海内外校友也行动起来，集美大学新加坡校友会、集美大学加拿大校友会、集美大学美国加州校友会、集美大学香港校友会等陆续成立。各地校友会积极吸收新生力量，形成老中青结合的和谐局面，展现前所未有的活力，搭建了更加广阔的校友平台，有力地促进了地区校友工作。如今，集美大学在海内外已经成立 35 个校友组织，校内成立第一个学院校友分会——集美大学校友会诚毅分会，校友工作联络机制得到更好地完善。

嘉庚校主倾资办学，感动一代又一代国人和学子，嘉庚精神是集美大学的灵魂和精髓，集大人传承着这一宝贵的精神财富，校友工作过程中窥见一斑。

正是受到嘉庚精神的影响，学校发展历史上曾出现过“校友养校”的感人事迹，校友中还流传着“十六铺”精神，这些精神和典型事迹给校友们树立了榜样和带来力量。今年恰逢我校建校一百周年，学校发出百年校庆捐赠倡议，号召校友弘扬嘉庚精神，助力母校续写下一个辉煌百年。倡议得到广大校友的积极响应，百年校庆在线捐赠总额超过 1100 万元，参与人数近 2 万人。

陈延行、戴宽南、吴志民等校友分别捐赠1000万元；黄晞、吴迪、张建华等校友代表福信集团向我校捐赠1500万元。兴业银行、兴业证券等纷纷推动校企合作并分别捐赠了1000万元，还有许多校友甚至匿名捐赠几十万、上百万元、上千万元。

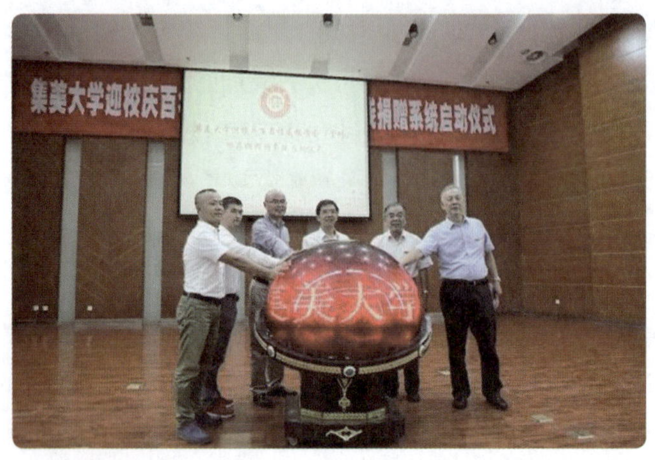

▲ 迎校庆百名校友报告会（首场）暨在线捐赠系统启动仪式

各地校友会也纷纷行动，通过各种形式向母校献礼。集美大学香港校友会、集美航海香港校友会的校友们纷纷慷慨解囊，众筹超 100 万元捐赠款，组织者为给母校做出更多贡献甚至连工作餐的费用都省下来；集美大学新加坡校友会募集 50 余万元；美国加州、加拿大、北京、天津、河北、上海、深圳、江苏、南通、河南、广西、福州等多个地方校友会均组织迎百年校庆献礼活动。为母校送祝福和助力母校建设发展的感人事迹数不胜数，蔚然成风。相信，在广大校友的支持下，必将给母校奋勇前行无穷的动力。

为了更加做好校友工作，深入交流各地校友工作经验，2012 年在漳州举行集美大学第一次校友工作研讨会，形成每两年在外地召开一次校友工作研讨会的长效机制，着重就校友工作的重要性及如何开创校友工作的新局面进行研讨。

2014 年在石狮召开第二次校友工作研讨会，就校友工作的文化传承和校友工作的开拓创新进行研讨。

2016 年在上海召开第三次校友工作研讨会，就校友工作如何推动母校教育质量的提高和学校事业的发展进行研讨。

今年 6 月在汕头召开第四次校友工作研讨会，就如何做好纪念集美大学百年华诞的工作进行了热烈研讨。

“诚毅”是集美大学的校训，不管校友们走到哪儿，都会不忘初心，把“诚毅”校训牢牢记在心里。“诚毅”——不仅是集美大学的校训，更是集大人终其一生的信仰。

各地每次举行校友联谊活动，现场都会无一例外奏唱校歌，校友们的声音高亢嘹亮而充满感情，令人热血沸腾，心中瞬时涌动着暖流，这就是一种宝贵的精神财富。“诚毅”校训在许许多多的集大人走上工作岗位后的成长过程中仍然发挥着重要作用。学校培养了一大批人才和国家栋梁，为社会进步和经济发展做出了重大贡献。

为了迎接百年校庆，讲好校友故事，我校举行“迎校庆百名校友报告会”，邀请许许多多的校友回校讲述他们的诚毅人生，为在校师生带来启发和感动。

十年来，正是在学校党政领导的关心、领导下，正是因为有广大校友的支持，集美大学校友会发挥服务校友、服务母校、服务社会的职能，广泛联络各地校友，进一步凝聚起广大校友的力量，进一步完善校友平台。

▲ 林向阳校友捐赠绿树

校友会坚持开展了“校友捐赠植树”“校友企业专场招聘会”“毕业季离校不离家系列活动”“校友秩年返校”“校友返校周”“寻访校友暑期社会实践”“校友主题报告会”等富有特色的品牌活动，特别是加强校友工作信息化建设，形成“互联网 + 校友工作”的新模式，有力地推动了我校校友工作上新台阶，取得可喜的成绩。

近年来，我校校友会副会长黄德棋、林耀坤分别在2013年、2016年获得“全国高校校友工作先进工作者”；校友办何东琼老师获得“厦门市爱国主义教育基地先进工作者”；2016年，寻访校友主题社会实践队获得由福建省委宣传部、省委文明办、省委教育工委、省教育厅、团省委、省学生联合会共同颁发的“福建省大中专学生志愿者暑期'三下乡'社会实践活动优秀团队”。

2016年11月，我校校友会荣获第四届“全国高校校友工作优秀单位”，成为继厦门大学之后福建省在全国高校校友工作研究会的第二个理事单位。2013年3月校友会，获得中国社会组织评估等级4A证书及牌匾；2018年5月，获得中国社会组织评估等级5A（最高级别）证书及牌匾。

如今，集美大学即将迎来百年华诞，有着百年悠久历史的集大培养了30万余名烙印着嘉庚精神、“诚毅”品格的学子。校友是母校最宝贵的财富，校友走到哪里就把母校的影响力带到哪里，校友工作已经成为学校关注的重点。相信，在集美大学独特的校友文化氛围中，在广大校友的大力支持和参与下，我校校友工作校友将继续翻开新篇章，踏上新征程！集大人将成为集美大学发展的新动力、新引擎，助力母校更好更快地发展！

▲ 中国社会组织评估等级5A（最高级别）牌匾

微信扫码查看此文

2018 年 10 月 19 日
距离
2018 年 10 月 20 日
集美大学百年校庆
还有 1 天

难忘集美大学九十周年校庆盛况空前

作者：辜建德，原集美大学校长

明天即将迎来集美大学百年校庆，而十年前的今天，集美大学也沉浸在一片欢乐的海洋。校园里彩球飘扬，笑语盈盈，这是集美大学组建成立以来第一次庆祝校庆。

▲ 集美大学 90 周年校庆现场

2008 年 10 月 18 日下午，我校实质性合并以来布置的第一个校史展览，在中山纪念楼正式开幕并对外开放。集美大学校史馆开馆十年来，受到广大师生校友和各界人士的欢迎，几乎所有来到集美大学的客人和返校参加各种活动的校友，都要到这里参观了解集美大学发展的悠久历史。截至 2018 年 7 月，集美大学校史馆共接待参观人员 809 批，73073 人次。

2008 年 10 月 19 日上午，隆重举行陈嘉庚先生创办师范教育九十周年纪念大会，同时召开学术报告会，福建省教育厅厅长鞠维强、校领导及部分嘉宾、校友出席会议，会议还举行金桥奖教金颁奖仪式。

2008 年 10 月 19 日下午，孙中山思想与和平发展座谈会在我校中山纪念楼召开，同时开幕的还有孙中山先生图片展。

2008年10月19日晚上，来自海内外的1000多位校友嘉宾，以及陈嘉庚先生七公子92岁高龄的陈元济率领的陈嘉庚先生后裔103人，相聚在中山纪念楼五楼多功能厅，共同庆贺集美大学建校九十周年。

会后与会嘉宾观看了集美大学建校九十周年校庆文艺晚会演出。

2008 年 10 月 20 日清晨，太阳才刚刚升起，省市领导和嘉宾校友就来到陈延奎图书馆前广场，参加新校区落成典礼，并为新校区各建筑精品集体剪彩。

10月20日上午，我校第四届校董会第一次全体会议在尚大楼召开，福建省省长、校董会主席黄小晶，全国侨联原主席、校董会顾问庄炎林，福建省省委常委、副省长、校董会副主席陈桦，交通运输部副部长、校董会副主席高宏峰，农业部副部长、校董会副主席张桃林等出席了会议。

和校董会同时召开的是庆祝集美大学建校九十周年校友大会，主题就是欢聚 2008，我们是一家人，来自全国各地的校友和在校师生 6000 多人相聚在光前体育馆，会场不时传来一阵阵欢乐的歌声和笑声。

上午 10 点在万人体育场隆重召开集美大学建校 90 周年庆祝大会。

会后所进行的团体操表演，由序幕、缅怀嘉庚、感动集大、畅想未来四个部分组成。在团体操表演中，在看台上举牌充当背景的同学有 2500 多人，加上操场上表演的 2800 多人，共有 5300 多位同学参与，真是非常的壮观。那铿锵有力的威风锣鼓，栩栩如生的龙腾虎跃，深情祝福的诗朗诵，曼妙舒展的集体舞，整齐划一的手语操，最后展示的集美大学校旗，同学们用力与美演绎着青春的健康与活力，共同唱响迈向未来的赞歌。

下午召开大学校长论坛，来自全国各地和台湾高校校长参加论坛。

同时举行的还有 2008 年度航海类专业学生军事校阅。晚上建校九十周年校庆文艺晚会和精彩的篮球友谊赛分别在诚毅学院影剧院和诚毅学院体育场举行。

▲ 校友大会上，与母校同一天生日的校友、学生与母校共享欢乐

▲ 建校九十周年校庆文艺晚会

明天就是集美大学一百周年校庆，海内外许许多多校友正在从四面八方向母校集结。大家都期待着明天的盛会给我们带来怎么样的惊喜。千言万语汇成一句话：祝福集美大学生日快乐，祝福集美大学的明天会更好！

后记

今天是您的生日，亲爱的母校

今天是集美大学百年校庆，在这喜庆的日子里，我们亲爱的校友，从祖国的四面八方，从长城内外，从大江南北，从大洋彼岸，从异国他乡，回到大家梦魂牵绕、日夜思念的母校，回到大家心灵的故乡。这里是每一位校友度过青年时代最美好时光的地方，是每一位校友走向社会、走向人生的最初起点，这里寄托了大家太多太多的美好回忆和青春梦想，我们热情的欢迎所有回校参加百年校庆的校友。

集大往事我们发表了100篇，讲述了一些那过去了的故事，如果这些故事能够引起大家对往事的美好回忆，能够使更多校友了解集美大学100年来，尤其是集美大学挂牌成立以来24年8766天艰苦创业的不易和成功的喜悦，我们就会感到非常的欣慰。

在编写这些集大往事时，许多同志查阅了大量的档案资料，翻箱倒柜，找出了许多珍贵的历史照片，甚至在浩如烟海的文献中细心考证某些淡忘的细节。许多作者、许多编辑、许多志愿者为每一天能按时发布集大往事付出了辛勤的劳动，也为营造百年校庆氛围贡献了一份心意。感谢所有关心阅读和点赞的校友，让美好的往事、美好的回忆，伴随着百年华诞庆典的歌声，唱响新时代的最强音。为集美大学新的一个百年的开始，为谱写集美大学新的篇章，送上我们最深情的祝福！

集美大学校友会

2018年10月20日

集大往事 JIDA WANGSHI

微信扫码查看此文

百年集大，梦想家园
集美大学建校 100 周年校友联谊大会

（方　案）

名　称：集美大学建校100周年校友联谊大会
时　间：2018年10月20日下午3:00
地　点：集美大学光前体育馆
主　题：百年集大，梦想家园
基　调：温馨、感恩、传承、展望
主　持：曾艳丽、刘　鑫（教师代表）；
林　茵、万　辉（校友代表）；
古　丽、苗　鑫（在校生代表）

暖　场

10月20日14：15

1. 场外安排及氛围

14:15　循环播放百年校庆宣传片《闽海之滨》、全球校友祝福视频、百年校庆沙画视频《百年芳华》。

14:45　舞龙舞狮。

14:50　舞龙舞狮结束，嘉庚后裔团上台（播放嘉庚校主视频），在校生闪唱《欢迎回家》。

14:59　主屏显示会标，右辅屏显示校训照片，左辅屏显示百年校庆LOGO。

第一章　闽海之滨

（约20分钟）

15：00　正式开始

（1）校党委书记辜芳昭致欢迎辞（5分钟）

（2）嘉庚后裔团代表致辞（陈立人）（3分钟）

（3）大型朗诵（5分钟）:《永远的陈嘉庚》

台上5人领诵，在校生代表276人朗诵。结束背景音乐播放《最美是集美》。

第二章　桃李成行

（约25分钟）

（4）百年故事

不同历史阶段的校友代表分别登台，通过讲述校友的经历和历史故事（1918—1937、1937—1949、1949—1993、1994—1999、1999至今），回顾学校不同阶段的发展历程，展示学校的办学成果和优秀校友风采，宣传学校传承嘉庚教育事业的显著成效。

20岁以内在校生：背景音乐《最美的太阳》、《夜空中最亮的星》

代毅校友：最年轻的在校生（2003年10月19日出生，15岁）

20-29岁之间：背景音乐《最初的梦想》、《彩虹》、《一生有你》

①徐越校友：工程管理14级，中华骨髓库、福建省造血干细胞捐献者；

②卢捷校友：金融12级，共青团第十八次全国代表大会代表、入选福布斯“20个领域30位30岁以下精英”榜单、厦门创客猫网络科技有限公司创始人。

30-39岁之间：背景音乐《五星红旗》

①赵炎平校友：航海技术00级，极地中心“雪龙号”最年轻的船长、“雪龙2”号首任船长；

②林凡校友：民族传统体育05级，第十六届亚运会武术比赛女子南拳南

刀全能冠军，第十一届世界武术锦标赛女子南拳冠军；

③魏存秀校友：工商管理03级，广西盛邦集团总裁，集美大学校友会广西分会会长，慈善助学新秀。

40-49岁之间：背景音乐《同桌的你》、《睡在我上铺的兄弟》

①檀勤良校友：数学89级，博士、教授、博士生导师，华北电力大学党委常委、副校长；

②陈延行校友：制冷与冷藏技术93级，罗普特科技集团董事长；

③吴志民校友：中文89级，福建省人大代表，漳州市人大常委，漳州市工商联副主席，深圳市漳州商会会长，深圳华捷运国际货运代理、欧其诺酒业、豪昌盛实业有限公司董事长；

④吴燕校友：金融95级，福建女子成功登顶珠峰第一人；

⑤何庆平校友：工商管理98级，广东航桥物流股份有限公司任职，曾在厦门9·8贸易洽谈会期间做“红帽子青年志愿者”，时任省长习近平同志现场与其交流；

⑥詹毅鹏校友：建工89级，现任厦门鹏诚建筑工程有限公司董事长。

50-59岁之间：背景音乐《亚洲雄风》、《我爱这蓝色的海洋》

①杨志坚校友：驾驶82级，现任现任中远海运散货运输有限公司总经理，党委副书记；

②钱卫忠校友：驾驶78级，中远海运集装箱运输有限公司党委书记；

③林龙安校友：基建财务86级，集美大学校友会副会长、禹州集团董事长、禹州地产董事局主席；

④林向阳校友：体育教育86级，集美大学校友会副会长，宝德集团董事长；

⑤柯宗耀校友：驾驶79级，集美大学校友会副会长，中经汇通有限责任公司董事长；

⑥洪枇杷校友：投资89级，兴业银行厦门分行行长；

⑦曾桂林校友：海洋船舶轮机83级，纽宾凯集团董事长；

⑧陈劲松校友：财政86级，厦门航空有限公司地面服务保障部总经理，曾

荣获全国民航五一劳动奖章；

⑨陈海容校友：驾驶79级，中国外运股份公司副总经理；

⑩叶建平校友：渔业机械78级，福建省海洋与渔业厅党组成员、总工程师。

60-69岁之间：背景音乐《年轻的朋友来相会》、李光曦《祝酒歌》

①林志军校友：工业会计76级，澳门科技大学副校长、我国第一位经济学及会计学博士；

②胡乃盛校友：动力79级，瀚盛游艇有限公司董事长；

③孙敏校友：轮机77级，原中波轮船股份公司总经理，高级工程师，中国书法家协会会员，上海市书法家协会主席团委员、集美大学、上海海事大学客座教授。

70-79岁之间：背景音乐《年轻的朋友来相会》、李光曦《祝酒歌》

①王琨和校友：轮机64级，原广州海运集团公司总经理；

②钟敏生老师：原集美师范高等专科学校副校长。

80-89岁之间：背景音乐《毕业歌》

①洪惠馨校友：原厦门水产学院副院长，教授，曾联名提交《关于组建集美大学的建议》的全国政协委员；

②林桂芳校友：工业统计57级，原连城县商业系统副主席。

90-99岁之间：背景音乐《毕业歌》

①施祖烈校友：原航海学院教师，全国优秀教师；

②慕香亭校友：原福建体育学院党委书记。

100岁：背景音乐《毕业歌》

陈炳靖校友：渔航33级，唯一健在的飞虎队员（此环节仅播放央视报道视频及个人祝福视频）。

最后，主持人对台上校友代表进行现场采访。

（5）男声独唱《海知道》罗奋熹校友、闽南风情舞《挽面》（王莎莉）

第三章　诚毅勿忘

（约15分钟）

背景音乐《好大一棵树》

（6）师生同台

请出杰出校友代表和他们的恩师代表登台。

①潘世平老师（原集美师范高等专科学校党委书记、原集美大学师范学院党委书记、原厦门城市职业学院党委书记）与孙永玲校友（英语77级，美国AVM 公司董事与战略咨询顾问、集美大学美国加州校友会秘书长）；

②蔡振雄老师（原集美大学轮机工程学院院长）与滕宪斌校友（轮机89级、硕士05级，教授、高级轮机长，现任广州航海学院轮机工程学院院长）；

③张雅芝老师（原集美大学水产学院院长）与周文玉校友（海养81级，曾任上海市水产研究所副所长，第十届全国人大代表）；

④蔡慧农老师（原集美大学生物工程学院院长）与牟建校友（检专89级，中泰阳光集团董事长）；

⑤郑旭旭老师（原集美大学体育学院院长）与王文忠校友（民族传统体育11级，2016年世界杯武术散打比赛第一名，现为厦门少体校散打教练）；

⑥黄衍电老师（原集美大学财经学院院长）与杨华辉校友（税务85级，经济学博士，现任兴业证券股份有限公司党委书记、董事长）；

⑦王罡老师（集美大学计算机工程学院老师）与赖智慧校友（计算机04级，曾为贫困生的他毕业8年返校捐赠10万元设立奖助学金）；

⑧叶光煌（集美大学诚毅学院院长、原集美大学校长助理、原集美大学海外教育学院院长）与陈智雅校友（库克07级，目前在读北京大学生命科学学院神经学博士，现任博雅康复医院院长）。

主持人台上采访叶光煌老师和陈智雅校友。

（7）我们是一家人

一家人中多人在集美大学就读过或工作过的校友同台：原集美大学党委副

书记叶美萍老师一家（共5代），由叶美萍老师代表发言。

现场台下校友针对师生情互动发言；项绪文校友发表感言后演唱歌曲、献礼。

（8）百年校庆奖教基金首次颁发仪式（100人）

百年校庆奖教基金（共2100万元）由校董校友捐赠设立，现场为兰培真、徐轶群、孙云章、倪辉、高楚兰、梁新潮、方怡冰、晏卫根、徐君莉、兰润生等10名获奖教师代表颁发奖教金。

（9）歌曲《长大后我就成了你》

福州大学教师卜瑾校友演唱。

第四章　梦想启航

（约25分钟）

（10）百名校友集体庆生

通过微信征集、数据库统计、学院收集等方式寻找与母校同天生日的校友，发出邀请函，请他们返校参加活动，特别邀请陈炳靖、谭彪、冯浩然等校友。

学生合唱团成员在校友联谊大会现场各个区域轻声唱起《生日快乐歌》，为母校和百名校友同庆生日。最后，请陈炳靖校友（10月19日生日，刚好100岁）发言并与谭彪、冯浩然（90周年校庆时因承担任务未能参加集体庆生活动）一起切蛋糕。

（11）学校新老领导登台，代表致辞

所有参会的老领导以及出席大会的现任校领导登台。

原校长、首任校友会会长辜建德致辞和送出祝福，展望未来，梦想再启航；

第十五届中央委员、第十一届全国政协常委、第十一届全国政协港澳台侨委员会副主任、原福建省委书记、集美大学第一届校董会主席、原厦门水产学院副院长陈明义校友讲话；

合唱团演唱《望春风》表达校友回家思乡的情谊，播放“育德”轮回家航行视频。

（12）“再续梦想 · 助力腾飞”捐赠仪式及特色献礼

现场进行特色献礼

①大田水土——社会实践在校生代表（在抗战时期，在大田乡亲的支持下，在大田这方水土上，集美学校办学才得以延续，大田也因此享有“第二集美学村”的美誉）；

②亚丁湾的海水——亚丁湾护航代表方琼林（2008年12月，中国海军开始实施亚丁湾护航行动，集美大学一直积极参与这项维护世界和平的重大行动，先后涌现了如邵哲平、张兴杰、方琼林等一批优秀护航船长）；

③南海的海沙——中交疏浚代表王志杰（集大校友积极投身南海建设，保护疆土，为南海的建设和捍卫国家主权作出了积极的贡献）；

④雪龙2号船模——极地科考工作者代表赵炎平（“雪龙2”号是雪龙号的新军，并已跨入世界最先进极地科考破冰船的行列，袁绍宏、赵炎平等为代表的校友们积极投身国家科考工作，为增加国家的综合实力作出了积极的贡献）；

各地校友会及部分校友献礼：香港校友会冠名建设校史馆；新加坡校友会捐资“集美大学三达膜产业学院启动资金”；加拿大校友会冠名出版《嘉庚梦集美情》第二辑；美国加州校友会冠名出版《集大往事》；福州水产校友会冠名宣传片拍摄；天津校友会捐资102032元人民币、海洋石油船模一个；广西校友会捐赠牛头铜鼓一个；河南校友会捐赠中华鼎一个；晋江＋石狮校友会捐赠5000件 T 恤；南平校友会捐赠茶叶＋建盏；海南校友会捐赠黎锦画框《吉祥如意》；南通校友会捐赠两张珍贵照片、10万元认捐绿植；集美航海学院厦门校友会赠送孔子汉白玉雕像一个；北美地区纸媒整版庆贺，北美集美校友会陈少宏赠送【加拿大—大华商报】热烈庆祝集美大学建校一百周年；集美大学轮机工程学院船模协会捐赠“集美一号”船模；嘉庚号科考船校友捐赠嘉庚号船模；北海校友捐赠中能北海船模；郭校友捐赠太原卫星发射导弹模型等。

黄德棋副会长宣读百名优秀校友、百名优秀校友工作者表彰名单；校友代表分别上台，由校领导、老领导、校友会领导颁发证书。

合唱团成员齐唱《龙的传人》，表达集大海外华侨学子爱国爱校的思乡之情。

尾　声

（约5分钟）

（13）唱响校歌

主持人台上并列一排（6人）

各地校友会代表（35人）举牌上台，台上合唱团成员（60人）、同天生日校友代表（100人）、在校生与现场校友一起合唱校歌。

最后播放《好日子》等歌曲，欢送嘉宾。

注：现场执行有部分调整。

总 策 划：郑志谦　辜建德　王小军
导　　演：刘忠民
撰　　稿：王高尧　曾艳丽
舞台监督：林伟毅　潘晓华　兰润生　李爱国　李晓飞　陈　婧
苏招妹　宋家卿
灯光音控：潘旭生　陈昆宇
主 持 人：曾艳丽　刘　鑫　林　茵　万　辉　古　丽　苗　鑫